高等学校应用型本科经济管理类专业系列教材
校企合作优秀实践教材
数智化应用创新型财会系列教材

企业数字化转型 ERP 实践

（微课版）

主　编　任志宏　冯景超
副主编　罗艳妮　李　梅

西安电子科技大学出版社

内 容 简 介

本书以 SAP 公司最新发布的 ERP 系统软件 S/4 HANA 为平台，全面、系统地介绍了其基本原理、创新点以及业务实践操作。全书由三部分组成，第一部分包括第 1 章和第 2 章，主要介绍企业数字化转型的时代背景，ERP 的概念、演变、发展趋势和主流产品；第二部分包括第 3 章到第 6 章，主要介绍 SAP ERP 销售与分销、物料管理、生产计划、财务会计与管理会计四大业务模块的理论知识与上机实践；第三部分为第 7 章，介绍企业业务流程集成案例实践。本书内容丰富，理论与实践衔接紧密，内容安排由基本概念到业务流程再到上机实践，层层递进，通过合理设计知识点和技能训练，把系统、烦琐、难以理解的管理理论知识进行了层层分解，便于学生理解和掌握，强化了学生综合能力的培养。

本书可以作为应用型本科院校会计学、财务管理、工商管理、供应链管理、软件工程等专业的信息化实践教材，也可以作为教师、企业信息化管理人员和相关培训机构的参考书，还可以作为希望快速学习 SAP ERP 理论和操作实践的初、中级用户和自学者的学习用书。

图书在版编目(CIP)数据

企业数字化转型 ERP 实践：微课版 / 任志宏，冯景超主编. --西安：西安电子科技大学出版社，2024.4
ISBN 978-7-5606-7223-6

Ⅰ.①企… Ⅱ.①任… ②冯… Ⅲ.①企业管理—计算机管理系统 Ⅳ.①F272.7

中国国家版本馆 CIP 数据核字(2024)第 057542 号

策　　划　明政珠　李惠萍
责任编辑　明政珠　孟秋黎
出版发行　西安电子科技大学出版社(西安市太白南路 2 号)
电　　话　(029)88202421　88201467　　　邮　编　710071
网　　址　www.xduph.com　　　　　电子邮箱　xdupfxb001@163.com
经　　销　新华书店
印刷单位　陕西精工印务有限公司
版　　次　2024 年 4 月第 1 版　2024 年 4 月第 1 次印刷
开　　本　787 毫米×1092 毫米　1/16　印张 14.25
字　　数　335 千字
定　　价　42.00 元
ISBN 978-7-5606-7223-6 / F
XDUP　7525001-1

前　言

我国自 2017 年以来已经连续七年将"数字经济"写入政府工作报告，并在"十四五"规划纲要中提出"以数字化转型整体驱动生产方式、生活方式和治理方式变革"，数字化转型从企业(组织)层面上升为国家战略。2020 年 5 月，国家发改委官网发布"数字化转型伙伴行动"倡议，旨在提升政府转型赋智服务能力，加快打造数字化企业，构建数字化产业链，培育数字化生态，支持经济高质量发展。因此，企业数字化转型人才的培养成为产业发展亟待解决的问题。

ERP(Enterprise Resource Planning)是对企业业务流程进行实时的集成化、数字化管理的大型软件系统，是企业实现数字化转型的重要工具，在国内外企业中得到了广泛的普及与应用。在当今"新工科""新商科"建设的时代潮流下，软件工程与财务管理等商科专业的融合发展成为重要的发展趋势，基于 ERP 系统的理论学习与实践技能培养成为企业数字化转型人才培养的重要途径。

本书首先介绍了企业数字化转型的时代背景及 ERP 的概念、演进、发展趋势和主流产品，接着以理论与实践相结合的形式详细介绍了 SAP ERP 企业管理思想、基本概念、销售与分销、物料管理、生产计划、财务会计与管理会计等核心知识，最后以一个企业业务流程集成案例使读者获得全面的企业数字化实践训练。

本书的编写团队由软件工程专业具有 SAP ERP 工程实践经验的教师和长期从事财务数字化实践的一线教师组成，依托省级教学成果一等奖项目"思无界，行有方——服务产业需求，构建高层次应用型人才培养模式"，突出跨学科融合特色。西安欧亚学院与德国 SAP 公司于 2017 年建立了战略合作关系，联合开展与行业前沿接轨的新一代课程研发、实训基地建设。本书是校企融合课程建设成果之一。编写团队已经在智慧树平台上线"ERP 概论"MOOC 课程，可以与本书配套使用。读者也可以通过扫描封面上的二维码访问视频教学资源。同时，西安欧亚学院与 SAP 大学联盟合作为学校提供实训平台接入服务，以及基于 SAP 最新版产品 SAP S/4 HANA 的全中文实训环境和工程案例。

　　本书由西安欧亚学院任志宏、西安邮电大学冯景超担任主编，西安欧亚学院的罗艳妮、李梅担任副主编。本书编写分工如下：任志宏负责编写第 1 章、第 7 章，张艺敏负责编写第 2 章，李梅负责编写第 3 章，赵欢负责编写第 4 章，吴楠负责编写第 5 章，罗艳妮负责编写第 6 章。本书编写得到了 SAP 大学联盟杨坤女士的大力支持，在此表示衷心感谢。

　　由于编者水平有限，书中难免存在疏漏和不足之处，敬请读者批评指正。

编　者

2023 年 9 月

目　录

第1章 绪 论

1.1 企业数字化转型

企业数字化转型最早是由国际商业机器公司(IBM)于 2012 年提出来的，强调了应用数字技术重塑客户价值主张和增强客户交互与协作。云计算、物联网、大数据、人工智能等新一代信息技术的飞速发展，为企业数字化转型提供了更多的技术手段。如何利用数字化技术提升自身竞争力，实现可持续发展，已经成为摆在每一位企业家面前的难题。当前，企业数字化转型已经从概念阶段进入实践阶段。越来越多的企业开始意识到数字化转型的重要性，纷纷投入大量资金和人力资源开展数字化建设工作。

企业数字化转型是组织采用数字技术来数字化非数字产品、服务或运营，其实施的目标是通过创新、发明、提升客户体验或效率来增加企业价值。企业数字化转型是指企业借助新技术，重新设计和定义与客户、员工以及合作伙伴的关系。企业数字化转型涵盖了从企业组织架构的现代化改造、创建新的业务模式到为客户构建新的产品和服务等方面。企业可以借鉴一些数字化转型框架，重新构思如何使自己在所在的业务和行业中持续保持竞争力。作为一种业务转型，企业数字化转型不仅需要企业内部各个职能部门进行有效的沟通，同时还要有明确的转型目标、强大的团队和可靠的运营管理战略。企业数字化转型整合了企业各个层面和职能部门的资源，企业可以通过先进的智能技术推进企业的可持续发展，提升数字化转型的成效。

1.2 ERP 概述

企业可通过 ERP 系统实现财务、生产、物料采购、销售、人力资源、供应链管理、客户关系管理等各个层面数据的有机集成，并基于先进的管理思想，实现线上业务流程的有效关联，体现了"业务财务一体化"的管理思想。ERP 对数据的综合分析与挖掘，能够有效支撑企业管理决策。

1.2.1 ERP 的概念

1. 什么是 ERP

ERP 即 Enterprise Resource Planning(企业资源计划)，是指建立在信息技术基础上，以系统化的管理思想，为企业决策层及业务层提供数据支持的管理平台。ERP 也是一种可以跨地区、跨部门甚至跨公司整合实时信息的企业管理信息系统。ERP 不仅是一个软件系统，更是一种管理思想，它实现了企业内部资源和企业相关的外部资源的整合，即通过软件把企业的人、财、物、产、供、销及相应的物流、信息流、资金流、管理流、增值流等紧密地集成起来，实现资源优化和共享。

ERP 系统一般由软件和相关技术组成，通常表现为一种套装的、集成的业务管理软件包和应用程序，可以为企业收集、存储、管理并解释来自各项业务活动的数据，支持企业线上业务流程运作，实现业务管理的数字化，进而支持企业基于数据的管理决策。

2. ERP 各模块及其功能

ERP 系统涵盖财务会计、管理会计、人力资源、生产计划、订单管理、供应链管理、项目管理、客户关系管理、供应商关系管理、数据服务等模块。在 ERP 系统中，这些模块基于业务逻辑实现了有机集成。各模块的主要功能如下：

(1) 财务会计：包括总账、固定资产、应付账款、应收账款、现金及财务合并等管理功能。

(2) 管理会计：包括预算编制、成本核算、成本管理、作业成本计算等功能。

(3) 人力资源：包括招聘、培训、排班、薪资、福利养老金计划、多样性管理、退休、离职等管理功能。

(4) 生产计划：包括物料清单、工单、调度、产能、工作流程、质量控制、制造过程、制造项目、制造流程、产品生产周期等管理功能。

(5) 订单管理：包括订单到现金、订单输入、信用检查、定价、存货、运输、销售量分析和报告、销售委托等管理功能。

(6) 供应链管理：包括供应链规划、供应商调度、产品配置、采购、存货、索赔处理、仓储(收货、发货、挑选和包装)等管理功能。

(7) 项目管理：包括项目规划、资源规划、项目成本计算、工作分解、费用管理、进度管理、活动管理等功能。

(8) 客户关系管理：包括销售和营销、佣金、服务、客户对接、呼叫中心等管理功能。

(9) 供应商关系管理：包括供应商、采购、订单、付款等管理功能。

(10) 数据服务：包括面向客户、供应商或雇员的各种"自助服务"接口功能。

可从三个维度来理解 ERP。首先，ERP 是一种商品，是一种以计算机软件形式存在的产品。其次，从根本上说，ERP 可以看作是将企业的所有流程和数据映射成一个全面的"数字孪生体"。最后，ERP 可被看作是为企业提供解决方案的基础设施，这是信息系统(Information System)所采取的观点，也是本书所采取的观点。

1.2.2　ERP 的演进

关于 ERP 系统以及基本概念的演变过程，许多学者都已经做了相当多的研究，下面将 ERP 演进介绍如下。

ERP 系统产生于 20 世纪 40 年代，是由美国 Gartner Group 公司率先提出的。它体现了当今国际上最先进的企业管理理论和管理模式，并能够为企业提供信息化集成最佳解决方案。ERP 通过对企业物流、人流、资金流、信息流的统一管理，以求最大限度地利用企业资源，实现企业经济效益的最大化。

ERP 系统的形成和发展经历了五个阶段。

1. 第一阶段：订货点方法(Order Point Method，OPM)

20 世纪 30～50 年代，企业控制物流需求主要是通过库存管理来实现的，通常为每种物料设定一个最大库存量和安全库存量，通过监控最大库存量和安全库存量的实时数据变化来制定物料采购计划。由于物料采购、生产、流转具有时效性和随机性，给物流需求管理带来了一定的困难，为了规避停工待料的风险，企业一般会提高安全库存量，长此以往会造成库存积压，占用资金，从而推高产品的生产成本。

2. 第二阶段：时段式物料需求计划(Material Requirement Planning，MRP)

MRP 于 20 世纪 60 年代中期开始出现，是一种基于生产计划和库存管理系统的生产管理技术和方法。美国生产与库存控制协会(American Production and Inventory Control Society，APICS)对物料需求计划的定义是：物料需求计划就是依据主生产计划(MPS)、物料清单(BOM)、库存记录和已订未交订单等数据，经由计算而得到各种相关需求(Dependent Demand)物料的需求状况，同时提出各种补充新订单的建议，以及修正各种已开出订单的一种实用技术。

3. 第三阶段：闭环式物料需求计划(Closed Loop MRP)

20 世纪 70 年代，在 MRP 基础上，企业一方面把生产能力作业计划、车间作业计划和采购作业计划纳入 MRP 中，另一方面在计划执行过程中，又加入来自车间、供应商和计划人员的反馈信息，并利用这些信息完成计划的平衡调整，从而围绕着物料需求计划，使生产的全过程形成一个统一的闭环系统，这就是由早期的 MRP 发展而来的闭环式 MRP。闭环式 MRP 将物料需求按周甚至按天进行分解，使得 MRP 成为一个实际的计划系统和工具，而不仅仅是一个订货系统。

4. 第四阶段：制造资源计划(Manufacturing Resource Planning，MRP Ⅱ)

MRP Ⅱ始于 20 世纪 80 年代末，是对制造型企业的生产资源进行有效计划的一整套生产经营管理计划体系，是一种计划主导型的管理模式。MRP Ⅱ是闭环式 MRP 的直接延伸和扩充，是在全面继承 MRP 和闭环式 MRP 的基础上，把与企业宏观决策相关的经营规划、销售/分销、采购、制造、财务、成本、模拟功能和适应国际化业务需要的多语言、多币制、多税务以及计算机辅助设计(CAD)技术接口等功能纳入其中而形成的一个全面生产管理集成化系统。

5. 第五阶段：企业资源计划(Enterprise Resource Planning，ERP)

ERP 起步于 20 世纪 90 年代，是建立在信息技术基础上，以系统化管理思想为核心，为企业业务层及决策层提供运行和决策支持的大型信息化管理平台。ERP 系统在 MRP Ⅱ计划、制造、财务、销售、采购等功能的基础上，增加了质量管理、实验室管理、业务流程管理、产品数据管理、存货和分销与运输管理、人力资源管理和定期报告系统。ERP 系统支持离散型、流程型等混合制造环境，应用范围从制造业扩展到零售业、服务业、银行业、电信业、政府机关和学校等领域，通过融合数据库、图形用户界面、第四代查询语言、客户机/服务器架构、计算机辅助开发工具、可移植的开放系统等技术对企业资源进行了有效集成。

2000 年，Gartner 发表了一篇题为"ERP is Dead—Long Live ERP Ⅱ"的文章，提出了 ERP Ⅱ的概念。它描述了基于互联网的 ERP 软件，为员工和合作伙伴(如供应商和客户)提供对 ERP 的实时访问。在传统 ERP 的组织内部各部门之间协作和自动化业务流程管理的基础上，ERP Ⅱ集成了基于互联网的客户关系管理(CRM)、电子商务系统(EC)、供应链管理系统(SCM)和供应商关系管理(SRM)等，这些基于互联网的前端应用大大简化了组织内部与外部的沟通方式。ERP Ⅱ不局限于组织内部，而是超过公司的"围墙"，能够与合作伙伴的信息管理系统、外部电商系统进行交互，形式更加灵活。

1.2.3 ERP 的发展趋势

随着人工智能、大数据、物联网等技术的不断发展，新一代 ERP 系统将发挥出更加强大的信息管理能力，能够更好地帮助企业实现数字化转型。ERP 的发展趋势主要体现在以下几个方面。

1. 数据图谱——ERP 系统的"大脑"

在新一代 ERP 系统中，数据图谱被高度重视，被誉为系统的"大脑"。为什么数据图谱被称为新一代 ERP 系统的"大脑"呢？

第一，数据图谱可以将企业中各种数据进行集成和处理。在很多企业中，数据分散、信息孤岛是很普遍的问题，而数据图谱则可以将这些数据通过关系图谱进行整合，让企业管理人员更直观地看到整个企业的数据状况，可以更加全面地了解企业运营的各方面信息。

第二，数据图谱可以支持企业的管理决策。企业决策的制定需要依赖于海量的数据分析以及真实可靠的数据来源，而数据图谱可以通过关系图谱分析，给企业决策提供可靠的数据支持。同时，数据图谱还可以做到数据实时更新，第一时间为企业管理决策提供相应依据。

第三，数据图谱可以优化企业流程管理。企业流程管理需要对企业各环节的数据进行管理与协调，数据图谱可以将这些数据进行整合，并可以抽象出企业流程的本质特征，帮助企业管理者更好地进行流程优化与管理。

第四，数据图谱还可以扩展新的功能和服务。所有信息均可在系统中共享，而企业管理者又可以根据具体需求自行定制功能与服务，实现 ERP 系统的个性化、多样化。在这个不断变化的商业环境中，数据图谱的灵活性更能体现出其在 ERP 中的重要性。

2. 算法模型优化——ERP 系统的"智慧"

相较于传统 ERP 系统，新一代 ERP 采用了算法模型来实现业务数字化转型。具体而言，ERP 系统基于历史数据，通过机器学习和深度学习算法构建模型，从而实现了对企业各项业务的智能预测、优化和管理。因此，算法模型是新一代 ERP 系统的"智慧"所在。新一代 ERP 系统的算法模型在业务预测方面展现了强大的优势，通过对历史数据的学习，系统可以建立"预测模型"；根据不同的需求和变化，ERP 系统能够对各种业务进行智能化分析和预测，比如物料库存预测、销售预测、采购预测等。这样一来，企业可以充分利用已有的数据，通过预测规划更好地管理企业运营。

3. 微服务——ERP 系统的"灵敏度"

微服务架构长期以来一直是企业级应用的热门话题。ERP 是企业内部的核心应用软件之一，因此，采用微服务架构可以帮助企业实现更高的灵敏度和更快的应用程序部署。

首先，微服务架构允许企业对不同功能模块进行解耦，这意味着每个模块可以独立开发、部署和升级。这种模块化的方法可以帮助实现更快的应用程序交付，并快速响应业务需要。与此相比，单体式架构的应用程序较为庞大，使得各种更新和升级都需要一次性在整个应用程序中进行，大大降低了部署速度和灵活性。

其次，微服务架构可以帮助企业应对 ERP 系统的可靠性挑战。在一个完整的 ERP 系统中，每个子系统都需要确保其可靠性和数据的完整性。微服务架构使得每个子系统都可以承担更小的风险和责任，从而避免了整个系统的崩溃，进而帮助企业实现更快速、更准确和更优化的 ERP 系统交付。

最后，微服务架构可以帮助企业实现更高的灵敏度和更快的应用程序部署。通过将 ERP 系统分解成多个子系统并将其解耦，企业可以更好地满足不断变化的业务需求，并实现更好的资源利用和自动化。因此，对于新一代 ERP 系统的应用程序开发，采用微服务架构是值得推荐的。

4. 云计算——ERP 系统的"高效性"

云计算可以确保 ERP 系统的高效性，从而帮助企业提高效率和降低成本。可以从以下几个方面理解云计算对 ERP 高效性的作用。

第一，云计算可以提高 ERP 系统的可靠性和稳定性。云基础设施提供商通常会投资更先进的技术，以确保其基础设施的高可用性和容错能力。这些技术包括虚拟化、容器化、自动化等。

第二，云计算可以提高 ERP 系统的可扩展性。企业在并发高峰期需要更多的计算资源时，不需要购买更多的硬件，只需要在云平台上请求更多的计算资源即可。这种弹性扩展性使得企业可以更快地响应客户的需求，提高企业的竞争力。

第三，云计算可以提高 ERP 系统的灵活性。企业可以更加灵活地配置其 ERP 系统，以适应不同的业务需求。同时，云平台还可以为企业提供丰富的 API 和工具，使得企业可以更好地定制和集成其 ERP 系统。

第四，混合云是企业实现高效性、多样性和可扩展性的必备技术。它提供强大的计算和存储资源，保障企业的信息和数据安全，可以支持企业创新，驱动产品和服务的迭代，同时帮助企业快速响应业务和市场需求。通过混合云，企业可以更好地应对复杂的 ERP 系统需求，实现高效、快速、可靠的业务运营。

值得注意的是，企业在转型升级时应该选择适合自己的云平台，以帮助企业提高效率、降低成本、提高竞争力，获得更好的商业价值。

1.2.4　主流 ERP 软件介绍

ERP 软件是一种面向管理的大型应用系统，属于应用软件的范畴。国外 ERP 思想和软件起步较早，典型代表是 SAP ERP(SAP Enterprise Resource Planning)和 Oracle 的 EBS(Oracle E-Business Suite)。这两款 ERP 软件是具有世界先进水平的智慧化企业管理平台，在全球范围内占有较大的市场份额和影响力。我国的 ERP 大多数起源于会计核算软件，逐渐进化成为财务管理系统、业财一体化管理系统，直至目前的 ERP 软件。国内有代表性的 ERP 软件有用友 ERP(NC、U8、用友通)和金蝶 ERP(EAS、K/3、KIS)。国产 ERP 软件在本地化方面具有自己的特色，在国内企业中占有较大的市场份额。下面介绍当前国内外主流 ERP 软件提供商及其产品。

1. SAP ERP

SAP 公司是 ERP 思想的倡导者，成立于 1972 年，总部设在德国南部的沃尔多夫 (Walldorf)。SAP 产品的主要功能模块包括销售与分销、物料管理、生产计划、质量管理、工厂维修、人力资源、工业方案、办公室和通信、项目管理、资产管理、成本控制、财务会计等。全球财富 500 强中 80%以上的企业都在使用 SAP 提供的 ERP 解决方案。SAP 在全球多家证券交易所上市，包括法兰克福证券交易所和纽约证券交易所。SAP 在 20 世纪 80 年代开始与中国企业合作，于 1995 年正式成立中国分公司，并设立了北京、上海、广州、成都分公司。2022 年，SAP 在全球营业额为 324 亿美元。SAP ERP 在中国企业中应用广泛，国内众多的大型企业都引进了 SAP ERP 作为管理工具，例如中石油、中石化、华为集团、联想集团、海尔集团、海信集团、东明石化等。

SAP ERP 是以超过 1000 个已被验证的最佳企业管理实践为基础的行业信息化管理解决方案，同时它还是一个可随着业务成长而升级的灵活的业务管理解决方案。针对不同规模的企业，SAP 提供了不同的 ERP 解决方案：针对大中型企业的 SAP ERP 解决方案，能够提供完整的系列业务综合管理；针对中小型企业，SAP 提供了三种不同类型的综合管理软件，包括 SAP Business All-in-One、SAP Business ByDesign 和 SAP Business One，可以应对企业成长的不同需求。

2. Oracle EBS

Oracle 即甲骨文公司，是世界上最大的数据库软件公司，1977 年成立于美国加利福尼亚州，总部设在加利福尼亚州的红木城，全球员工超过 40 000 名，是《财富》全球 500 强企业。1989 年，Oracle 公司正式进入中国。Oracle 公司为遍及 140 多个国家的用户提供 EBS、数据库、应用软件及相关的咨询、培训和支持服务。自 1977 年在全球率先推出关系型数据库以来，Oracle 在利用技术革命来改变现代商业模式中发挥了关键作用。

Oracle 的 ERP 产品主要是其电子商务套件(E-Business Suite，EBS)，它是一个面向企业的全面集成、完整的商务管理软件套件，将前台与后台运营中的关键业务流程自动化。Oracle 电子商务套件涵盖了营销、服务、合同、订单管理、产品设计、采购、供应链、制造、财务、项目管理、人力资源与专业服务自动化在内的企业各个领域的业务。

自从 Oracle 电子商务套件首次面市以来，Oracle 已经推出了多种电子商务套件的增强版本，从而形成了一整套成熟的、功能齐全的应用套件。Oracle 电子商务套件能够使用户在实施业务应用时有前所未有的可选择性与灵活性，它的开放式基础架构给用户提供了多种选择，既可以单独使用，也可以组成整体的集成套件来安装使用。

3. 用友 ERP

1988 年以来，用友致力于提供具有自主知识产权的企业管理 ERP 软件服务与解决方案。用友的主要产品包括面向大中型企业的 NC、面向中小型企业的 U8、面向小型企业的"通"系列。用友 ERP 功能涵盖了供应链管理(Supply Chain Management，SCM)、客户关系管理(Customer Relationship Management，CRM)、人力资源管理(Human Resource Management，HR)、企业资产管理(Enterprise Asset Management，EAM)、办公自动化(Office Automation，OA)等业务领域，为客户提供完整的企业管理软件产品和解决方案。

用友 NC 遵循"协同商务、集中管理"的先进管理理念，"协同商务"是指集团企业各组织间及企业与供应商、客户、合作伙伴在信息共享的基础上协同工作。在集团企业内部包括各工厂、分销、物资等部门之间的业务计划、流程、资源的协同。企业间协同，依托于供应链协同计划，驱动上游企业到下游企业物流和资金流的顺畅，以实现供应链的协同运作，为整个供应链价值增值。"集中管理"不仅是数据管理的集中，而且是在数据集中管理的基础上实现资源及业务中控管理和监控，如集中财务核算与资金管理、集中库存管理、集中采购管理、网络分销等。

用友 U8、U9、U10 企业应用套件是在全面总结、分析、提炼我国中小型企业业务运作与管理特性的基础上，针对中小型企业不同管理层次、不同管理与信息化成熟度、不同行业特性的信息化需求而设计的。它具有全面性、继承性、灵活性、易用性和安全性五大特性。

用友"通"标准版是面向成长型企业开发的产品，具有账务、出纳、报表、工资、固定资产、财务分析、业务通(采购、销售、库存)、核算、票据管理等模块。"通"标准版对提高企业管理水平、优化企业运营，实现精细化财务管理与业务控制管理的一体化，帮助企业快速、准确应对市场变化，支持长期可持续性发展发挥着强大的支撑作用。

4. 金蝶 ERP

金蝶公司总部位于中国深圳，创立于 1993 年，是全球软件市场中成长最快的独立软件厂商之一，是中国软件产业的领导厂商。金蝶开发、销售企业管理与电子商务应用软件，并为企业或政府部门构筑电子商务或电子政务平台。同时，金蝶向全球范围内的客户提供与软件产品相关的管理咨询、实施与技术服务。金蝶的主要产品包括面向大中型企业的 EAS(Enterprise Application Suite)，面向中小型企业、帮助企业全面整合内外部资源、快速实现个性化需求的 K3，面向小型企业、帮助企业实现业务财务灵活应用、让管理更简单的 KIS(Keep It Simple)。

金蝶 EAS 具有支持多种管理模式、支持大规模集中应用、管理信息透明化、业务流程可视化、工作方式人性化和应用软件平台化的特点。它秉承 40 万家用户的最佳应用实践，采用最新 ERP Ⅱ管理思想和最先进的平台化技术架构，是 K3 产品的重大平台升级和管理升级，是国内第一套"ERP＋中间件"的企业管理软件，涵盖集团管理、财务管理、人力资源管理、SCM、协同平台等管理领域。EAS 为大中型企业提供了最适合中国企业管理特质的个性化企业管理及电子商务应用解决方案。

金蝶 K3 ERP 系统集供应链管理(SCM)、财务管理(Financial Management，FM)、人力资源管理(HR)、客户关系管理(CRM)、办公自动化(OA)、商业分析、移动商务、集成接口及行业插件等业务管理组件为一体，以成本管理为目标，以计划与流程控制为主线，通过对成本目标及责任进行考核激励，推动管理者应用 ERP 等先进的管理模式和工具，建立企业人、财、物、产、供、销科学完整的管理体系，为中小型企业提供全面的企业管理解决方案。

　　囿于篇幅，本书仅仅介绍了四种国内外常见的 ERP 软件提供商及其 ERP 软件，但实际远远不止这些产品，如国外的 JDE、SSA、QAD 等，国内的浪潮、天心、天思、和佳、易飞、金算盘、科思等。读者如果有兴趣，可以上网搜索更多 ERP 软件和企业信息化管理解决方案信息。

第 2 章　SAP ERP 系统概述

2.1　SAP ERP 概览

SAP(思爱普)是全球领先的企业管理软件解决方案提供商,可以为各行各业不同规模的企业提供数字化运营解决方案。SAP 公司是目前全球最大的 ERP 软件公司,是企业数字化运营解决方案的先驱。SAP ERP 在全球 ERP 软件市场排名中位居第一,可以协助客户规范业务运营,提升应变能力,促进企业可持续发展。

2.1.1　SAP ERP 的发展简史

SAP 企业管理软件发展历史中的一些关键时间节点如下:

1973 年 SAP 开发完成了第一个自动化财务会计以及交易处理程序 R/1(RF),这是 SAP 第一代 ERP 产品。

1979 年 SAP 第二代产品 R/2 成功上线。R/2 系统的开发基于跨国公司的潜在客户需求,系统设计之初就考虑了多语言、多币种以及不同国家的会计准则。SAP 将这种国际化开发视野一直持续到今天。

1992 年 SAP 第三代产品 R/3 系统正式上市。这一新软件基于 UNIX 操作系统,适用于小型计算机、办公室计算机和个人计算机,可以把庞大的数据处理量依据 C/S 模式分摊到网络计算机上,大大提高了系统处理的速度和效率。

2004 年 SAP 发布了新一代旗舰产品——MySAP ERP,这是 SAP R/3 产品的升级版,SAP 将其核心的 ERP 组件重新命名为 Enterprise Central Components(ECC),MySAP ERP 成为当时市场上最完整的 ERP 解决方案。

2015 年,SAP 推出了第四代产品 SAP Business Suite 4 SAP HANA,简称 SAP S/4 HANA,其中"S"代表简化,"4"代表的是商务套件的第四代发布,这一产品是 SAP ECC 的升级版。S/4 HANA 既实现了 ERP 的功能又汇集了 SAP HANA 的敏捷性、快速性和实时性,成为市场领先的实时计算应用软件平台。借助 SAP S/4 HANA,任何企业都可以利用物联网和大数据实现人员、设备和业务数据的实时互联,创建新的业务模式;可以实时地计划、执行、预测和模拟,为当前和未来企业的决策提供有力的支持;也可以实时掌控关键任务,根据需要实时调整业务流程。

2.1.2 SAP S/4 HANA 的主要优势

SAP S/4 HANA 是 SAP 公司最新的 ERP 版本，是基于 SAP HANA 数据库系统构建的实时化、智能化新一代 ERP 套件，由其构建的数字化核心，能够使企业内部网、互联网、物联网、数据中心等实现互联，能够通过 SAP Fiori(产品前端 UI 开发框架)交付个性化用户体验。不论企业来自哪个行业、规模如何，SAP S/4 HANA 都能帮助企业快速实现最佳运营，其主要优势表现如下：

(1) 即时：能为业务用户提供来自各个运营部门的实时信息，提高业务用户的自主力，从而支持用户即时行动，快速响应外界变化。

(2) 智能：可以通过自动化功能，获得基于角色的情境式建议和自主权，从而提高工作效率，并制定合理的决策。

(3) 集成：可以连接企业各个部门和整个价值链中的工作流，由此提高工作效率，加强协作，并推动创新。

(4) 简化：借助 SAP 下一代 ERP 解决方案，能够利用内存计算的强大功能，简化和集成整个企业的业务流程。

2.1.3 SAP S/4 HANA 的功能

SAP S/4 HANA 并非单一产品，它包含许多应用程序。SAP S/4 HANA 核心和业务解决方案如图 2-1 所示。它支持所有核心业务流程，例如从采购到付款、从计划到产品、从订单到收款、从请求到服务等。

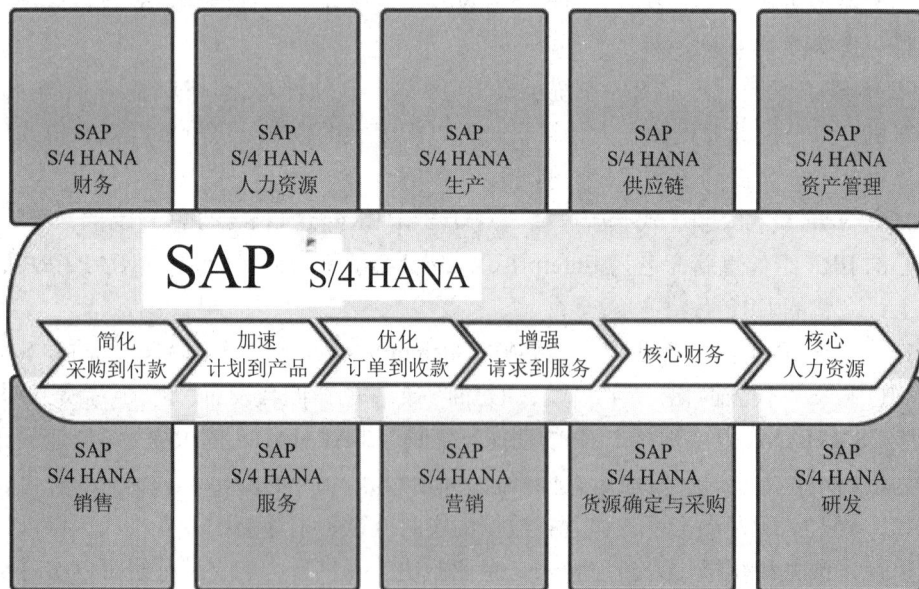

图 2-1　SAP S/4 HANA 核心和业务解决方案

2.2 SAP S/4 HANA 系统的相关术语定义

在开始对SAP S/4 HANA的系统学习之前,首先需要了解系统环境下对各种术语的定义。

1. 业务场景

业务场景是指属于一个特定组织的,为了满足组织特定目标的一组相关业务组合,例如编制资产负债表、人事管理、采购、服务或生产等。

2. 组织单元

组织单元是指因法律或其他商业原因而隶属于同一集团公司的组织单元,例如公司、销售办公室和工厂等。

图 2-2 是 SAP 演示集团公司 IDES 的组织单元及术语。IDES 是 SAP 开发和使用的演示系统,是一家依赖于与外部业务伙伴协作的国际化集团公司,其经营范围遍及全球,有着众多的独立法人公司。

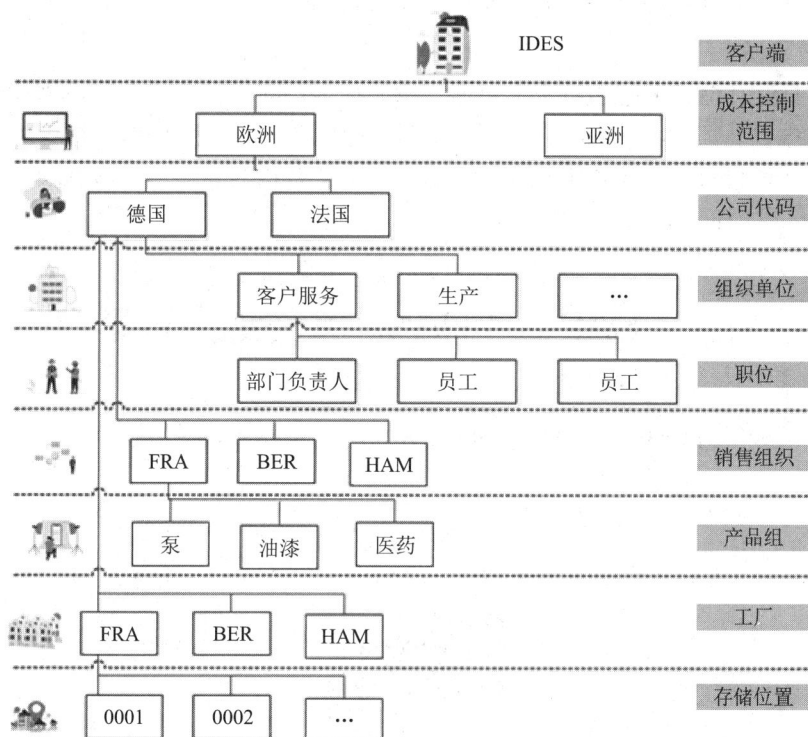

图 2-2 SAP 演示集团公司 IDES 的组织单元及术语

3. 主数据

主数据是指系统业务流程中长期存储的数据,例如客户、物料和供应商等信息。在 SAP S/4 HANA 中,集中创建主数据,可供所有应用程序和授权用户使用,统一管理、集中存储主数据意味着数据记录始终一致。主要的主数据有业务伙伴主数据和物料主数据。

1) 业务伙伴主数据

在 SAP S/4 HANA 中，业务伙伴主数据是指客户主数据和供应商主数据。在该系统中必须单独维护客户主数据和供应商主数据，即如果特定业务伙伴在一些流程中充当客户，在其他流程中充当供应商，则此业务伙伴的主数据必须进行两次维护。SAP S/4 HANA 中通过使用业务伙伴(BP)方法集中管理客户和供应商的主数据，也就是说可以使用事务代码 BP 来维护业务伙伴主数据。事务代码 BP 是创建、编辑和显示业务伙伴、供应商和客户主数据的单一入口点。

2) 物料主数据

物料主数据包含公司管理其组织内物料所需的所有关键信息。此外，物料主数据还定义了产品如何进行销售、制造、采购、盘点、会计核算等。物料主数据信息通过业务功能组织的分组视图进行呈现。

4. 事务(交易)

事务是在 SAP S/4 HANA 系统中执行业务流程的应用程序，例如创建销售订单或过账付款等。在创建销售订单时，用户必须输入客户主数据编号，客户主数据编号将被复制到所有相关的客户信息表单中；若输入物料主数据，相关物料数据便会被复制到销售订单中。

5. 交易数据

交易数据是存储并分配的特定主数据，例如与客户交易相关的数据。执行交易时，创建的交易数据以凭证(Document)形式存储，例如销售订单、采购订单、物料凭证和过账凭证等，这些凭证记录并且包含主数据和组织元素中所有相关的预定义信息以及发生业务时的业务信息，如时间、数量、单位等。

2.3　SAP S/4 HANA 系统的应用导航

本书使用软件为 SAP S/4 HANA 1909，客户端使用 SAP GUI 760。

2.3.1　登录

SAP S/4 HANA 客户端安装成功之后，桌面会出现 SAP GUI 图标，如图 2-3 所示。

图 2-3　SAP GUI 图标

如果桌面图标不存在，可以选择以下菜单路径："开始"→"所有程序"→"SAP Front End"→"SAP Logon"。

双击桌面上的"SAP GUI 图标"，进入 SAP 登录信息列表，如图 2-4 所示。

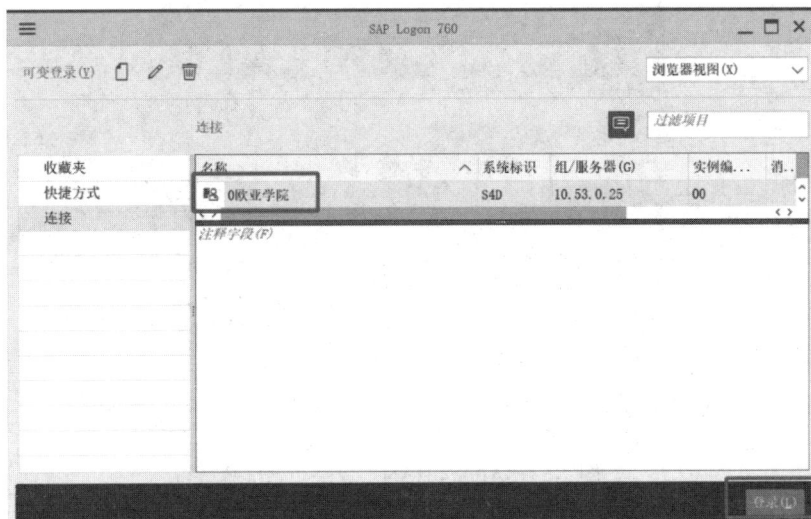

图 2-4　SAP 登录信息列表

如果列表中不存在系统登录信息，请按照以下步骤进行添加：

(1) 单击菜单栏"新建项目"→"连接"，进入如图 2-5 所示创建新系统条目界面。

图 2-5　创建新系统条目

(2) 单击 完成(F) 按钮即可添加完成。

在图 2-4 中双击"0 欧亚学院"条目或者教师建立的其他系统条目名称，或点击主工具栏上 登录(L) ，或按回车键进入 SAP S/4 HANA 登录初始屏幕，如图 2-6 所示。

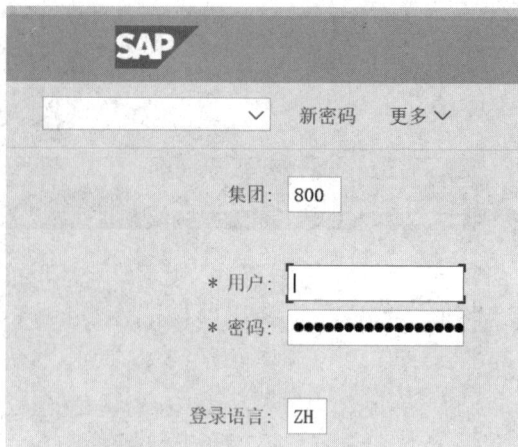

图 2-6　SAP S/4 HANA 登录初始屏幕

SAP S/4 HANA 是客户端/服务器(Client/Server)系统,一个系统可以同时管理多个独立的公司。集团公司是系统中最高的组织级别,在商业术语中,不管组织的规模如何,每个客户端都可以代表一个集团公司、一个独立公司或者一个独立的企业。在 SAP S/4 HANA 系统中,不同的客户端通过客户端编号(三位数字编码)来识别。在这里,需要用的客户端编号由教师在设置系统时建立,提供给学生。

为了能够以用户身份登录系统,必须在相关客户端建立用户主记录。每个学生的登录用户名由教师提供。出于访问保护的原因,登录时必须输入密码,输入的密码区分大小写。教师会给出每个学生登录的初始密码,首次登录时要求修改为学生自己的密码。SAP S/4 HANA 系统是多语言环境,系统默认语言为中文,如果需要登录英文系统,请在图 2-6 所示对话框中"登录语言"字段输入 EN。

在图 2-6 所示对话框中输入集团编号、用户名及初始密码,然后单击标准工具栏⚫️按钮或按 Enter 键即可登录 SAP S/4 HANA 系统。

如果是第一次登录,系统会弹出更改密码(口令)对话框,如图 2-7 所示。

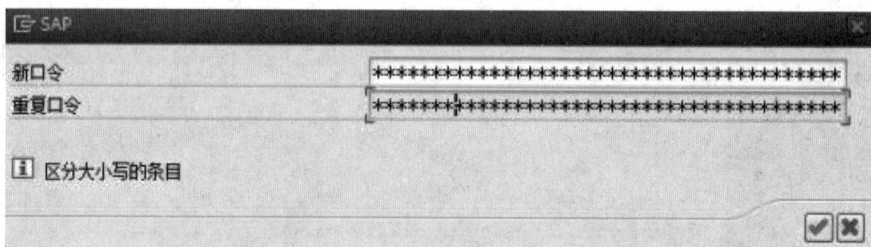

图 2-7　SAP 更改密码对话框

输入新口令,单击标准工具栏⚫️按钮或按 Enter 键即可完成密码的更改。

2.3.2　初始屏幕

SAP S/4 HANA 系统初始屏幕包含菜单栏、标题栏、标准工具栏、SAP 轻松访问菜单及状态栏,可以设置为多种主题风格,如图 2-8、图 2-9 所示。屏幕的左侧显示一个包含可用菜单的树形层次结构。

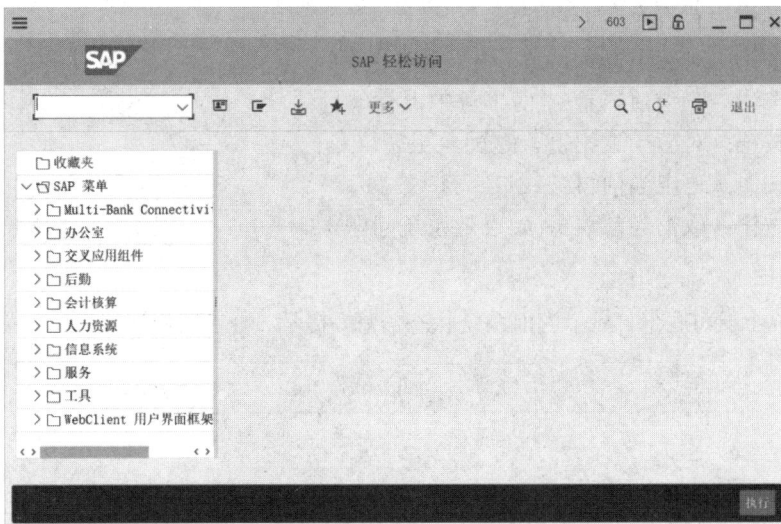

图 2-8 SAP S/4 HANA 初始屏幕-Belize Theme 主题

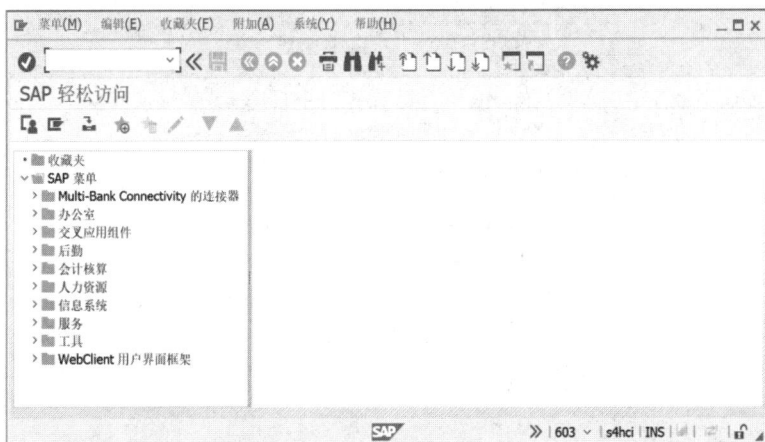

图 2-9 SAP S/4 HANA 初始屏幕-经典风格 Blue Crystal Theme 主题

1. 菜单栏

菜单栏位于窗口顶部，显示了与应用程序相关的菜单项，大多数菜单有子菜单，如图 2-10 所示。

图 2-10 菜单栏

2. 标准工具栏

在标准工具栏上正常显示图标表示当前可用，灰色显示图标表示当前不可用，将光标悬停在图标上时，会出现快速信息文本，如图 2-11 所示。

图 2-11 标准工具栏

标准工具栏中有五个重要图标:

(1) 按钮:对应于 Enter 键,用来确认条目;

(2) 按钮:在当前屏幕/当前事务中保存条目;

(3) 按钮:对应于退出键,返回至上一屏幕;

(4) 按钮:退出当前事务;

(5) 按钮:取消当前事务(如果是系统问题)。

3. 状态栏

状态栏位于窗口底部,显示当前系统状态信息、提示、警告或错误消息,如图 2-12 所示。

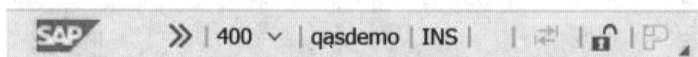

图 2-12 状态栏

单击 >> 状态栏按钮可以隐藏状态信息;单击状态栏 400 ∨ 中的小三角,可以显示系统的状态信息,如图 2-13 所示。如果系统有提示信息(成功、警告、错误),将显示在状态栏的左侧。

图 2-13 系统状态信息

2.3.3 退出

选择菜单栏中的"系统"→"注销"操作路径,即可结束当前会话。

结束会话时,系统将提示"用户未保存的数据将会丢失",如果已保存所有条目,选择"是"确认,如图 2-14 所示。

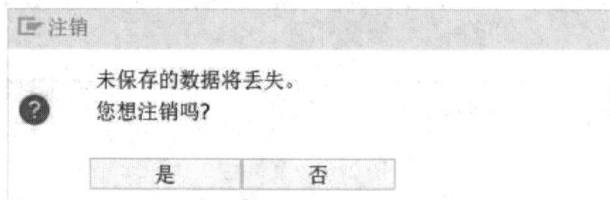

图 2-14 SAP S/4 HANA 系统注销提示消息框

2.3.4 设置 SAP S/4 HANA 主题风格

本书使用目前主流的 SAP Logon 客户端登录,推荐版本为 SAP Logon 760,可以定义为多种风格。设置主题风格方法如图 2-15 至图 2-17 所示。

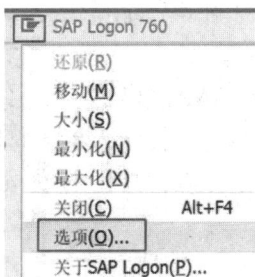

图 2-15　SAP S/4 HANA GUI 选项

图 2-16　Belize 风格

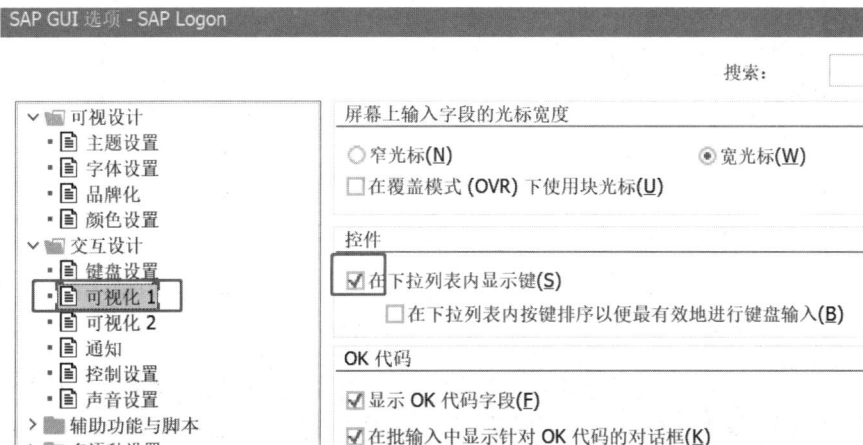

图 2-17　列表内显示键

2.3.5　SAP S/4 HANA 系统基本操作

1. 调用事务

在 SAP S/4 HANA 系统中，调用事务有如下三种方法：

(1) 轻松访问菜单(SAP Easy Access Menu)。通过使用 SAP 轻松访问菜单的树形结构并导航到一个事务，然后双击事务运行。

(2) 收藏夹(Favorites)。在实际工作中，如果需要经常使用一个事务，可以通过拖放将其添加到收藏夹中(或选择收藏夹→添加)，打开收藏夹，然后双击一个事务即可运行。

(3) 事务码(Transaction code)。在 SAP S/4 HANA 系统中，每个事务都有对应的事务码。如果熟知事务码，用户可以在命令框中直接输入事务码运行事务。

注意：输入事务码的命令框位于标准工具栏中 ✅ 按钮左侧，单击小箭头符号可以显示或隐藏此命令框。

2. 并行会话

在 SAP S/4 HANA 系统中，系统默认允许并行打开六个会话。

(1) 单击标准工具栏 🔳 按钮或选择"系统"→"创建会话"，打开新的会话。

(2) 单击标准工具栏 🔼 按钮或选择"系统"→"结束会话"，关闭一个会话。

2.3.6　SAP S/4 HANA 帮助

SAP S/4 HANA 系统中有多种获取帮助的途径，最常用的是 F1 帮助和 F4 帮助。

F1 帮助提供了关于字段、菜单、函数和消息的解释。

例如，输入事务码 XD03，则出现事务"显示-客户"，当鼠标停留在客户字段并按 F1 时，可调出 F1 帮助，如图 2-18 及图 2-19 所示。

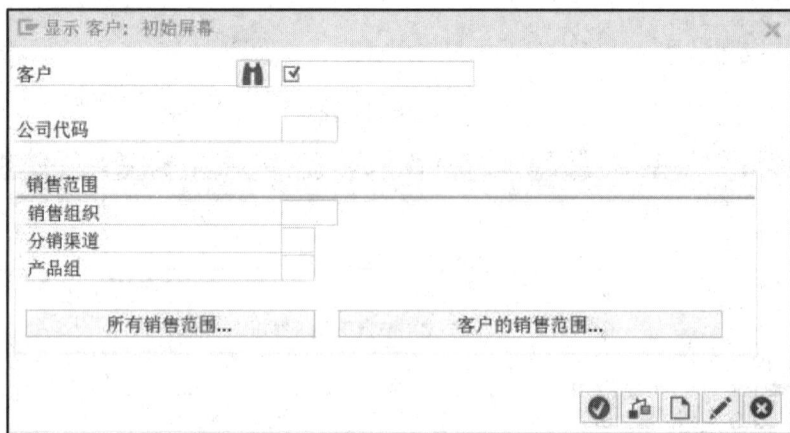

图 2-18　F1 帮助示意图(1)

图 2-19　F1 帮助示意图(2)

在 F1 帮助下，可以选择 🔧 按钮来获取技术信息，如图 2-20 所示。

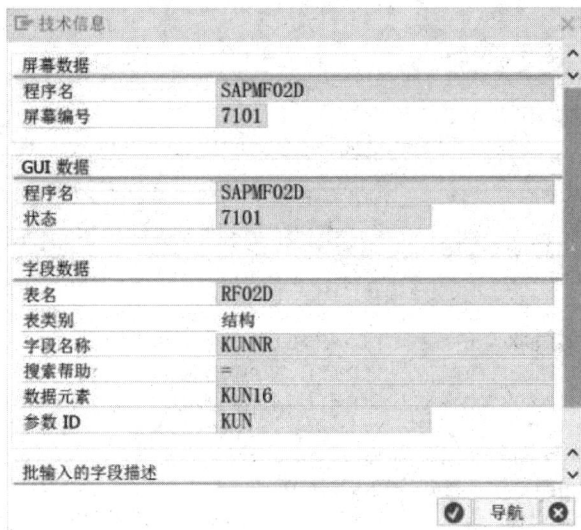

图 2-20 技术信息界面

F4 帮助键提供了字段的信息和可能的条目值,另外,还可以通过直接单击 [   ](可选择字段的右侧)使用 F4 帮助。

例如,输入事务码 XD03,则出现事务"显示-客户",当鼠标停留在客户字段并按 F4 时,可调出 F4 帮助,输入查询条件即可调出相应的值列表,如图 2-21 至图 2-23 所示。

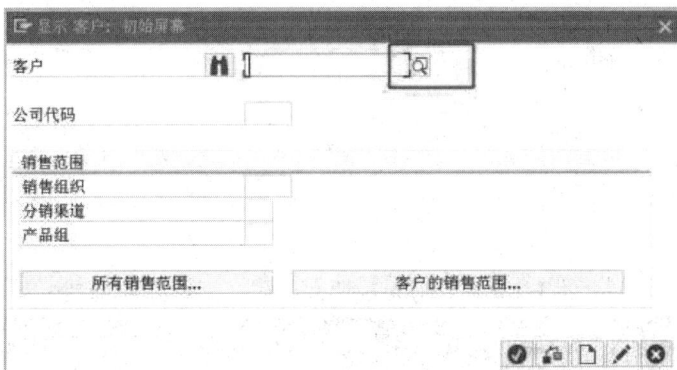

图 2-21 F4 帮助示意图(1)

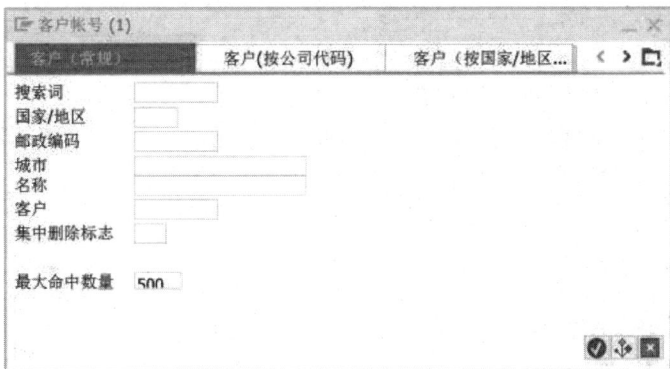

图 2-22 F4 帮助示意图(2)

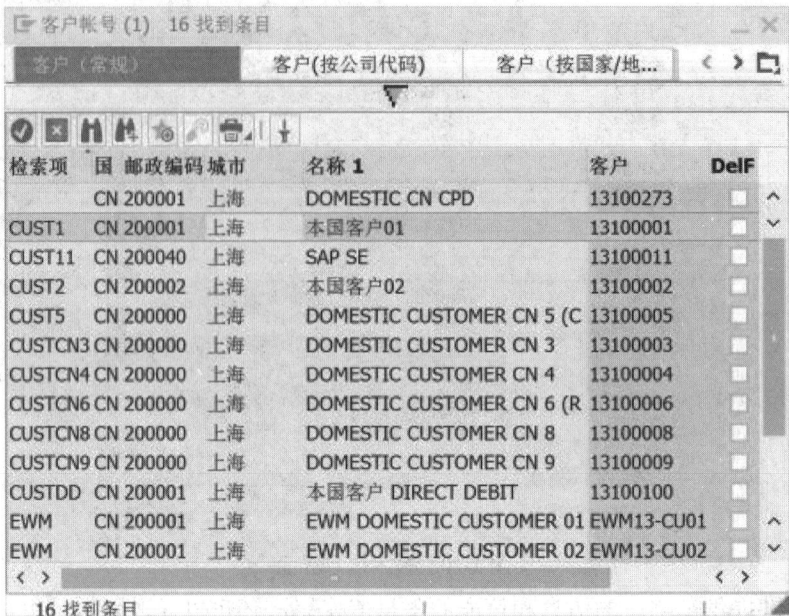

图 2-23　F4 帮助示意图(3)

SAP S/4 HANA 帮助菜单包含了系统的更多帮助，通过选择帮助菜单即可调出。比如，选择"应用程序帮助"，可以获取当前事务的上下文相关帮助；选择"SAP 知识库"可以打开 SAP 在线帮助，也可以在网上直接输入在线网址 help.sap.com 访问它；选择"词汇表"可以打开 SAP 术语的词汇。

2.3.7　收藏夹

除了可以将事务码加入收藏夹，也可以将其他对象加入收藏夹，例如文件夹、报表、文件及 Web 地址等。现以添加 SAP 大学联盟社交网站至收藏夹为例进行操作说明。

(1) 选择"收藏夹"，右键选择"添加其他对象"，如图 2-24 所示。

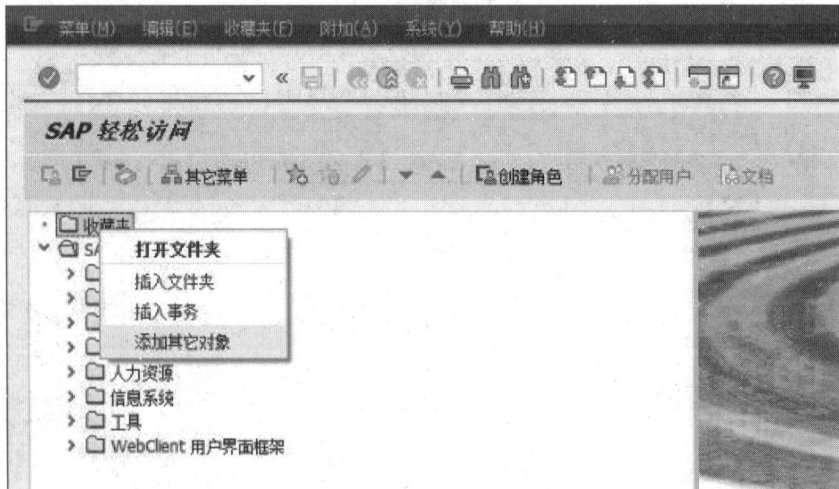

图 2-24　收藏夹添加网址示意图(1)

(2) 选中界面上"Web 地址或者文件"，点击标准工具栏上的 ✅ 按钮，在弹出的界面上输入图 2-25 中所示表的信息。

字 段 名 称	字 段 值
文本	Free SAP Online Courses
Web 地址或文件	https://learning.sap.com/

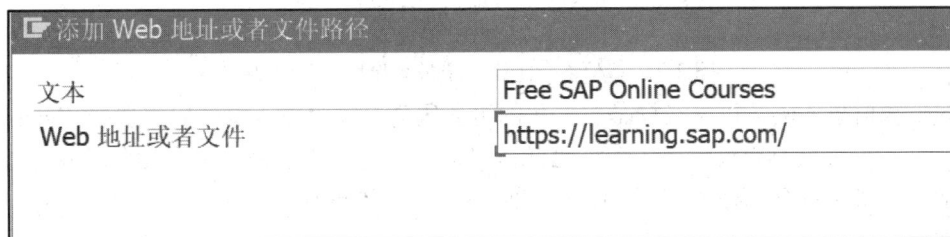

图 2-25　收藏夹添加网址示意图(2)

(3) 点击标准工具栏上的 ✅ 按钮，添加完成。

2.3.8　事务码显性设置

在 SAP S/4 HANA 系统中，运行事务的最快方式是输入事务码。每个事务都有一个代码，它一般由四个字符组成。

选择菜单"附加"→"设置"，勾选"显示技术名称"，即可查找到事务对应的事务码，如图 2-26、图 2-27 所示。

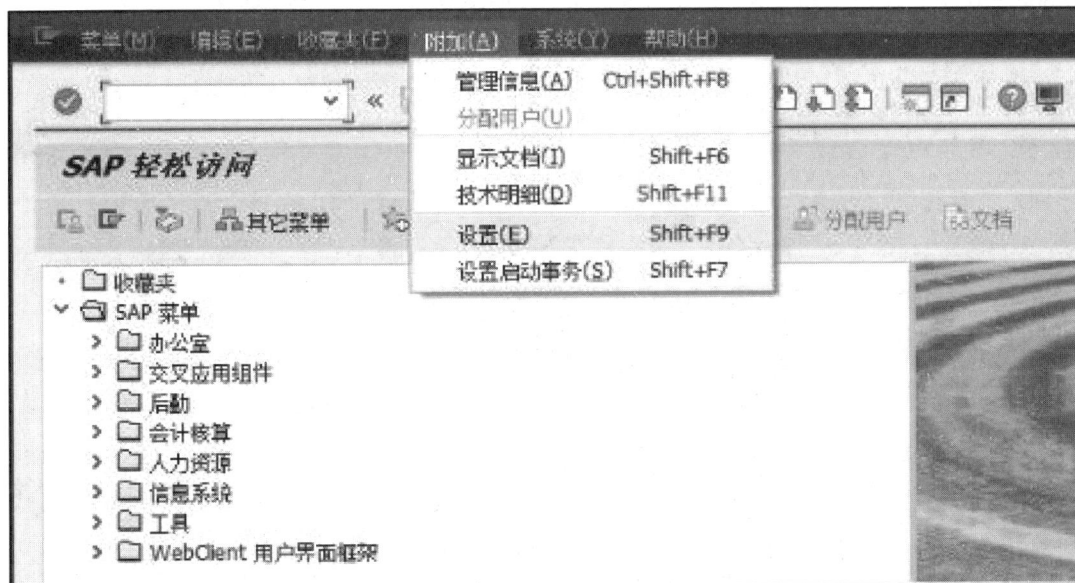

图 2-26　SAP S/4 HANA 事务码设置示意图(1)

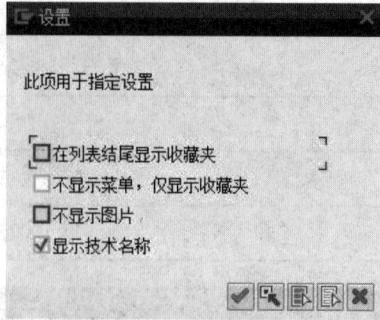

图 2-27　SAP S/4 HANA 事务码设置示意图(2)

　　如果知道事务码，可以在屏幕左上角的事务码命令框中输入事务码，选择 Enter 键后将出现事务码对应的初始屏幕。系统允许使用各种控制参数来决定调用一个事务会出现什么会话，主要参数有三种：① /N 退出当前事务；② /I 选择当前会话；③ /O 打开一个新的会话。

　　可以将它们与事务码一起使用。例如，输入/OMM03 将打开一个新的会话并调用显示物料的事务。

第3章 销售与分销

3.1 销售与分销模块涉及的组织架构

在 ERP 系统中，组织架构是区分各个主数据(Master Data)与文档类型(Documents Type)的重要准则，并且可以据此实行严密的权限控制。因此，在配置 ERP 系统时，必须详细分析与定义企业的组织架构，使得系统中的设置与实际的企业组织架构相符合。

在销售与分销(SD)模块中所涉及的组织架构如图 3-1 所示。

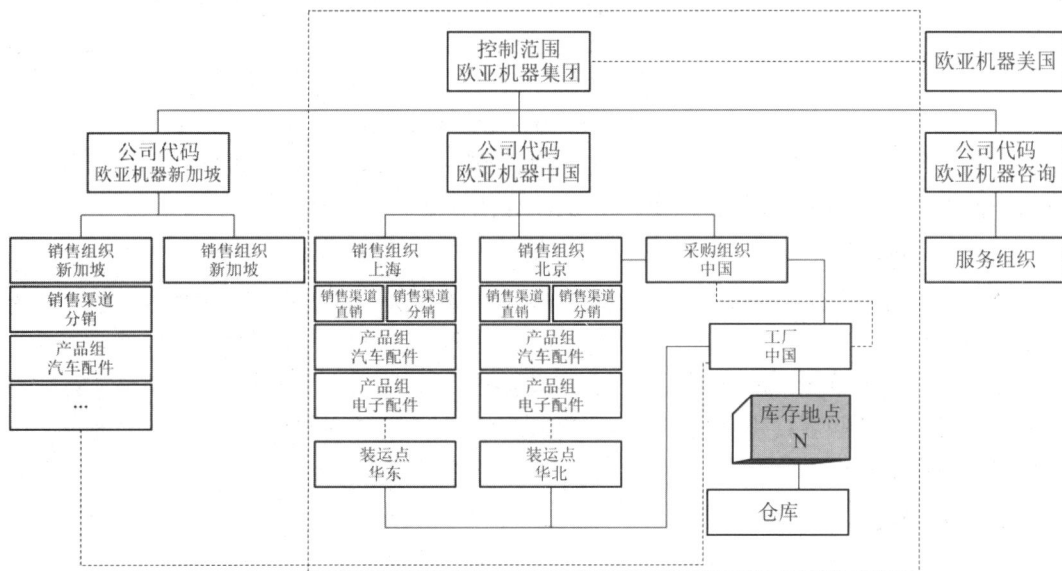

图 3-1 SD 模块涉及组织架构总览图

3.1.1 公司代码

公司代码(Company Code)是系统组织架构中最小的法人单位，代表独立的会计单位。因此，一个集团内部可能有多个公司代码，每一个公司代码均可出具法律上要求的资产负债表与损益表。

3.1.2 销售范围

销售范围(Sales Area)是一个销售组织、分销渠道及产品组的组合，它决定了销售的条件(如销售价格、折扣等)，如图 3-2 所示。例如图中 122 组合表示的销售范围是：1：北京销售总部，2：分销，3：汽车配件；123 组合表示的销售范围是：1：北京销售总部，2：分销，3：电子配件。根据销售组织、分销渠道及产品组，便可组成不同的销售范围，从而进一步规范相关主数据，针对每一个客户，在不同的销售范围下，可以采取不同的定价策略。

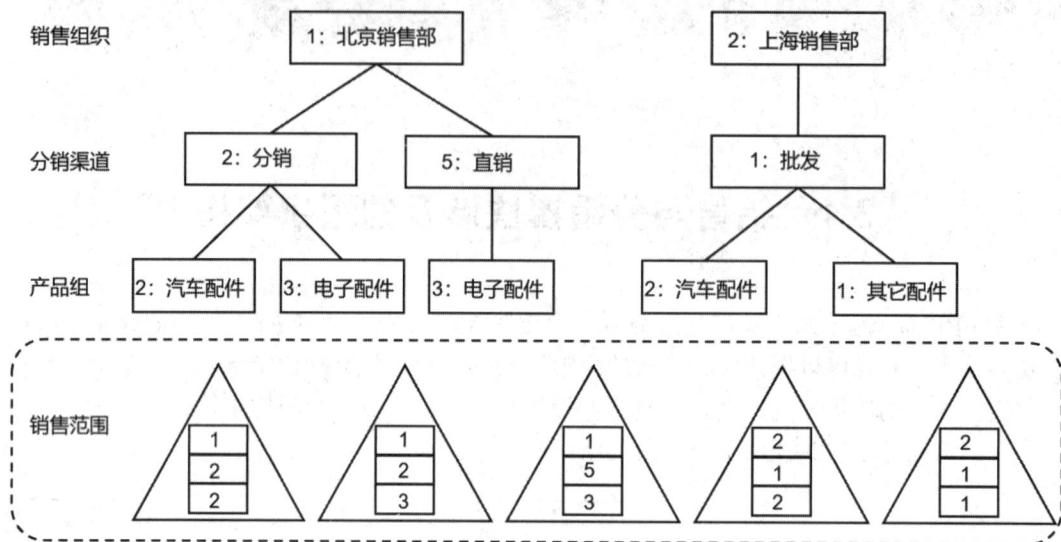

图 3-2　销售范围图示

另外，当企业组织在进行销售数据分析时，销售范围是一种非常重要的分类标准，现将销售范围中的销售组织、分销渠道及产品组介绍如下。

1. 销售组织

销售组织(Sales Organization)一般定义为国家或者国际区域级别的销售单位，是企业为了实现销售目标而将具有销售能力的销售人员、产品、资金、设备、信息等各种要素进行组合而构成的组织单元，是对某些客户和产品销售负责的组织；一个销售组织可能意味着从法律意义上对某些客户和产品的销售行为及客户投诉负责。每项产品的企业交易也必须在该销售组织下完成。

2. 分销渠道

分销渠道(Distribution Channel)用来定义不同产品如何运送到不同的客户处，是指当产品从生产者向最后消费者或产业用户移动时，直接或间接转移所有权所经过的路径，是产品/服务到达客户的方式；常见的分销渠道定义有批发、零售、直销等。通过定义分销渠道，企业可以对单一客户从不同的几个分销渠道来供应其产品。在不同的分销渠道下，一些相关的主数据，例如定价和最小定购量，也会有所不同。

3. 产品组

产品组(Division)是一些产品、物料或服务的组合，用于指定销售组织能够销售哪类产品，是在单一企业组织下，负责销售各式不同产品线或是产品家族的组织单位。例如，家电产品组或者个人电脑产品组。企业可以针对每一产品组，订立特定的客户协议，包括付款条件与出货条件等。

3.1.3 内部组织单元

除了销售范围外，在销售与分销模块中可以另外以内部组织单元的观点来定义其组织架构，包括销售办公室，销售组与销售员。通过定义内部组织单元，系统能够在内部不同层次上进行销售分析。

1. 销售办公室

销售办公室(Sales Office)是以地理区域视角定义业务发展和销售的组织结构。销售办公室可以看作是一个事实上的办公室或者是一个地区和区域。销售办公室应该被指定到一个销售范围。如果一个销售办公室创建的销售订单是与一个具体的销售范围相关的，那么这个销售办公室必须在此销售范围中是被允许的，也就是此销售办公室必须已经被指定到这个销售范围中。一个销售办公室可以被指定到多个销售范围中。

2. 销售组

销售办公室的员工可以被指派为一个销售组(Sale Group)，这个销售组通常又是对应于某个产品组(Division)或分销渠道的，销售组隶属于销售办公室。在实际项目中，销售组有时候可以替代销售员。

3. 销售员

一个销售组由几个销售员(Salesman)组成。在销售员主数据中为销售员指定销售办公室和销售组，然后就可以在销售文档的伙伴屏幕中选择此销售员的主数据。

3.1.4 工厂与存储地点

工厂可以代表生产设施或一组地理位置临近的地点，即存储地点。工厂与存储地点是所有物流范围都可以使用的组织级别，如图 3-3 所示。

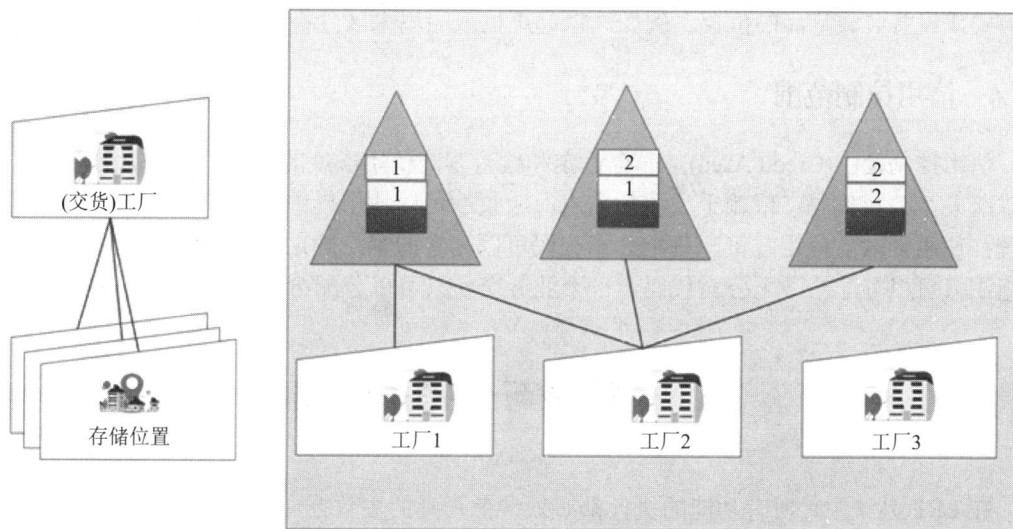

图 3-3　工厂与存储地点图示

1. 工厂代表的实体

① 保存物料存货的地点；

② 生产中的制造设施；

③ 销售和分销中物料和服务的地点；

④ 保有相关库存的分销中心；

⑤ 提供服务的地点，例如办公室。

2. 工厂的配置功能

在销售和分销中，可以配置工厂下列功能：

① 必须创建至少一个工厂以便能够使用销售和分销模块；

② 一个工厂必须唯一分配给一个公司代码；

③ 销售组织/分销渠道和工厂之间的分配不必唯一；

④ 工厂对于确定装运点必不可少。

3.1.5 发货组织

由于整个销售分销的流程是当客户收到其所订购的产品时才终止，因此，除了定义销售相关的组织单元，还需定义发货的相关组织单元，进而和整个交货流程进行集成，并且区分相关的交货数据与文件。发货组织包含发运点与装载点。

1. 发运点

发运点(Shipping Point)主要用于外向交货时的装运，在系统中，可以多个工厂共用一个发运点，也可以每个工厂定义一个发运点，发运点下还可以定义装载点，在创建销售订单时需指定发运点。

2. 装载点

装载点(Loading Point)是对发运点更详细的定义，每一个装载点代表在发运点中以不同的方式或设备装载货品的位置。例如，以起重机或船坞来区分不同的装载点。

3.1.6 信用控制范围

信用控制范围(Credit Area)是一个设定和检查客户信用额度的组织单元。信用控制范围可以跨多个公司代码；依赖于公司的需求，应收款可以使用集中的或者分散的信用政策来管理；使用分散的信用政策，每个公司代码可以为它的客户确定自己的信用数据；一个销售组织只可以分配给一个公司代码，一个业务交易只可以分配给一个信用控制范围。

3.2 销售与分销主数据

在 ERP 系统中，所有功能的执行都必须参考正确的主数据，而且某些执行的结果，也可以更新到主数据中。在销售与分销模块中，主数据尤为重要，因为它同时也是客户关系管理系统(CRM)的重要数据来源。

根据数据的种类区别，销售与分销主数据分为业务伙伴主数据、产品和服务主数据、客户与产品信息记录主数据、条件(价格)主数据。

3.2.1 业务伙伴主数据

在创建业务伙伴时，需要为其分配所需要的角色，不同的角色是在相应的组织级别上创建的，如图 3-4 所示。

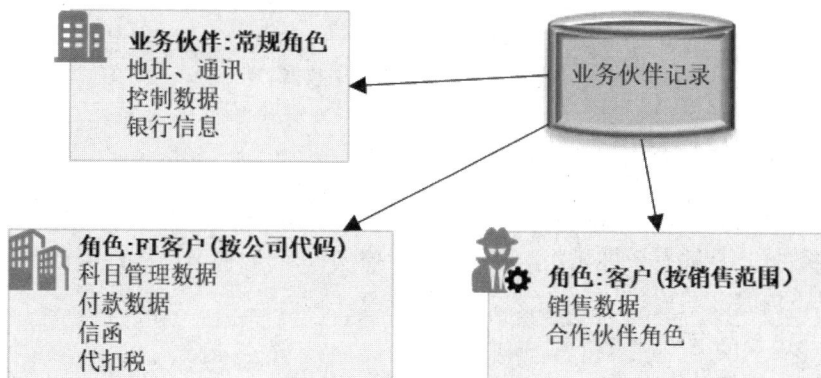

图 3-4　业务伙伴和已分配角色

(1) SAP S/4 HANA 将与用户有业务关系的自然人或法人统称为业务伙伴(Business Partner)。例如，从供应商订购货物，委托货运代理将货物交付给客户，以及销售商品或服务给客户。

(2) 如果该业务伙伴是客户，则需要为他分配角色 FLCU00(客户—财务会计)和 FLCU01 (客户)。

(3) 可以为客户维护"公司代码"视图和"销售范围"视图。在"公司代码"视图中，可以维护对账科目，付款条件等字段。在"销售范围"视图中，可以维护"客户定价过程""允许部分交货""装运条件"和"工厂"等字段。

3.2.2 产品和服务主数据

产品和服务主数据是指企业运营中与产品相关的被统一管理的物料信息，包含了描述、尺寸、重量、计量单位等基础信息，以及销售、生产、采购、仓储、质量管理、财务等业务信息。产品和服务主数据管理所有产成品、原材料、备品备件及服务等物料信息，有时也被称为物料主数据，如图 3-5 所示。

产品和服务主数据具有组织层级结构，其中基础信息(如编码、名称和计量单位等)在集团层面维护，对整个集团有效；业务信息，如销售数据(产品定价组、项目类型组、交货数量要求和税码等)在销售组织层级维护，只对该销售组织有效；工厂数据(MRP 相关数据、装运组和可用性检查规则等)则在工厂层面维护，只对该工厂有效。产品和服务主数据是企业业务运营的基础，不同业务部门对物料的管控要求会反映在产品主数据的相关视图中。

图 3-5 产品和服务主数据

3.2.3 客户与产品信息记录主数据

客户与产品信息记录主数据(Customer-Material Information Records)存储了客户销售与分销的相关数据,能够有效地满足与实现客户的需求。一般而言,客户与产品信息记录主数据包括以下内容:

(1) 客户产品品名与规格;

(2) 特定的分销数据;

(3) 对于产品的详细描述。

客户与产品信息记录所产生的主数据比业务伙伴主数据或产品和服务主数据有着更高的优先权,也就是当产生一张客户订单时,如果有对应的业务伙伴与产品服务信息记录存在,则系统会在此文件中针对此特定客户的每一个定购项目自动产生适配的数据。当然,在执行后续的每一项交易时,这些数据也是允许被更改的。

3.2.4 条件(价格)主数据

条件(价格)主数据包括:价格、附加费和折扣、运费和税,如图 3-6 所示。

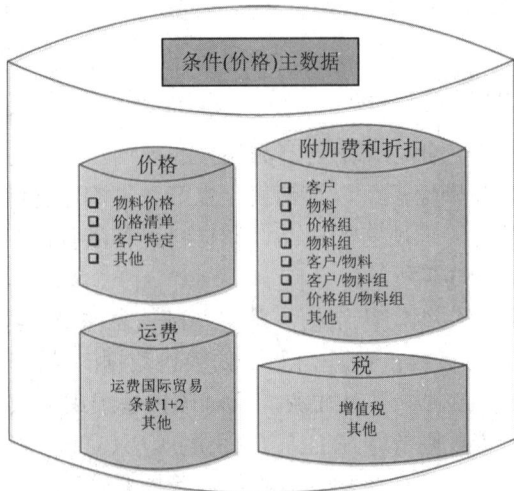

图 3-6 条件(价格)主数据

用户可以定义依赖于各种数据的条件(价格)主数据(条件记录)，例如可以维护客户特定的物料价格，或定义依赖于客户和物料定价组的折扣。

在定制中，用户可以控制价格、附加费和折扣、运费或税所依赖的数据(可以定义依赖于任何凭证字段的条件)。常见情况已在标准系统中设置。

条件(价格)主数据用以维护并控制所有与价格相关的信息，包括价格、销售促销和折扣等，是销售收入、增值税金等数据的重要计算依据，因而是销售与分销模块中的核心主数据之一。

价格元素通常仅在某个特定期间有效，通过定义不同的价格有效期间实现不同时间段执行不同价格的功能。

3.3 销售与分销业务流程

销售订单是获取和记录客户对货物或服务需求的电子凭证。销售订单包含处理整个流程循环中客户请求的所有信息，如图 3-7 所示。

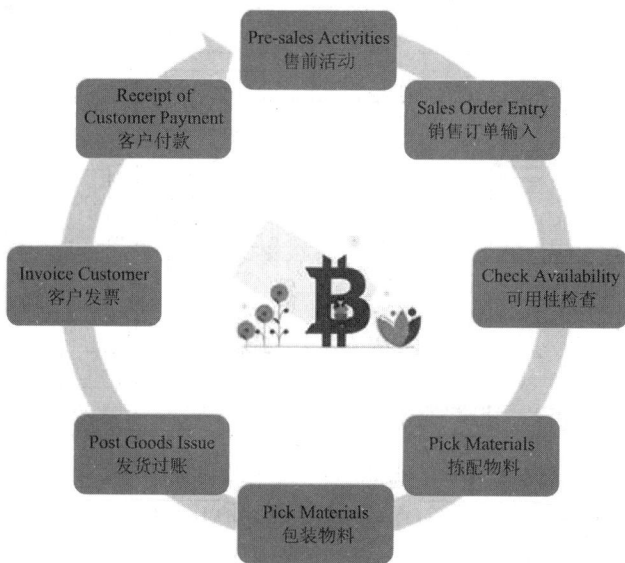

图 3-7　销售与分销流程概览

1. 销售与分销业务流程简介

"销售和分销"中的装运处理在创建交货凭证时开始，创建交货凭证的过程包括将信息(如物料和数量)从销售订单复制到交货凭证。交货凭证可以控制、支持和监控装运处理的各种子流程，具体有拣配和过账发货。

拣配是指从保管场所(库存)取出商品，进行商品出货准备到拣配区，进行数量正确的备货。过账发货可以在更改库存的数量和价值基础上进行更改，基于价值的更改是在财务会计的相关资产负债表科目上进行的。

创建开票凭证涉及将信息从销售订单和交货凭证复制到开票凭证。因此，交货项目和订单项目(例如服务)可以作为开票凭证的模型。开票凭证是销售与分销凭证，可作为创建发票的基础。

开票凭证还可以作为财务会计的数据源，有助于监控和处理客户付款。创建开票凭证时，通常自动确定总账科目并过账相关数据。

关闭销售与分销流程，收款是财务会计流程的一部分。

2. 销售与分销业务流程的典型案例

销售与分销流程是指企业有销售机会，销售人员针对销售机会进行销售活动并产生结果的过程。企业的销售与分销流程包含售前(新客户开发、签合同、调研客户需求)，销售订单(询价单、报价单、销售订单)，发货(外向交货单、发货单、物料凭证)，发票结算(开发票)四大部分，销售与分销业务流程的典型案例概览如图 3-8 所示。

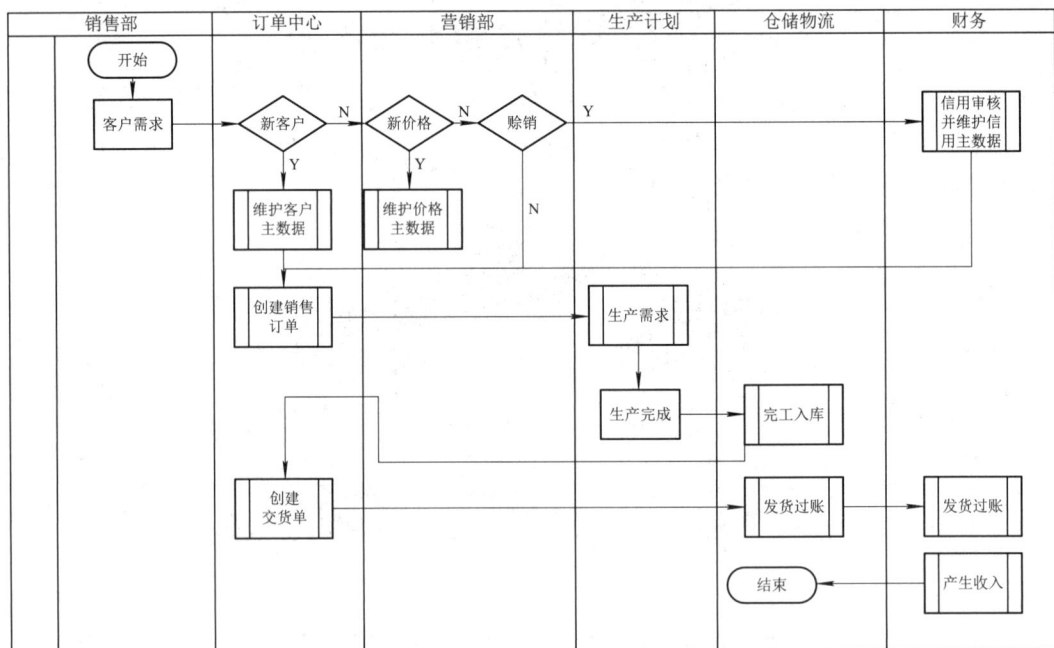

图 3-8　销售与分销总体业务流程典型案例概览

如图 3-8 所示销售与分销流程(SD)与物料管理(MM)、生产计划(PP)、财务会计(FI)和控制(CO)模块都有集成点，各个部门在不同节点扮演了不同角色。

需要说明的是开具发票后就意味着整个销售与分销流程的结束，付款流程是 FI 模块的流程，不是销售与分销流程的一部分。

3.3.1　创建销售订单

在创建销售订单时，必须考虑到与业务伙伴的运输协议、交货和付款条件等，要避免每次都为与这些业务合作伙伴相关的各项活动重复输入信息，只需从业务合作伙伴的主数据中复制活动相关数据即可，如图 3-9 所示。同样，物料主数据中也存储信息，这一概念适用于处理活动中包含的各主记录的数据。

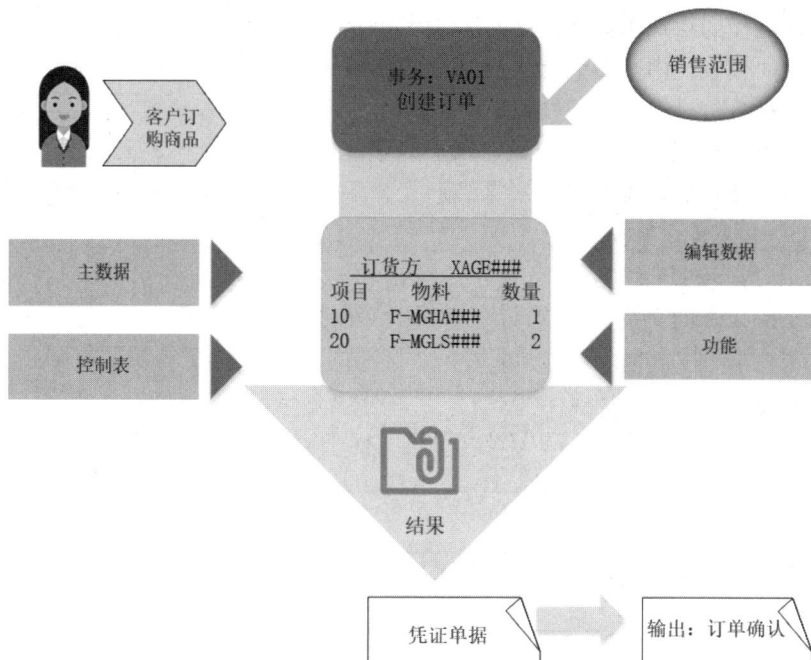

图 3-9　创建销售订单

执行每个事务时，必须分配适当的组织元素，除存储客户和物料信息外，还生成凭证中的企业结构的信息。

3.3.2　创建交货凭证

通过创建交货凭证(Outbound Delivery Note)触发装运活动，包括拣配、包装、发货等，如图 3-10 所示。

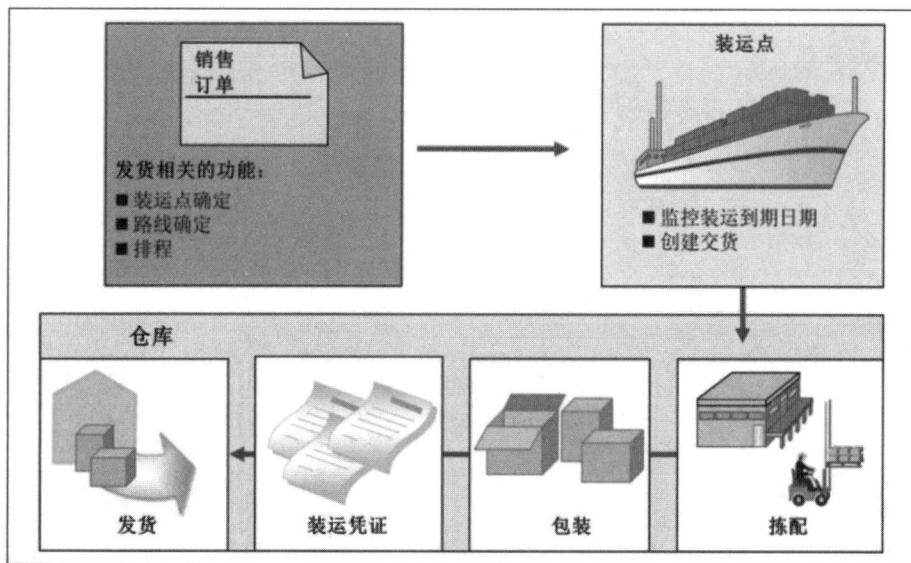

图 3-10　装运流程

负责创建交货的组织单位是装运点，装运点是最高级别的装运组织单位，控制着装运活动。每个外向交货均由一个装运点处理。装运点可以是一个装载引道、邮件库或铁路仓库，也可以是一组负责组织紧急发货的员工。

要在工厂级别分配装运点，装运点属于地理位置，应当位于交货工厂附近。可以为一个工厂分配多个装运点，也可以将多个装运点分配给一个工厂。这同样适用于地理位置临近的工厂。

确定每个订单项目的负责装运点，系统自动建议一个可以在给定限制内更改的装运点，装运点不能在外向交货单中更改，当装运点对订单进行交货处理，系统将该装运点定义的订单项目复制到外向交货单，因此不会将不同装运点的订单项目复制到同一外向交货单。

创建装运单的事务代码是 VL01N，创建过程中需要引用销售订单的数据，生产装运单数据，也可以手动调整装运计划，最终生成装运单(交货凭证，交货单等)，如图 3-11 所示。

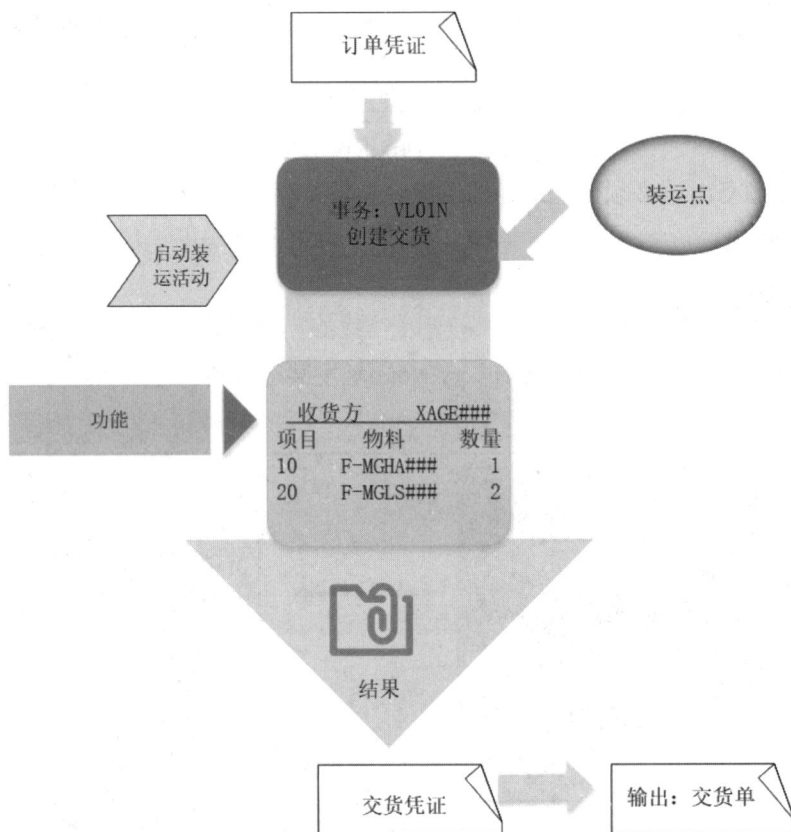

图 3-11　创建装运单

3.3.3　创建客户发票

创建客户发票要执行以下操作:

(1) 为产品和服务创建发票。

(2) 创建贷项和借项凭证。

(3) 取消先前过账的开票凭证。

(4) 自动将开票凭证数据传输到会计核算。

创建开票凭证时，数据将从销售订单和交货凭证中复制到开票凭证中。交货项目和订单项目(例如服务)可以作为开票凭证的参考，下面就开票凭证处理和开票凭证的影响介绍如下。

1. 开票凭证处理

创建开票凭证的事务代码是 VF04，开票凭证具有以下几个重要功能：

(1) 生成发票的销售和分销凭证。

(2) 开票凭证作为财务会计(FI)的数据源，有助于监控和处理客户付款。

(3) 创建开票凭证时，通常会自动更新总账科目。

在开票凭证处理过程中，系统执行以下任务：

(1) 对客户应收科目执行借方过账。

(2) 对收入科目执行贷方过账。

可以为单个交货或销售订单创建一个发票，如果出库交货的付款方、开票日期及目的地国家具有相同特征，则系统还可以将多个出库交货合并到一个开票凭证中，如图 3-12 所示。系统可以在线创建发票，或作为后台作业在非高峰期执行。

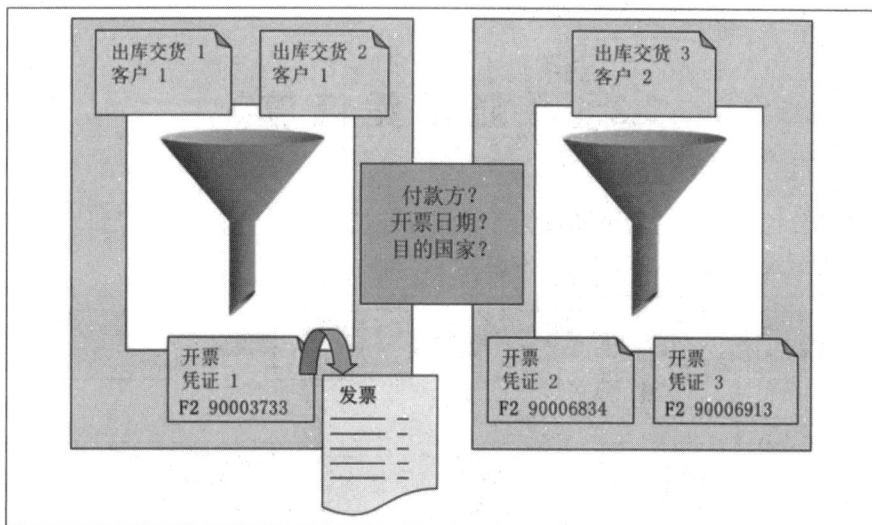

图 3-12 创建开票凭证

2. 开票凭证的影响

保存开票凭证时，系统会自动生成会计所需的全部凭证。在会计核算中，系统对客户应收账户执行借方过账，对收入账户执行贷方过账。会计凭证包含财务会计中参考销售与分销定价的所有已完成的过账，例如，客户账户的应收账款或所获得的相关总账科目的净销售和税收。保存开票凭证时，系统可以自动生成会计的其他凭证，例如成本控制(CO)、获利能力分析、市场细分分析(CO-PA)或合并(FI-LC)等凭证，生成开票凭证将会对图 3-13 中的信息产生影响。

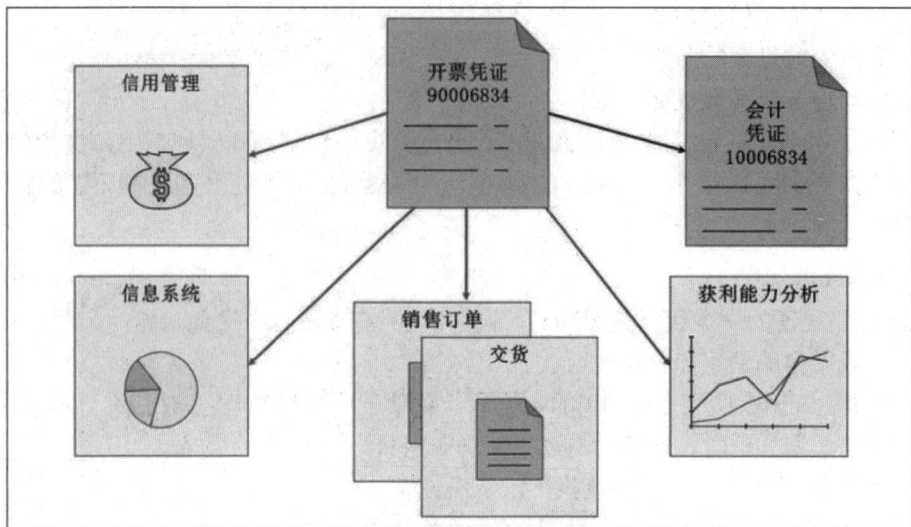

图 3-13　开票凭证的影响

对开票凭证进行过账后，系统会执行以下操作：

(1) 更新所有相关销售、交货和开票凭证中的状态。

(2) 更新销售信息系统中的销售统计。

(3) 更新客户贷方科目。

3.4　显示凭证流

在销售与分销流程中，凭证通过凭证流相互连接。这样一来，可以随时访问销售与分销流程的历史记录和当前状态，如图 3-14 所示。

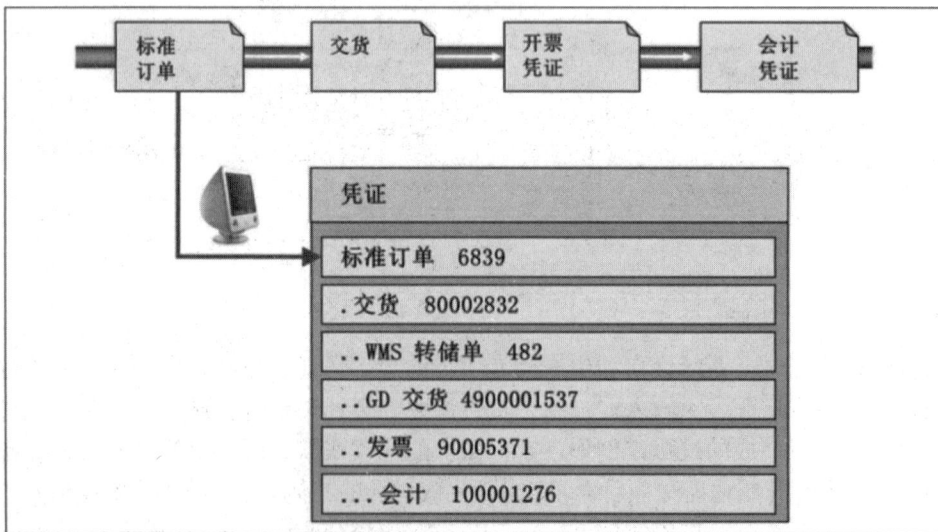

图 3-14　销售凭证流

用户可以将凭证流显示为含有链接凭证的清单，根据调用清单的凭证，将显示所有相关的先前和后续凭证。在此清单中，不仅可以显示相关凭证或调用凭证的状态概览，而且可以随时了解销售流程的进展，并迅速可靠地回答客户的问题。

3.5　思考与练习

1. 销售组织架构和发货组织架构分别由哪些内容组成，有什么作用？
2. 销售范围由哪几个元素组成？主要作用是什么？
3. 公司代码与销售组织有什么关系？

3.6　实践练习

在 SAP S/4 HANA 实训平台上完成下列实践练习，本练习是一个完整的 Order To Cash 的销售业务流程，这个业务模型 100%地代表了实际案例研究中的流程，并从销售业务流程集成的视角诠释了数字化企业中的数据、职能和负责人的关系。

双击桌面上 SAP S/4 HANA GUI 图标 ，在 SAP S/4 HANA 登录界面中打开课程相关"连接"，使用教师分配的用户名和密码登录到指定客户端，开始下列实践任务。

实践练习 SD01　显示业务伙伴

按照表 3-1 SD01 的任务要求完成"显示业务伙伴"的上机实践操作。

表 3-1　SD01 任务要求

任务	使用 SAP 轻松访问菜单显示业务伙伴——客户 XAGE###(###代表客户的三位数字编号，后文同)的常规数据、公司代码数据和销售范围数据。
说明	1. 注意业务伙伴——客户主数据由哪三部分组成？ 2. 查看业务伙伴——客户的合作伙伴主要有哪几类？哪些是必需的？ 3. 明晰业务伙伴——客户主数据和销售区域的关系？ 4. 查看业务伙伴——客户 XAGE###的主数据，并了解该客户可以在哪个销售区域购买公司的产品？
职位	甲(销售人员)
菜单路径	会计核算→处理业务合作伙伴(BP)
T-Code	BP

(1) 按照菜单路径打开菜单，双击"处理业务合作伙伴"或按回车键，进入"处理业务合作伙伴"事务界面，选中"查找"页签，并输入表 3-2 中的信息。

表 3-2　输　入　信　息

字 段 名 称	字 段 值
查找	3 组织
由	8 客户编号
客户编号	XAGE###

(2) 单击 开始 或按回车键，系统筛选出对应业务伙伴——客户信息，双击界面中"客户编号"，进入"显示组织：XAGE###"界面，输入表 3-3 中的信息。

表 3-3　输　入　信　息

字 段 名 称	字 段 值
按业务伙伴角色显示	FLCU00 FI 客户

(3) 在显示界面中单击 通用数据 按钮(若系统默认在通用数据下，则不需调整)，进入"显示组织：XAGE###，角色 FI 客户"界面，将显示的信息填写到表 3-4 输出信息中。

表 3-4　输　出　信　息

页　签	字 段 名 称	字 段 值
地址	称谓	
	名称	
	搜索项 1	
	邮政编码	
	城市	
	国家	
	时区	

(4) 在显示界面中单击 公司代码 按钮，进入"显示组织：XAGE###，角色 FI 客户"界面，将显示的信息填写到表 3-5 输出信息中。

表 3-5　输　出　信　息

页　签	字段名称	字　段　值
客户：科目管理	统驭科目	
客户：支付交易	付款条件	

(5) 切换业务伙伴角色，在"显示组织：XAGE###，角色 FI 客户"界面输入表 3-6 的信息。

表 3-6　输　入　信　息

字 段 名 称	字 段 值
按业务伙伴角色显示	FLCU01 客户

(6) 在显示界面中单击 销售与分销 按钮，进入"显示组织：XAGE###，角色 FI 客户"界面，将显示的信息填写到表 3-7 输出信息中。

表 3-7 输 出 信 息

页　签	字　段　名　称	字　段　值
销售范围	销售机构	
	分销渠道	
	产品组	
订单	销售区域	
	客户组	
	销售部门	
	销售组	
	订单可能性	
	货币	
	价格组	
	Cust.Pric.过程	
装运	交货优先权	
	交货工厂	
	装运条件	
	最大部分交货	
开票	国际贸易条款	
	付款条件	
	客户科目分配组	
	税收类别	
	税分类	
伙伴功能	伙伴功能 1	
	伙伴编号 1	
	伙伴功能 2	
	伙伴编号 2	
	伙伴功能 3	
	伙伴编号 3	
	伙伴功能 4	
	伙伴编号 4	

(7) 单击标准工具栏上的 按钮，返回主界面。

实践练习 SD02 创建销售订单

按照表 3-8 SD02 的任务要求完成"创建销售订单"的上机实践操作。

表 3-8 SD02 任务要求

任务	使用 SAP 轻松访问菜单为客户创建一个销售订单
说明	通过为客户 XAGE### 创建一个销售订单来启动销售订单流程，订单销售 10 个制动钳
职位	甲(销售人员)
菜单路径	后勤→销售与分销→销售→订单→创建(VA01)
T-Code	VA01

(1) 通过菜单路径打开菜单，双击"创建销售订单"或按回车键，进入"创建销售订单"事务界面，并输入表 3-9 中的信息。

表 3-9 输入信息

字 段 名 称	字 段 值
订单类型	订单
销售组织	1000
分销渠道	10
产品组	00

(2) 在显示界面中单击 ✓ 或按回车键，进入"创建标准订单：概览"事务界面，并输入表 3-10 中的信息。

表 3-10 输入信息

字 段 名 称	字 段 值
售达方	XAGE###
送达方	XAGE###
客户参考	XAOY###
客户参考日期	<当天的日期>
请求交货日期	<一周后>
物料	F-MGHA###
订单数量	10

(3) 在标准工具栏上单击 ✓ 或按回车键，系统自动填充物料相关信息，将显示的信息填写到表 3-11 输出信息中。

表 3-11　输 出 信 息

字 段 名 称	字 段 值
客户描述	
客户所在城市	
付款条件	
国际贸易条件	
物料描述	
工厂	
类型	
金额	
净价	
净价值	

(4) 在对话框中选中行项目 10，单击 按钮，进入"创建标准订单：项目数据"事务界面，将显示的订单价格信息填写到表 3-12 输出信息中。

表 3-12　输 出 信 息

字 段 名 称	字 段 值
数量	
净值	
税收	
销售价格(含税)	
销项税	
内部价格	

☺ 思考内部价格的来源，查询其价格类型，分析该价格类型的含义及作用？

(5) 在对话框中选中"科目分配"页签，查看获利能力段信息，单击"获利能力段"字段后的 按钮，进入"分配给获利能力段"事务界面，将显示的信息填写到表 3-13 输出信息中。

表 3-13　输 出 信 息

字 段 名 称	字 段 值
客户	
生产	
开票类型	
公司代码	
工厂	
销售机构	
分销渠道	
产品组	

(6) 在对话框中选中"科目分配"页签，查看获利能力段信息，单击"获利能力段"字段后的 $\boxed{\text{ }}$ 按钮，记录获利能力段相关信息。

(7) 结合实践练习 SD01 中查看的客户主数据中销售范围数据，可以看到客户主数据中的部分字段未派生值，如"销售组"，故单击 $\boxed{\text{派生}}$ 按钮，将显示的已派生的字段信息填写到表 3-14 输出信息中。

表 3-14 输 出 信 息

字 段 名 称	字 段 值
销售办事处	
销售组	
物料组	
销售地区	
客户组	

(8) 在对话框中单击 $\boxed{\text{✓ 继续}}$ 按钮。

(9) 在标准工具栏单击 $\boxed{\text{■}}$ 按钮，保存数据。

🔔 如果系统出现绿色信息，继续单击 $\boxed{\text{■}}$ 按钮跳过系统信息，记录销售订单号。

(10) 在标准工具栏单击 $\boxed{\text{≫}}$ 按钮，返回主界面。

实践练习 SD03　创建出库交货单

按照表 3-15 SD03 的任务要求完成"创建出库交货单"的上机实践操作。

表 3-15　SD03 任务要求

任务	使用 SAP 轻松访问菜单为销售订单创建出库交货单
说明	通过为 SD02 中创建的销售订单创建出库交货单来启动发货流程
职位	甲(销售人员)
菜单路径	后勤→销售与分销→装运和运输→外向交货→创建→单个凭证→含销售订单参考
T-Code	VL01N

(1) 按照菜单路径打开菜单，双击"含销售订单参考"或按回车键，进入"创建带有订单参考的出库交货"事务界面，并输入表 3-16 中的信息。

表 3-16　输 入 信 息

字 段 名 称	字 段 值
装运地点	1000
选择日期	<SD02 中订单的请求交货日期+1>
订单号	<SD02 中创建的订单号>

🔔 如果出现"交货日期没有计划行日期"的错误警告，请查看销售订单的请求交货日期，确定选择日期大于实践练习 SD02 中的销售订单中的请求交货日期。

(2) 在标准工具栏单击 ✅ 或按回车键，系统自动填充订单凭证上的信息到新的发货单上，将显示的信息填写到表 3-17 输出信息中。

表 3-17 输 出 信 息

字 段 名 称	字 段 值
物料编号	
交货数量	
存储	
拣配数量	

🔔 存储(库位)和拣配数量位于"拣配"页签下，如果为空(代表还未进行拣货)，请在列表中填写"无"。

(3) 在标准工具栏单击 💾 按钮，保存操作记录。

(4) 在标准工具栏单击 ⬆ 按钮，返回主界面。

实践练习 SD04　按照发运单拣货

按照表 3-18 SD04 的任务要求完成"按照发运单拣货"的上机实践操作。

表 3-18　SD04 任务要求

任务	使用 SAP 轻松访问菜单进行拣货
说明	交货流程的下一步是记录交货单上物料的拣货情况。订单拣货就是将物料从库存地点移动到拣货区域的过程。为了记录物料的拣货，仓储人员将在交货单上完成流程操作
职位	丙(仓储人员)
菜单路径	后勤→销售与分销→装运和运输→外向交货→更改→单个凭证
T-Code	VL02N

(1) 按照菜单路径打开菜单双击"单个凭证(VL02N)"或按回车键，进入"按照发运单拣货"事务界面，并输入表 3-19 中的信息。

表 3-19 输 入 信 息

字 段 名 称	字 段 值
外向交货	<实践练习 SD03 中创建的外向交货单号>

(2) 在标准工具栏上单击 ✅ 或按回车键，进入"拣配"选项卡，并输入表 3-20 中的信息。

表 3-20 输 入 信 息

字 段 名 称	字 段 值
存储(库位)	3001
拣配数量	10

(3) 在标准工具栏上单击 💾 按钮，保存数据。

(4) 在标准工具栏上单击 ⬆ 按钮，返回主界面。

实践练习 SD05　发 货 过 账

按照表 3-21 SD05 的任务要求完成"发货过账"的上机实践操作。

表 3-21　SD05 任务要求

任务	使用 SAP 轻松访问菜单完成发货过账流程
说明	发货过账通过减少非限制库存(出售给客户)来反映库存发货、库存控制功能。此外，当货物离开工厂(离岸发运点)或货物被客户接收(目的地交货)后，货物的法定所有权将从销售方转移到客户。从财务角度来看，这个交易影响了货物的库存。不管发运条件如何，系统反映出物料不再可用
职位	丙(仓储人员)
菜单路径	后勤→销售与分销→装运和运输→外向交货→更改→单个凭证(VL02N)
T-Code	VL02N

(1) 按照菜单路径打开菜单，双击"单个凭证"或按回车键，进入"更改出库交货"事务界面，并输入表 3-22 中的信息。

表 3-22　输 入 信 息

字 段 名 称	字 段 值
外向交货	<实践练习 SD03 中创建的外向交货单号>

(2) 在标准工具栏上单击 过账发货 ，记录系统提示信息。

(3) 在标准工具栏上单击 按钮，返回主界面。

实践练习 SD06　为客户创建发票凭证

按照表 3-23 SD06 的任务要求完成为"客户创建发票凭证"的上机实践操作。

表 3-23　SD06 任务要求

任务	使用 SAP 轻松访问菜单创建一个发票凭证
说明	现在，制动钳产品已装运发货给客户 XAGE###，本步骤就是为客户开具发票，以便于接收付款
职位	甲(销售人员)
菜单路径	后勤→销售与分销→开票→开票凭证→处理到期单据清单(VF04)
T-Code	VF04

(1) 按照菜单路径打开菜单双击"处理到期单据清单(VF04)"或按回车键，进入"维护发票到期清单"事务界面，并输入表 3-24 中的信息。

表 3-24　输 入 信 息

字 段 名 称	字 段 值
SD 凭证	<SD03 中创建的外向交货单号>

(2) 在界面中单击 ⊕显示开票清单 按钮。

(3) 选中客户为 XAGE###所在的行，然后点击 单个开票凭证 按钮，将显示的相关开票信息填写到表 3-25 输出信息中。

🔔 请确认选中的是自己的客户所在的行。

表 3-25 输 出 信 息

字 段 名 称	字 段 值
付款方	
开票日期	
物料	
项目描述	
开票数量	
净值	
税额	

(4) 在界面中双击"物料编码"，单击"项目明细"页签，将显示的发票详细信息填写到表 3-26 输出信息中。

表 3-26 输 出 信 息

字 段 名 称	字 段 值
产品组	
存储地点	
销售凭证	
参考凭证	
科目分配组物料	
订单销售地区	
销售组	
销售办事处	
客户组销售订单	
订单定价组	

🔔 思考"参考凭证"字段的取值来源。

🔔 思考"订单销售地区""销售组""销售办事处""客户组销售订单""订单定价组"字段的取值来源。

(5) 在标准工具栏上单击 💾 按钮，保存数据。

(6) 在标准工具栏上单击 ⊗ 按钮，返回主界面。

实践练习 SD07　为客户发票过账

按照表 3-27 SD07 的任务要求完成"为客户发票过账"的上机实践操作。

表 3-27　SD07 任务要求

任务	使用 SAP 轻松访问菜单为已创建的发票过账
说明	现在,客户开具的发票已录入 SAP S/4 HANA 系统中,会计需根据给客户开具的纸质发票审核系统发票,并过账产生应收账款
职位	丁(财务人员)
菜单路径	后勤→销售与分销→开票→开票凭证→更改(VF02)
T-Code	VF02

(1) 按照菜单路径打开菜单双击"开票凭证→更改(VF02)"或按回车键,进入"更改开票凭证"事务界面,并输入表 3-28 中信息。

表 3-28　输　入　信　息

字　段　名　称	字　段　值
开票	<实践练习 SD06 中创建的发票号>

(2) 在标准工具栏中单击 ▶ 按钮,记录系统提示信息。

(3) 在标准工具栏中单击 ⊗ 按钮,返回主界面。

实践练习 SD08　客户付款过账

按照表 3-29 SD08 的任务要求完成"客户付款过账"的上机实践操作。

表 3-29　SD08 任务要求

任务	使用 SAP 轻松访问菜单完成客户付款过账
说明	假设客户 XAGE### 已经将制动钳订单的付款通过现金方式支付给用户。用户需要针对收款完成付款过账
职位	丁(财务人员)
菜单路径	会计核算→财务会计→应收账款→单据录入→收款(F-28)
T-Code	F-28

(1) 按照菜单路径打开菜单双击"收款(F-28)"或按回车键,进入"收款记账:抬头数据"事务界面,并输入表 3-30 中的信息。

表 3-30　输 入 信 息

字 段 名 称	字 段 值
凭证日期	当天日期
过账日期	当天日期
凭证类型	DZ
公司代码	1000
货币/汇率	CNY
参照	纸质增值税发票号(自己模拟即可), 如 NO 2470246
凭证抬头文本	收客户 XAGE###的货款
科目<银行数据>	1001010000
金额	6,200
起息日	当天日期
文本<银行数据>	收 SD07-XAGE###
科目<未清项选择>	XAGE###

(2) 在标准工具栏中单击 处理未清项目 按钮, 检查未分配是否为 0, 如果不为零, 请双击"CNY 总额"字段, 直到未分配额为 0。

(3) 在标准工具栏中单击 🖫 按钮, 记录系统提示信息。

(4) 双击"1001010000 库存现金"行项目, 单击 📑 其他数据 , 输入"原因代码"为"A01(销售商品、提供劳务收到的现金)"。

(5) 在标准工具栏中单击 🖫 按钮, 记录系统提示信息。

(6) 在标准工具栏中单击 ⊗ 按钮, 返回主界面。

实践练习 SD09　查看凭证流

按照表 3-31 SD09 的任务要求完成"查看凭证流"的上机实践操作。

表 3-31　SD09 任务要求

任务	使用 SAP 轻松访问菜单查看凭证流
说明	访问凭证流工具有很多方法, 其中之一是通过显示销售订单凭证开始的
职位	丁(财务人员)
菜单路径	后勤→销售与分销→销售→订单→显示(VA03)
T-Code	VA03

(1) 按照菜单路径打开菜单双击"显示(VA03)"或按回车键, 进入"显示销售订单: 初始屏幕"事务界面, 并输入表 3-32 中的信息。

表 3-32　输 入 信 息

字 段 名 称	字 段 值
SD 凭证	<实践练习 SD02 中创建的销售订单号>

(2) 按照以下路径显示凭证流，将显示的信息填写到表 3-33 输出信息中。

系统菜单"环境"→"显示凭证流程"或快捷键"Shift + F5"或点击 按钮。

表 3-33　输 出 信 息

单 据 流	单 据 号	状 态
标准订单		
出库交货		
拣配请求		
GD 发货：交货		
发票		
日记账分录		

(3) 在显示界面中选中"GD 发货"，点击 显示文档 按钮，查看此次发货生成的物料凭证，将显示的信息填写到表 3-34 输出信息中。

表 3-34　输 出 信 息

字 段 名 称	字 段 值
物料凭证编号	
凭证日期	
过账日期	
物料凭证年度	
交货单	
总账科目	
客户名称	

思考：交货单字段的值是否与凭证流中的出库交货单号一致？为什么？

将显示的信息填写到表 3-35 输出信息中。

表 3-35　输 出 信 息

物料编号	物料描述	工厂	库位	数量	MVT 及含义	"-"含义

MVT(Movement Type)代表移动类型，记录了不同类型(出库、入库、移库)的物料移动，此处的物料类型属于最常见的出库动作之一。

(4) 在显示界面"文件信息"页签下，点击 FI凭证 按钮，查看发货产生的会计凭证，将显示的信息填写到表 3-36 输出信息中。

表 3-36 　输 出 信 息

字 段 名 称	字 段 值
凭证编号	
凭证类型	
参照	
会计年度	
过账期间	
凭证日期	
过账日期	
输入者	
事务代码	

🔔 如果屏幕中未显示相关字段，请单击 ♣ 按钮查看。

🔔 思考：参照字段的值是否与凭证流中的外向交货单号一致？为什么？

将显示的信息填写到表 3-37 输出信息中。

表 3-37 　输 出 信 息

PK	PK 含义	科 目	说 明	金 额

🔔 PK(Posting Key)代表了过账码，类似于财务会计的借贷标志。

🔔 查看 PK 的含义请使用 F4 帮助。

(5) 单击 ◀ 按钮两次，返回"凭证流"。

(6) 在显示界面中选中"发票"，单击 🔍 显示文档 按钮，展开系统菜单路径："转到"→"表头"→"抬头详细信息"，将显示的信息填写到表 3-38 输出信息中。

表 3-38 　输 出 信 息

字 段 名 称	字 段 值
付款方	
创建者	
开票日期	
参考	
客户科目分配组	
销售组织(含描述)	
分销渠道(含描述)	
产品组(含描述)	

"参考"的字段值为 XAOY-###，思考其依据来源何处？

(7) 在显示界面中单击 ▲▲会计 按钮。

(8) 在显示界面中双击"会计凭证"，进入"显示凭证：数据条目视图"事务界面，查看发票凭证对应的会计凭证信息，按照表 3-39 要求记录显示的信息。

表 3-39 输 出 信 息

字 段 名 称	字 段 值
凭证编号	
凭证类型	
参照	
会计年度	
过账期间	
凭证日期	
过账日期	
输入者	
事务代码	

按照表 3-40 要求记录显示的信息。

表 3-40 输 出 信 息

PK	PK 含义	科 目	说 明	金 额

(9) 在显示界面中单击 ⬛总账视图 按钮，切换至总账视图，按照表 3-41 要求记录显示的信息。

表 3-41 输 出 信 息

PK	PK 含义	科 目	说 明	金 额

查看这两个视图之间的区别，并解释它们之间的关系，理解统驭科目的作用。

(10) 单击 ⊗ 返回到主界面。

(11) 执行 T_Code：FB03 或展开菜单路径。

"会计核算"→"财务会计"→"应收账款"→"凭证"→"显示(FB03)"，进入"显示凭证：初始屏幕"事务界面，并输入表 3-42 中的信息。

表 3-42　输 入 信 息

字 段 名 称	字 段 值
凭证编号	<实践练习 SD08 中创建的收款凭证号>
公司代码	1000
会计年度	<当前年度>

(12) 在标准工具栏中单击 ✅ 或按回车键，将显示的信息填写到表 3-43 输出信息中。

表 3-43　输 出 信 息

字 段 名 称	字 段 值
凭证编号	
凭证类型	
参照	
会计年度	
过账期间	
凭证日期	
过账日期	
输入者	
事务代码	

将显示的信息填写到表 3-44 输出信息中。

表 3-44　输 出 信 息

PK	PK 含义	科　目	说　明	金　额

(13) 在显示界面中单击 🔲 总账视图 按钮，切换至"总账视图"，将显示的信息填写到表 3-45 输出信息中。

表 3-45　输 出 信 息

PK	PK 含义	科　目	说　明	金　额

(14) 在标准工具栏中单击 ⟰ 按钮，返回主界面。

思考题：用 T 字账户表示本练习中(4)、(8)、(12)步骤中所涉及的业务(发货、发票、收款)对会计的影响，并写出会计分录及其生成的相应会计凭证编号，加深对业务财务一体化的理解。

第4章 物料管理

4.1 物料管理业务场景

4.1.1 物料管理概述

物料管理(Material Management)模块涉及物料管理的全流程，与财务、生产、销售、控制等模块均有密切的关系，对物料主数据中各种参数的设置将直接影响到成本、生产、销售中的流程和结果。

物料管理模块主要包括物料需求计划、物料主数据、采购、库存管理、仓库管理、发票校验、后勤信息系统等组成部分。

4.1.2 采购到付款业务流程概述

作为长期 SAP ERP 用户，希望获取从采购到付款流程的概览(如图 4-1 所示)，以便了解采购流程中涵盖的基本功能和集成信息。

图 4-1 从采购到付款业务流程图

企业数字化转型 ERP 实践 (微课版)

如图 4-1 所示，从采购到付款业务流程图显示了从采购到付款业务流程的步骤，包括：

(1) 采购请求。负责部门可手动创建采购请求，以将需求通知给采购部门。系统将通过物料需求计划(MRP)流程自动生成采购请求。

(2) 确定货源。作为采购员，可使用"货源确定"来创建询价(RFQ)，输入报价。采购员可以参考系统中已有的采购订单、合同和条件，以提高操作效率。

(3) 选择供应商。不同供应商的报价比较将更方便用户选择供应商，系统可以向落选的供应商自动发送拒绝信。

(4) 处理采购订单。用户可以手动创建采购订单或让系统自动创建采购订单。创建采购订单时，可从其他凭证(如采购申请或报价)中复制数据以减少需要创建的条目数，还可以选择使用框架协议。

(5) 监控采购订单。用户可以监控系统中采购订单的处理状态。例如，用户可以确定是否收到了某个采购订单项目的交货或发票。就未交货物，用户可以向供应商发出提醒。

(6) 收货。在系统中输入交货信息时，需参考相关采购订单。这将减少需要创建的条目数并允许用户检查交付的货物类型和数量是否与采购订单一致。系统还将更新采购订单历史记录。

(7) 发票校验。输入发票时，可参考采购订单、交货单编号或提单。收货时必须输入交货单编号和提单。输入其中一个凭证后，系统将执行三路会计匹配以校验总发票金额是否与采购订单价格的收货数量一致。

(8) 付款给供应商。使用付款程序支付供应商未清项，会计部门负责定期运行该付款程序。

4.2　物料管理组织架构

4.2.1　采购到支付业务流程的组织架构概述

在 SAP S/4 HANA 系统中，组织层次代表一个公司法定的组织架构。在项目实施中，组织层次的确定过程十分重要。实际上，它是后续作业的基本前提。

首先，用户需要分析所属公司的组织架构和流程组织，然后把它们和 SAP S/4 HANA 架构进行整合。当确定了组织架构后，用户还需要根据业务变化及时调整。

在 SAP S/4 HANA 系统的采购到支付业务流程中，用户需要确定的组织单元有公司代码(Company Code)、工厂(Plant)、库存地点(Storage Location)、采购组织(Purchasing Organization)/采购组(Purchasing Group)，如图 4-2 所示。

1. 公司代码

公司代码(Company Code)是外部会计最小的组织单元，有其自身完整的科目和账簿，包括输入需要过账到会计账目的所有事件和创建资产负债表和损益表所需要的完整查账线索。公司代码代表了一个独立的核算单位。例如，对于一个集团(Client)下的多个公司，为了确保独立的会计科目，用户可以在一个 Client 下设置多个公司代码。

在每个 Client 下，公司代码由一个四位的包含字母与数字的键值来唯一定义。

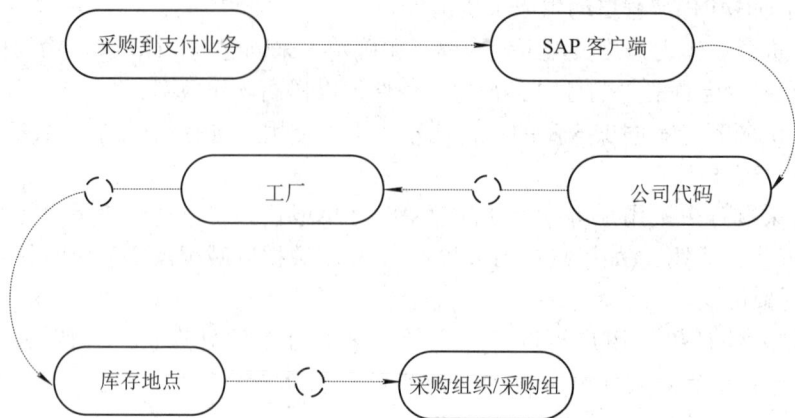

图 4-2　从采购到支付流程组织架构图

2. 工厂

工厂(Plant)是 ERP 系统实现成本控制管理、库存管理及生产管理而必须具备的组织单元之一。工厂从属于公司，可以对应实际工厂或逻辑工厂。工厂可以代表公司中的一系列实体，例如生产设备中心、分销中心、区域销售办事处、维护地点等。

在系统中，用户以一个四位的包含字母与数字的键值来唯一定义工厂。在每个集团下，工厂编号也是唯一的。

3. 库存地点

库存地点(Storage Location)是工厂为了方便区分物料库存而对库存物资进行有效管理的最基本组织单元，库存数量管控层面的库存管理在库存地点层次执行。

库存地点可以是实际的仓库，也可以是虚拟的仓库，例如原料库、半成品库及成品库等。

在系统中，用户以一个四位的包含字母与数字的键值来唯一定义一个库存地点。在每个工厂下，库存地点编号是唯一的。

4. 采购组织/采购组

采购组织(Purchasing Organization)是物料管理的组织单元，通过采购需求把公司划分成多级采购组织单元。一个采购组织负责采购材料或服务以及与供应商协商价格并承担这些交易的责任。

采购组(Purchasing Group)是为单个购买者或由多个购买者组成的团体进行日常采购活动的组织单元。采购组在内部负责生产一个或一类物料，在外部则为供应商提供联系人。在公司中，采购组和其他单元是没有关联的。

4.2.2　物料组织单元之间的关系

在 SAP S/4 HANA 系统中，组织单元通过组织架构层次来创建企业架构，各个层次的组织单元之间存在一定的隶属关系。

如4.2章节所述，物料管理的组织架构分为三个层次，各个层次隶属关系如下所述：

(1) 一个集团可以包含多个公司代码，而一个特定公司代码只能隶属于一个集团。

(2) 一个公司代码可以包含多个工厂，而一个特定工厂只能隶属于一个公司代码；由于一个集团下的每个工厂编码是唯一的，而一个工厂只能隶属于一个公司代码，因此，通过指定工厂同样可以确定公司代码。

(3) 一个工厂包含多个库存地点，而一个特定库存地点只能隶属于一个工厂；由于库存地点是根据特定工厂来定义的，因此，它被分配给这个特定的工厂；在一个工厂中，库存地点的编码是唯一的；而在一个集团下，不同的库存地点可以使用同样的编码。因此，用户在定义库存地点时必须指定其所隶属的工厂。

4.3 物料管理主数据

物料管理模块常用的主数据包含供应商主数据、物料主数据、采购信息记录、条件、货源清单及配额协议等。

4.3.1 供应商主数据

作为SAP ERP用户，希望获取从采购到付款流程使用的主数据的概览。因此，需要从供应商角度了解新的业务伙伴(BP)。

SAP ECC7.0系统中维护供应商主数据和客户主数据时采用了冗余对象模型，在SAP S/4 HANA中的目标方法(强制)是业务伙伴方法，如图4-3所示。

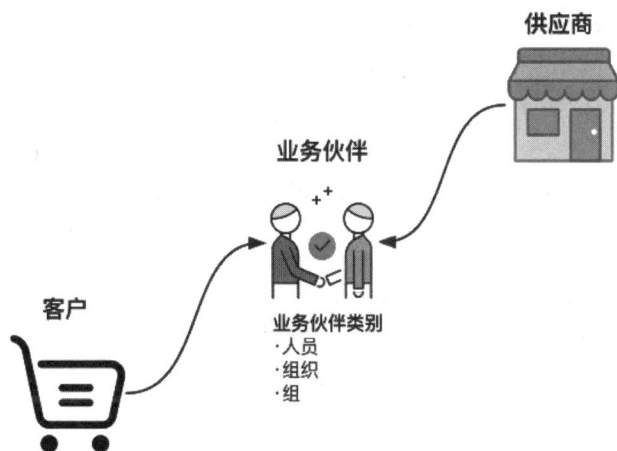

图4-3 SAP S/4 HANA的业务伙伴方法

SAP S/4 HANA将业务伙伴分为个人、组或组织，组、组织的区别如下：

(1) 组织通常指公司、独立法人实体的一部分(例如部门)。

(2) 组代表工作组、业务小组或执行团队等。

事务代码 BP 是创建、编辑和显示业务伙伴、客户和供应商主数据的单一入口点。

在创建业务伙伴时，需要为其分配所需要的角色，如图 4-4 所示。

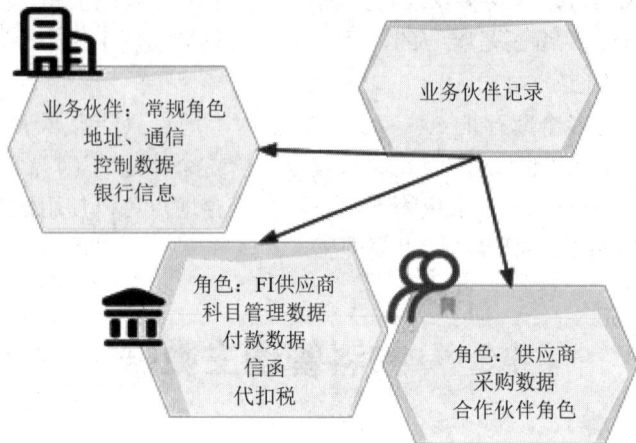

图 4-4　业务伙伴与已分配角色

不同的角色是在相应的组织级别上创建的，类似 SAP ECC 中的常规数据、公司代码数据及采购组织数据。角色 FI 供应商(提供商)则需要维护相应的公司代码数据，这是对此业务伙伴进行采购过账至财务的必要条件。用户可以在事务代码 BP 中为业务伙伴分配不同的供应商编号和客户编号。

在业务伙伴的常规角色中，输入业务伙伴的名称和地址。

在 FI 供应商角色(业务伙伴在 FI 中用作供应商)中，输入以下数据：

(1) 与供应商交易时使用的货币。

(2) 付款条件。

(3) 与供应商相关的重要联系人(如销售人员)的姓名。

(4) 总账(G/L)中的统驭科目，因为该供应商为公司的债权人。

用户可以决定一次维护多个角色，或者在稍后需要时添加角色。

4.3.2　物料主数据

物料主数据定义了一个公司特定物料的所有相关数据，适用于后勤模块中的所有领域，包含销售与分销(SD)、物料管理(MM)及生产计划(PP)。物料主数据的集中存储与维护，有效防止了数据库的数据冗余，通过集成到一个数据对象上，使得系统中的采购、库存、物料计划及发票校验都能够共享数据。

物料主数据包含了企业对所有采购、生产和存储在库中的物料的描述，它是企业中有关物料信息(例如库存水平)的中央仓库。存储在物料主记录中的数据可用于各个方面，例如订购时所需的采购数据、货物移动过账和执行库存盘点时所需的库存管理数据、物料评估所需的会计核算数据、物料需求计划所需的物料计划数据等。

SAP S/4 HANA 系统通过一个数据对象的不同视图来实现上述功能。每种物料包含如

图 4-5 所示的几个主要视图。

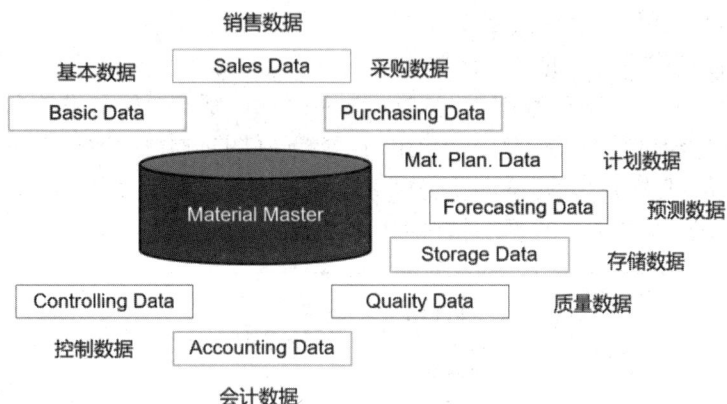

图 4-5　物料主数据示意图

物料主数据的主要视图的功能如下：

(1) 基本数据：定义了集团范围内所有组织单元的通用数据，例如物料描述、基本计量单位、重量、体积等。

(2) 销售数据：定义了销售订单和定价的相关信息，例如销售价格、最低订单数据、相关销售部门名称等。

(3) 采购数据：定义了物料采购的相关信息，例如采购组、过量交货和交货不足容差、采购订单单位、最小采购量、控制标识等。

(4) 存储数据：定义了物料存储的相关信息，例如发货单位、存储条件、最大仓储期间等。

(5) 计划数据：定义了物料需求计划的相关信息，例如安全库存、计划的交货时间、物料的 MRP 类型等。

(6) 会计数据：定义了物料财务核算的相关信息，例如评估类、价格控制、价格单位、当前价格、税价等。

(7) 控制数据：定义了物料成本控制的相关信息，例如利润中心、间接费用、差异码等。

(8) 质量数据：定义了物料质量管理的相关信息，例如检验类型、采样过程、允许废品率等。

(9) 预测数据：定义了物料预测管理的相关信息，例如预测模型、预测期间等。

在 SAP S/4 HANA 系统中，可在系统后台配置每种物料类型允许维护的视图，以及每个视图中需要维护的字段，不需要维护的字段可以不出现在屏幕上，也可以根据需要将字段设置为必填。

物料主数据是公司内物料特定数据的主要来源。在所有物流范围内都要使用物料主数据。

在单一数据库对象中集成所有物料数据可消除数据冗余问题。所有范围(如采购、库存管理、物料计划和发票校验)可共享使用存储的数据。

在许多活动中使用物料主数据中存储的数据，其中包括：

(1) 用于订单的采购数据。

(2) 用于过账货物移动和库存盘点管理的库存管理数据。

(3) 用于物料评估的会计核算数据。

(4) 用于计划物料需求的物料计划数据。

公司内的多个用户部门使用同一种物料，每个部门都会存储与维护本部门业务相关的该物料的信息。因此，系统根据每个特定用户部门或视图对物料主数据中的数据进行划分。每个用户部门都可从自身的角度浏览物料主数据并负责维护此数据，也就是说可以从各个组织结构级别来维护物料主数据。物料主数据的组织级别如图4-6所示。

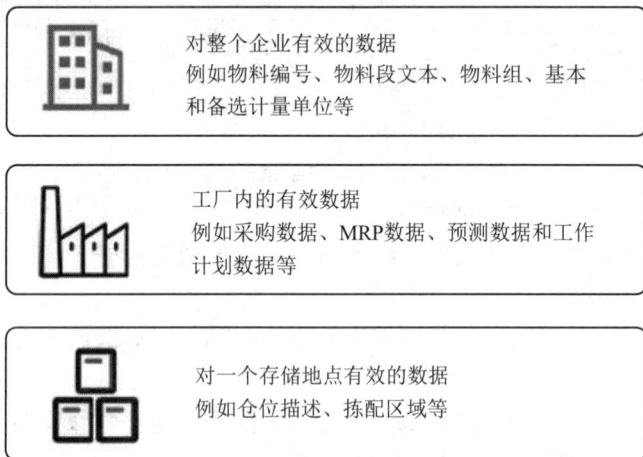

对整个企业有效的数据
例如物料编号、物料段文本、物料组、基本和备选计量单位等

工厂内的有效数据
例如采购数据、MRP数据、预测数据和工作计划数据等

对一个存储地点有效的数据
例如仓位描述、拣配区域等

图4-6 物料主数据的组织级别

一些物料数据对所有组织级别均有效，也有一些物料数据仅对特定级别有效。系统对物料数据进行组织，使其能够反映公司结构。这样可以确保用户能够对物料数据进行集中管理，避免因冗余信息而给数据库造成不必要的负担。

以下为组织级别数据示例：

(1) 客户端级别的数据。存储于客户端级别的数据是指对整个公司有效的物料数据。

(2) 工厂级别的数据。存储于工厂级别的数据是指在工厂内部对所有属于该工厂的存储地点均有效的所有数据。

(3) 存储地点级别的数据。存储于存储地点级别的数据是指对特定存储地点有效的所有数据。

客户端、工厂和存储地点组织级别与外部采购流程相关。这些级别会在用户为采购、库存管理和会计核算输入数据时发挥作用。其他组织级别可与其他部门相关。例如，用户基于销售组织和分销渠道输入销售和分销数据。因此，用户必须为仓库管理(WM)指定仓库编号和存储类型。

4.3.3 采购信息记录

采购信息记录保存了关于供应商和从该供应商处采购的物料的简明信息，说明了物料与供应商的关系，包含了物料主数据和供应商主数据，如图4-7所示。

图 4-7　采购信息记录示意图

创建采购订单时，采购信息记录中维护的内容会作为缺省信息自动带到采购订单上，从而减少用户的信息输入量，如图 4-8 所示。

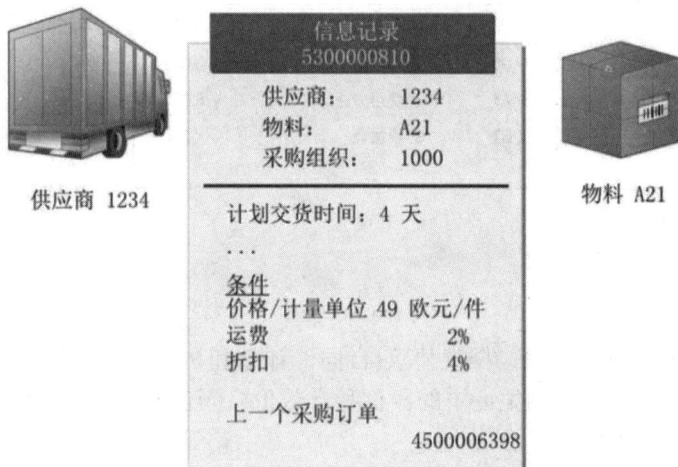

图 4-8　采购信息记录应用关系示意图

采购信息记录提供将有关供应商和物料的信息存储为采购组织级别和工厂级别主数据的选项。可在采购信息记录中定义以下信息：

(1) 当前和未来的价格以及条件(例如运费和折扣)。

(2) 交货数据(例如计划交货时间、过量交货和不足交货容差)。

(3) 供应商数据(例如给定供应商的联系人)和关于物料的供应商特定数据(例如物料所属的供应商子范围以及供应商物料描述)。

(4) 上一个采购订单编号。

(5) 采购订单的内部注释和文本。

系统在采购信息记录中存储下列文本类型：

(1) 内部信息记录备注。内部信息记录备注是传输至采购订单项目的内部注释。

(2) 采购信息记录中的采购订单文本。采购订单文本用于描述采购订单项目，将此文本传输至采购订单项目并打印。

采购信息记录对采购员而言是重要的信息来源。创建采购凭证时，系统会将信息记录中的数据作为缺省值传送至凭证。

采购信息记录的数据分为以下类别：

(1) 普遍适用的数据(对单个客户端有效)。

(2) 采购组织特定数据。

(3) 采购组织特定和工厂特定数据。

4.3.4 条件

条件表示元素，例如总价格和供应商价格的折扣，如图 4-9 所示。

条件		
代码	名称	金额
PB00	总价	10.00欧元
RA00	净价折扣	8.0%
FRA1	运费百分比	5.0%
ZOB1	关税金额	3.00欧元

图 4-9　条件

可在输入报价、信息记录、框架协议(合同、计划和协议)以及采购订单时维护条件，系统将基于这些条件确定采购凭证中的净价和有效价格。还可在供应商级别存储常规条件，系统使用这些条件确定价格。

在采购中可使用以下类型的条件：

(1) 合同中的条件，适用于参考合同创建的所有合同执行订单。

(2) 采购信息记录中的条件，适用于采购信息记录中包含物料和供应商的所有采购订单项目。

4.3.5 货源清单

货源清单指定了某工厂内物料允许(不允许)的供货源，另外，它还标注了供货源的有效期间。正常来说，用户向供应商询价之后，供应商将在规定的时间内给用户报价，如果供应商的价格合适，用户将认可这个报价，同时在系统里面生成采购信息记录，至于后续用户会不会向该供应商采购，系统可以通过货源清单来确定。

通过货源清单记录为采购申请确定相应货源，确认规则如下：

(1) 如果清单中包含一个唯一货源(供应商)，系统会直接指定供应商。

(2) 如果清单中有几个有效选项存在，系统将显示供应商列表供用户选择。

(3) 如果清单中没有有效货源，系统将转而搜索采购信息记录和框架协议。

SAP S/4 HANA 系统允许通过以下四种方式维护货源清单：手工维护、从框架协议生成、从采购信息记录生成、自动生成。

4.3.6　配额协议

配额协议是在配额的基础上对物料的供货来源进行分配的机制，它可以使用户在任何指定的时间内都能够确定采购申请中物料采购的有效来源。配额协议允许在一个时期内、在不同供应来源之间自动分配物料总需求的比例。

货源清单建立后，依据清单对此物料的供应商分配配额，根据配额规定在一定期间内物料的总需求在特定的供应商之间如何进行分配。根据配额分配主数据的设定，系统可以自动完成在不同供应商之间的分配采购任务，从而简化手工分配任务。

4.4　采购支付业务流程处理

采购支付业务流程是企业在一定条件下，从供应市场获取产品或服务作为企业资源，从而保证企业生产及经营活动正常开展的一项企业经营活动。

采购支付业务流程包含采购准备(确定需求、确定货源、确定供应商)、采购订单处理(创建采购订单、监控采购订单状态)、收货、发票校验及付款五个过程，不同过程的相关环节功能如下：

(1) 确定需求：需求部门通过创建采购申请通知采购部门进行相关物料的采购。采购申请可以手工创建，也可以自动生成(如果在物料主数据中设置了物料需求计划(MRP)程序)。

(2) 确定货源：接收到需求部门的采购申请之后，采购部门需要确定货物的来源。确定货源时可以参考系统中已有的采购订单、采购信息记录、合同和条件，同时也可以创建询价单，以获得报价单。

(3) 确定供应商：通过比较报价单选择更加合适的供应商。系统可以设置自动发送拒绝信给未选中的供应商。

(4) 创建采购订单：确定货源及供应商之后，采购部门需要创建采购订单以确定采购的数量及价格。采购订单可以手工创建，也可以根据采购申请、采购信息记录、报价单、框架协议自动创建(如果在物料主数据中设置了物料需求计划(MRP)程序)。

(5) 监控采购订单状态：采购订单创建之后，采购人员可以监控系统中所有采购订单的处理状态。例如，是否已经收到了与某采购订单条目相应的货物或发票。

(6) 收货：货物交付之后，仓库部门可以进行入库检验，根据采购订单生成收货单，检查收货数量与采购订单数量是否匹配。系统允许一张采购订单多次收货。同时，系统自动更新采购订单历史记录。

(7) 发票校验：采购部门收到发票之后，可以参考采购订单或交货检查发票货物价格和内容的准确性，保存发票信息。采购订单和收货数据的可用性意味着用户可以获知的数量和价格差异。发票校验意味着整个采购流程的结束。

(8) 付款：系统设置了卖方清偿债务使用的付款程序，财务部门负责定期运行这个程序。

4.4.1 创建采购申请

1. 采购申请

作为SAP ERP用户，需要了解从采购到付款业务流程中采购申请的使用以及凭证类型、项目类别和消耗型项目的科目分配的使用。

采购申请是一种内部凭证，采购部门通过它来采购特定数量的物料或特定日期的服务。可以通过如图4-10所示的方式创建采购申请。采购申请创建有两种形式：

(1) 可直接或间接创建采购申请。直接创建采购申请意味着来自申请部门的人员手动输入采购申请。创建该申请的人员确定订购的内容和数量及交货日期。

(2) 间接创建采购申请意味着其他SAP ERP组件自动启动采购申请的创建，可以通过物料需求计划(MRP)、维护订单、生产订单、网络生成，也可以通过SAP Supply Chain Management(SAP SCM)或SAP Supplier Relationship Management(SAP SRM)启动采购申请。

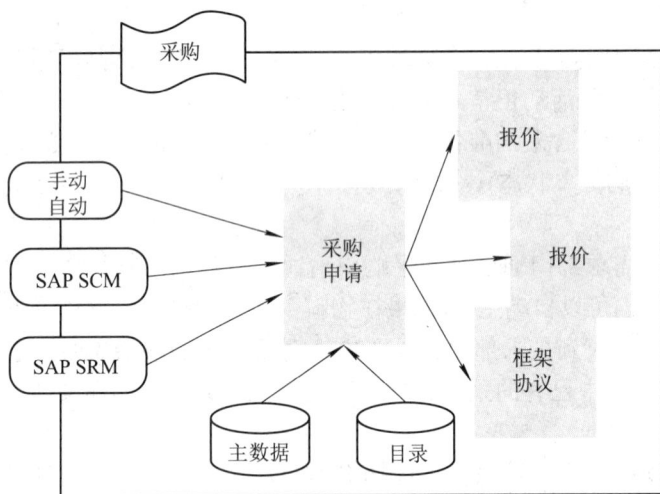

图 4-10　直接或间接创建采购申请

为具有物料主记录的物料创建采购申请时，系统会将物料主记录中的数据传输到采购申请，还可以选择从基于 Web 的目录中选择项目。可以将采购申请转换成询价(RFQ)、采购订单或框架协议。

2. 采购申请处理

如图4-11所示，可通过申请部门手动创建采购申请，或使用物料计划自动创建。可以使用采购申请项目统计数据中的创建标识，以查看使用了哪个程序创建采购申请。

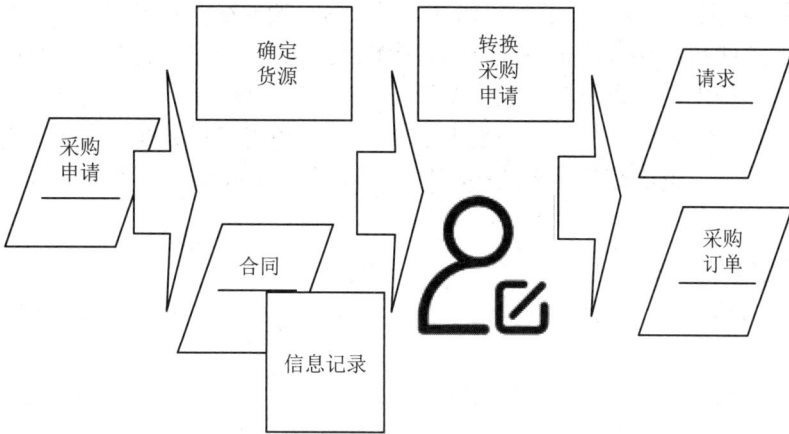

图 4-11　采购申请处理

创建采购申请时，可输入相关项目的货源，也可指定所需供应商。采购部门负责确定货源以及将采购申请转换成采购订单或询价。首先，采购员通过选择有效的货源分配采购申请。然后，将采购申请转换成采购订单或询价。也可自动执行货源确定流程。负责采购申请的采购员可以手动将采购申请转换成采购订单，或由系统自动完成转换。

3. 科目分配对象

如果用户想采购一种物料作为消耗型物料，则必须在采购申请或采购凭证的凭证项目中指定科目分配类别和其他科目分配数据。

在以下情况下，必须为项目输入科目分配：

(1) 如果用户订购的物料不受控于基于价值的库存管理并直接将其值过账到消耗(纯消耗型物料)。

(2) 如果用户订购的商品不含物料主数据。

(3) 如果用户订购一项服务。

科目分配类别决定要计费的科目分配对象类别，例如 A：资产，K：成本中心等，如图 4-12 所示。必须提供科目分配数据，以便过账收货或发票时将科目记入借方。

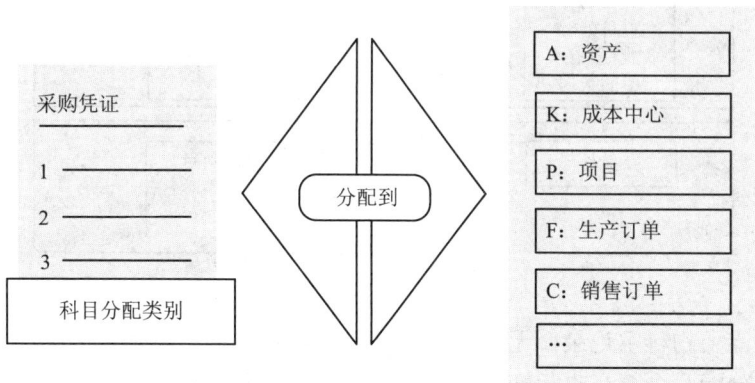

图 4-12　科目分配对象

下面以成本中心和资产为分配对象，对科目分配对象的操作进行示例：

(1) 科目分配对象为成本中心(科目分配类别 K)。向成本中心实施科目分配时，必须输入消耗科目的总账科目编号，也必须在科目分配数据屏幕上输入采购物料所针对的成本中心。可以在对话框中指定系统自动建议要计费的总账科目编号。

(2) 科目分配对象为资产(科目分配类别 A)。如果使用科目分配类别 A，则必须在科目分配数据屏幕上输入资产编号。系统将根据资产编号自动确定要计费的总账科目。不能手动输入总账科目。

4. 消耗型物料的采购

直接采购消耗型物料时，无需物料主记录。含主记录的消耗型物料的特征如下：

(1) 没有基于价值的库存管理。

(2) 系统在物料主记录中自动更新物料消耗。

在 SAP S/4 HANA 应用程序中，术语"消耗型物料"是指业务运作过程中被消耗的物料，该物料的价值将使用成本要素会计或资产会计予以结算。因此，消耗型物料的采购需要直接分配到一个科目分配对象。

采购不含物料主记录的消耗型物料时，必须手动在凭证中输入简短说明、物料组和采购订单单位，这是因为不能从主记录获取此数据。这与含主记录的物料不同。对于这些物料，物料类型控制着是否基于价值进行库存管理。

在图 4-13 所示的消耗型物料的采购中，显示了与科目分配有关的库存物料和消耗型物料的采购流程。

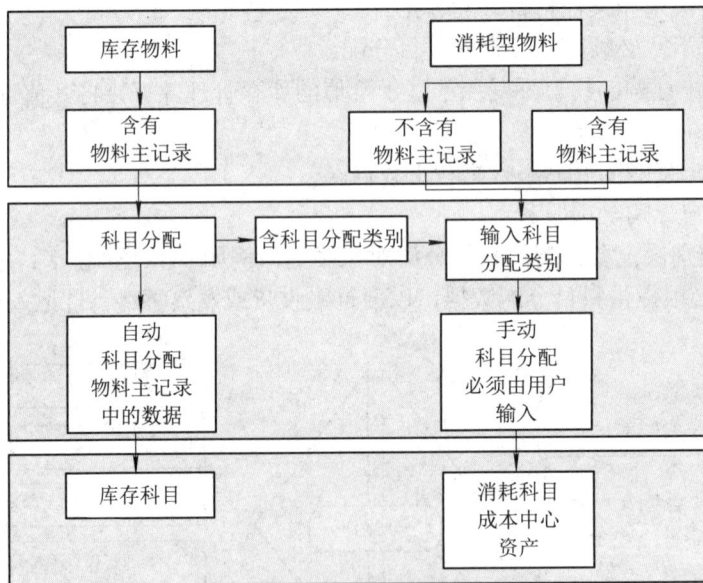

图 4-13　消耗型物料的采购

库存物料需要物料主记录，无需在采购订单中指定科目分配类别。物料主记录根据评估类确定科目分配，系统在收货期间将库存价值过账到库存科目。这样，可以在物料主记录中更新库存价值和库存数量。

采购消耗型物料时，无需物料主记录，但可以使用。用户还可以采购库存物料进行消耗。在所有情况下，用户必须指定科目分配类别及其他相关科目分配数据，如科目分配对象和总账科目(消耗科目)。在收货或接收发票时，系统将在采购订单指定的消耗科目中借记采购值。此外，系统还需要将金额过账到科目分配对象。

5. 采购业务流程集成点

采购到付款业务流程与多种不同的 SAP ERP 模块集成，就形成了采购业务流程集成点，如图 4-14 所示。

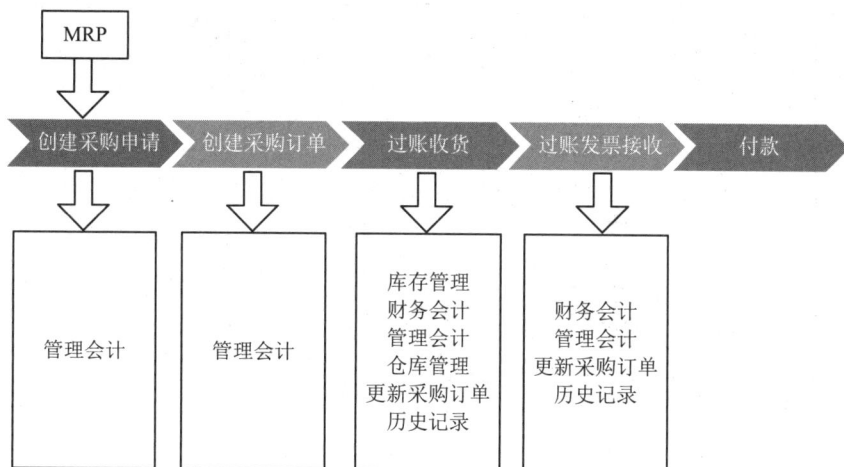

图 4-14　采购业务流程集成点

(1) 创建采购申请：可通过运行 MRP 来创建采购申请。如果采购申请行项目针对其成本对象确定为消耗型，那么通过保存采购申请可在管理会计中创建承诺。请注意：需要激活管理会计中的承诺管理。

(2) 创建采购订单：如果采购订单行项目针对其成本对象为消耗型，那么通过保存采购申请可在管理会计中创建承诺。请注意：需要激活管理会计中的承诺管理。

(3) 过账收货：保存库存物料收货后，可增加现有库存。如果物料评估中发生更改，系统将在财务会计中创建会计凭证。如果采购订单行项目为消耗型物料，系统不仅将在财务会计中创建会计凭证，并且将在管理会计中创建成本控制凭证。如果组织使用仓库管理，系统将创建转储需求。最后，系统还将更新采购订单历史记录。

(4) 过账发票接收：过账发票后，系统将在财务会计中创建会计凭证，用以记录欠供应商的货款。系统还将针对供应商账户创建未清项。如果采购订单行项目为消耗型物料且发票数量与采购订单数量不一致，则系统将在管理会计中创建成本控制凭证。

4.4.2　创建采购订单

1. 采购订单

采购订单是基于采购订单条件向供应商提出的、要求其提供货物或服务的正式请求。在采购订单中，还需要指定该物料将交付给库存还是交付给直接消耗(例如成本中心、资产或项目)。收货(GR)和发票校验通常以采购订单为基础。

通过参考现有采购订单、采购申请、报价或合同创建采购订单项目，可最大限度地减少数据输入时间。也可以不参考系统中之前的凭证输入采购订单，如图4-15所示。

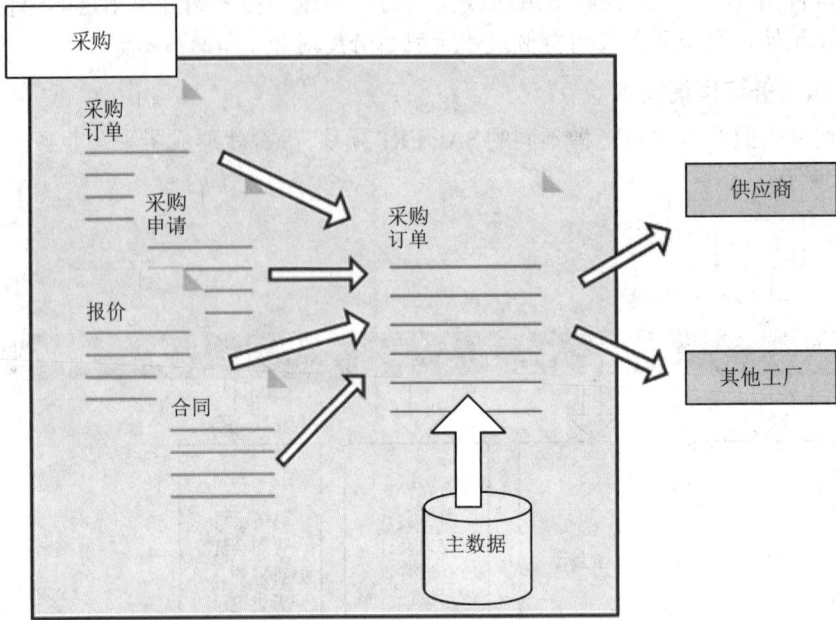

图4-15　采购订单

输入采购订单数据时，系统会建议缺省值。例如，系统会基于供应商主记录建议订货地址、付款条件和运费。若存在物料主记录，系统将自动传输物料短文本和物料组到创建采购订单文本框；若系统中已存在采购信息记录，系统会为采购订单提供一个建议价格。

2. 采购订单结构

与SAP S/4 HANA中的其他采购凭证相同，采购订单包括一个凭证抬头以及一个或多个项目，如图4-16所示。

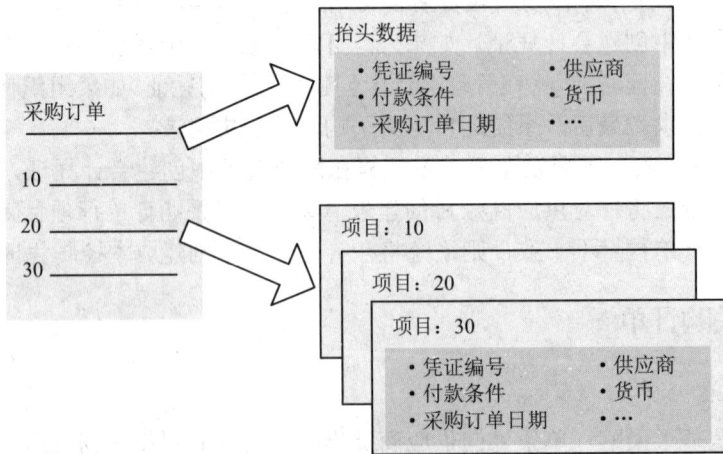

图4-16　采购订单结构

凭证抬头包括与整个采购订单相关的信息，如凭证编号、货币、采购订单日期和付款条件。

凭证的项目部分包含描述所订物料或服务的数据。还可以维护各个项目的附加信息(例如交货计划或基于项目的文本)。在采购订单中，可以为附属于采购组织的所有工厂采购物料或服务。

3. 将 Ariba 功能与 SAP S/4 HANA 中的采购集成

Ariba 支持通过基于云的采购软件定位新的供应商，以简化交易流程并降低成本。Ariba 网络支持整个货源到付款流程，如图 4-17 所示。

图 4-17　Ariba Network

4.5　采购订单收货过账

4.5.1　收货处理

根据采购订单交货时，参考采购订单输入收货。系统检查采购订单，并只将未清的采购订单项目复制到收货事务。

根据采购订单记录收货时，需要检查以下详细信息：

(1) 交付的物料是否正确。

(2) 交付的物料数量是否正确或者是否过量或不足。

(3) 容易腐烂的货物是否满足各自的最短货架存放条件(这种情况下，必须激活到期日期检查)。

将收货过账到仓库或库存时，系统将生成物料凭证，如图 4-18 所示，此凭证包含已交付物料的信息及相关数量。系统将记录库存项目的相关工厂存储地点。如果收货已评估，系统也将生成会计凭证，此凭证包含了收货过账所需的相关总账科目。

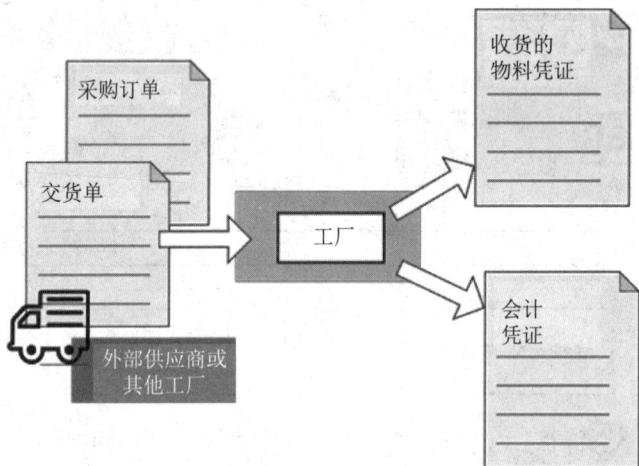

图 4-18　收货处理

可在一个操作中针对一个采购订单项目输入多个收货项目。如果需要分批交付物料或是将物料分配到多个存储地点，可以采用这种方法。

过账采购订单收货时，系统将自动更新采购订单行项目详细信息中的采购订单历史记录标签，如此可提供清晰的采购订单行项目状态。

4.5.2　已评估的收货

对于收货，用户可以决定过账数量时哪种库存类型是相关的。库存类型可用于确定物料计划中的可用库存，也可用于库存管理(IM)中的提货。

可以将仓库的收货过账到如图 4-19 所示的库存类型:

(1) 非限制使用型库存(该类型无使用限制)。

(2) 质检库存(从物料需求计划(MRP)角度看该类型是可用的，但不能提货以供消耗)。

(3) 冻结库存(从物料需求计划(MRP)角度看该类型是不可用的,也不能提货以供消耗)。

用户可以在采购订单收货时设置库存类型的缺省值。如果没有使用质量管理(QM)组件,可在过账收货时更改此缺省值。系统始终使用移动类型 101 将采购订单的收货过账到已评估库存。

只能从非限制使用库存中过账用于消耗的提货。对于质检库存与冻结库存,用户只能进行样本提货、报废以及过账库存差异操作。

将收货过账到仓库时,不论是哪种库存类型(未进行值更新的物料类型除外)，库存数量和库存价值都会增加。

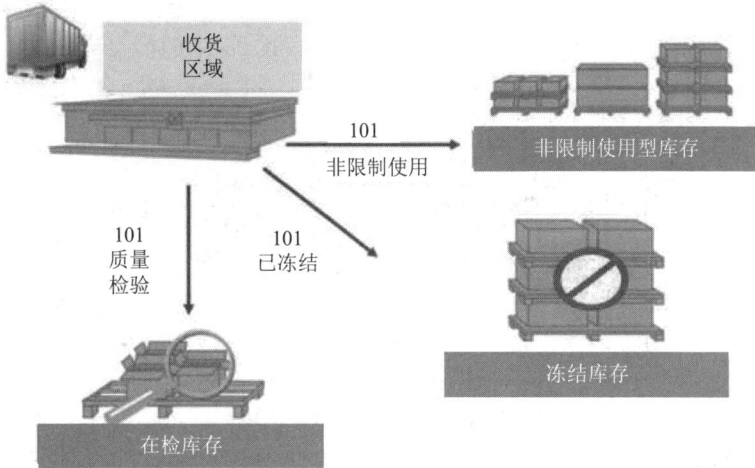

图 4-19　已评估的收货

4.5.3　库存管理概览

库存管理概览是针对单个物料显示多个库存类型的库存数量的报表，即显示每个组织级别(例如客户端、公司代码、工厂和存储地点)的物料库存，如图 4-20 所示。系统汇总各组织单位对特定库存类型进行过账的数量。还可以显示批次或评估类型和特殊库存(例如寄售物料)的库存概览。

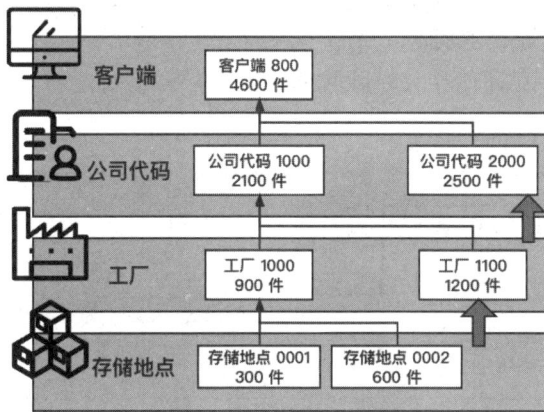

图 4-20　库存管理概览

4.5.4　移动类型

输入货物移动时，必须选择移动类型。移动类型是由三个字符组成的代码，用于区分不同的货物移动，例如收货、发货和转储过账，如图 4-21 所示。

移动类型在库存管理中具有如下重要的控制功能：

(1) 移动类型在 SAP S/4 HANA 的自动科目确定中发挥着核心作用。

(2) 移动类型与其他影响因素一起决定了系统将在财务会计(FI)中更新哪些库存或消耗科目。

(3) 移动类型决定着用于输入凭证或更新数量字段的屏幕布局。

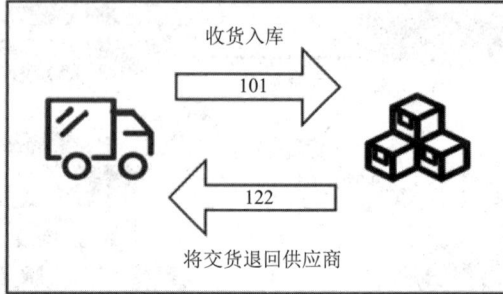

图 4-21　移动类型的示例

此外，移动类型控制货物移动的方式(发货(GI)、收货或转储)，并且是用于科目确定的重要依据。SAP ERP 随附大量常用的货物移动的移动类型，如有必要，用户可以定制其他移动类型。每个移动类型均有其对应的取消移动类型。所谓取消移动类型，指的是完成与该移动类型相反的操作，例如收货的取消移动类型是退货。取消移动类型编号是对应移动类型编号加 1。

4.5.5　货物移动的凭证

系统过账货物移动后将生成物料凭证，以证明该事务在库存级别中引起了改变。在此过程中无法更改数量、物料、移动类型或组织级别。如果要更正错误，必须创建一个新凭证；要撤销错误凭证过账，必须先取消错误凭证。

如果货物移动与库存评估相关，除物料凭证之外，系统还将至少创建一个会计凭证，如图 4-22 所示。

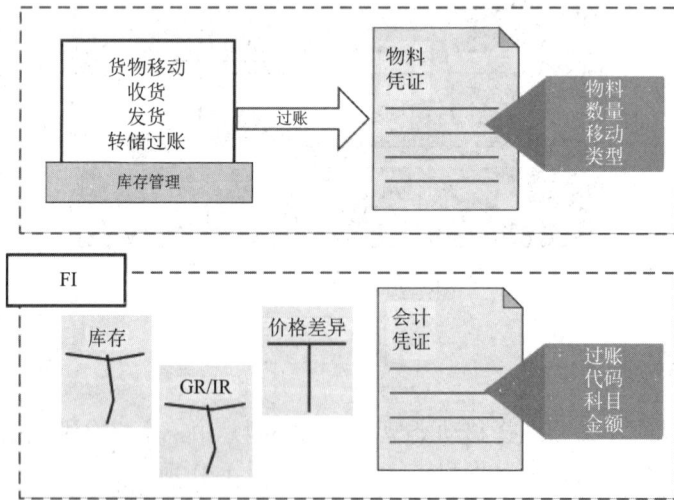

图 4-22　货物移动的凭证

当总账库存评估受到货物移动的影响时，货物移动(收货、发货或者转储过账)将与评估相关。例如，原材料的收货过账会导致当前资产库存价值的增加。如果原材料仅在一个工厂内转储，则系统不会在财务会计中进行过账。

4.5.6　创建物料凭证和会计凭证

货物移动的物料凭证和会计凭证是同时创建的，如图 4-23 所示。

(1) 物料凭证包含一个凭证抬头和至少一个行项目。抬头信息包括物料凭证编号日期和交货单。行项目记录了过账到工厂存储地点的物料数量。

(2) 会计凭证记录行物料移动对总账科目的影响。凭证抬头包含适用数据，如会计凭证编号日期、参考以及货币。系统将记录总账科目编号和已在行项目级别过账的相关金额。

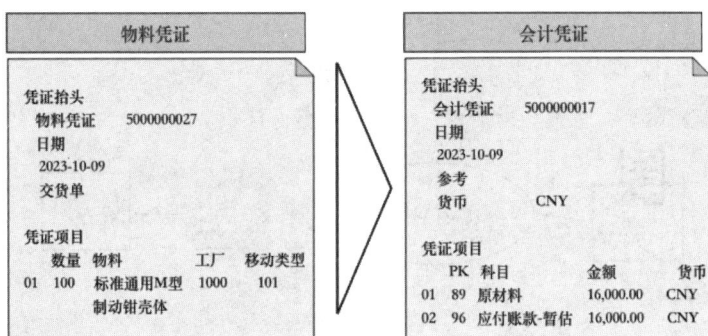

图 4-23　物料凭证和会计凭证

物料凭证和会计凭证是独立凭证。可以通过物料凭证编号和会计年度来标识物料凭证。可以使用下列信息组合对会计凭证进行唯一标识：公司代码、会计凭证编号、会计年度。

系统根据发生货物移动的工厂来确定公司代码。

4.5.7　其他集成点

除了生成物料(数量)和会计(价值)凭证以外，采购订单收货还有其他集成点，如图 4-24 所示。

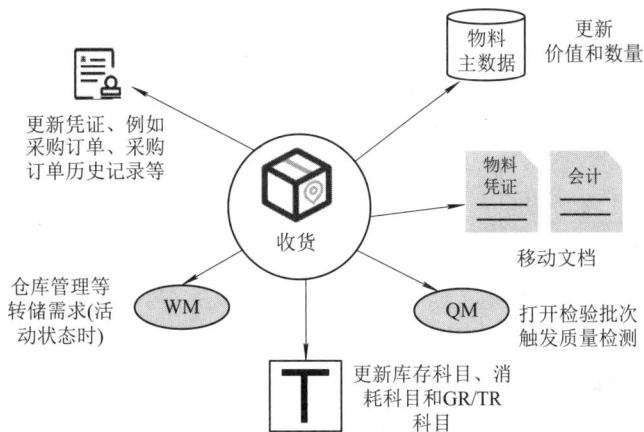

图 4-24　其他集成点

(1) 更新凭证：更新采购订单历史记录。

(2) 质量管理 QM(为激活时)：创建检验批次。

(3) 仓库管理 WM(为激活时)：将货物入库时创建转储需求。

(4) 移动文档(例如物料凭证、会计凭证、收货单或托盘标签)。

4.6 处理供应商发票

发票校验后，即完成物料管理(MM)中的采购流程。用户可以使用后勤菜单中发票校验(LIV)输入供应商发票，以及与采购订单相关的供应商贷项凭证。发票校验不包括付款或发票评估。处理供应商发票如图 4-25 所示。

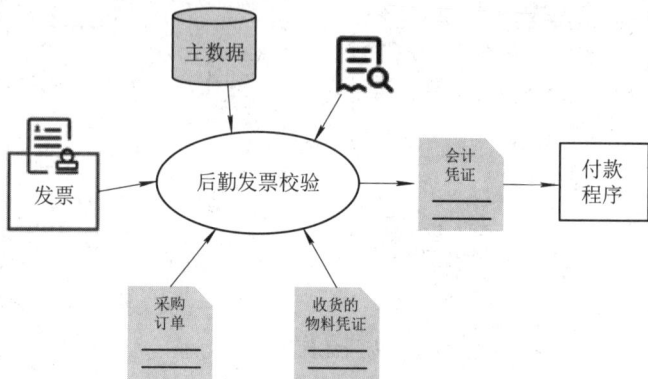

图 4-25　处理供应商发票

过账发票后即完成发票校验流程，系统将更新采购订单历史，将未清项过账到财务会计中的供应商账户。

4.6.1　利用参考进行发票校验

用户可以在过账供应商发票时将交货单编号或提单编号用作参考凭证，如图 4-26 所示。

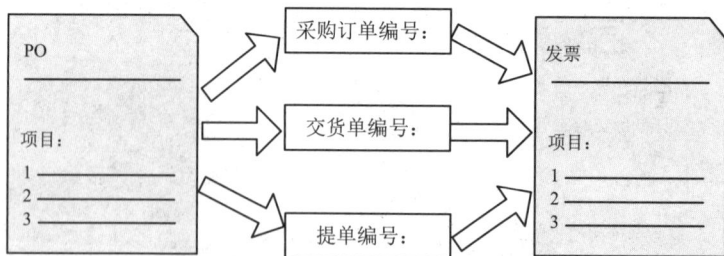

图 4-26　利用参考进行发票校验

如果为采购订单输入发票，若存在尚未完全开发票的采购订单中的项目，系统将给出提示。例如，如果已交货 100 件，已开发票 60 件，则仍有 40 件待开发票。

系统还将建议项目的预期价值。预期价值等于仍需开发票的数量乘以订单价格。如果发票值与预期值之差超出容差，系统将冻结发票付款。例如，如果发票价格与采购订单价格不同，则冻结发票付款。

4.6.2　发票校验中的凭证

发票凭证包含一个凭证抬头和至少一个行项目。抬头数据包括供应商(开票方)、过账日期以及凭证创建人的用户标识；行项目数据指示特定数量的物料应支付的金额。

会计凭证会在收到发票后显示总账过账。凭证抬头包含凭证日期、过账日期、过账期间以及凭证货币；行项目将包含总账(G/L)科目编号以及过账的金额。

发票校验中的凭证如图 4-27 所示。

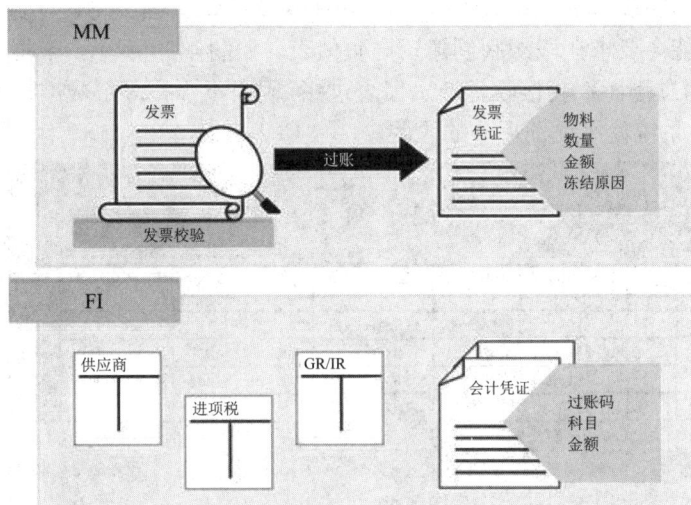

图 4-27　发票校验中的凭证

4.6.3　创建过账发票

过账发票如图 4-28 所示。

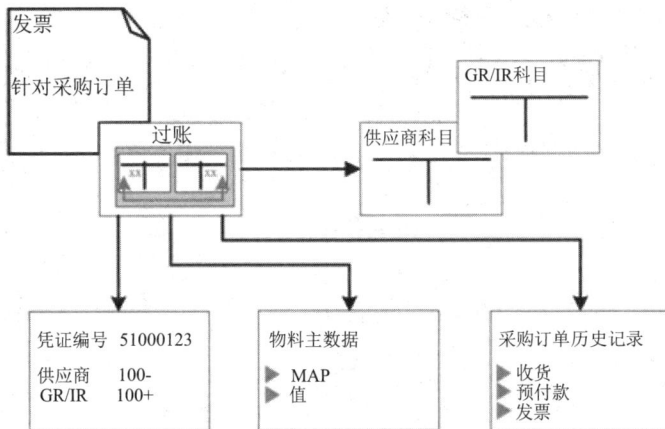

图 4-28　创建过账发票

过账发票具有以下作用：

(1) 创建会计凭证。

(2) 对 GR/IR 清算科目中的备抵进行冲销。

(3) 在采购订单历史记录中输入发票凭证。

(4) 如果发票价格与采购订单价格不同，将会重新计算库存价值和当前移动平均价格，并在物料主数据中进行相应更新。

4.6.4 凭证拆分

过账供应商的发票可以将服务计入两个不同的成本中心。每个行项目分配到不同的成本中心、利润中心和段，这就是凭证拆分，如图 4-29 所示。该图将显示日记账分录。

公司集团可能会要求在段级别创建资产负债表。如图 4-29 所示，未将供应商行分配到段。段仅接收费用过账而不会接收资产负债表过账，因而不会按段形成准确的资产负债表。这就是 SAP ERP 系统使用凭证拆分的原因。

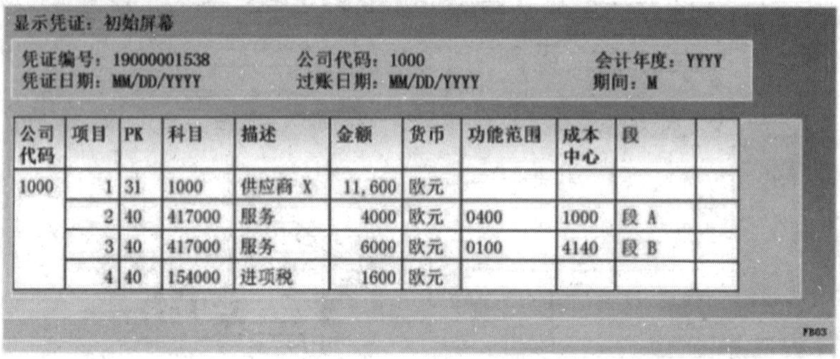

显示凭证：初始屏幕

凭证编号：1900001538　公司代码：1000　会计年度：YYYY

凭证日期：MM/DD/YYYY　过账日期：MM/DD/YYYY　期间：M

公司代码	项目	PK	科目	描述	金额	货币	功能范围	成本中心	段	
1000	1	31	1000	供应商 X	11,600	欧元				
	2	40	417000	服务	4000	欧元	0400	1000	段 A	
	3	40	417000	服务	6000	欧元	0100	4140	段 B	
	4	40	154000	进项税	1600	欧元				

FB03

图 4-29　凭证拆分

4.6.5 显示总账视图

用户可以在系统定制时指定系统自动补充缺失的条目，形成总账视图，如图 4-30 所示。该视图显示了正确的金额。

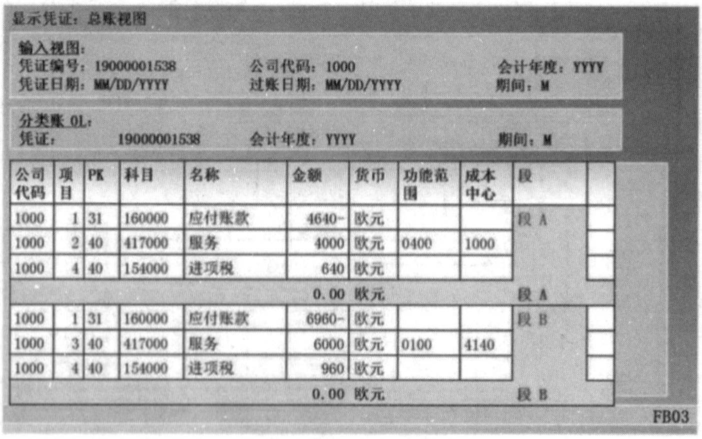

显示凭证：总账视图

输入视图：

凭证编号：1900001538　公司代码：1000　会计年度：YYYY

凭证日期：MM/DD/YYYY　过账日期：MM/DD/YYYY　期间：M

分类账 0L：

凭证：1900001538　会计年度：YYYY　期间：M

公司代码	项目	PK	科目	名称	金额	货币	功能范围	成本中心	段	
1000	1	31	160000	应付账款	4640-	欧元			段 A	
1000	2	40	417000	服务	4000	欧元	0400	1000		
1000	4	40	154000	进项税	640	欧元				
					0.00	欧元			段 A	
1000	1	31	160000	应付账款	6960-	欧元			段 B	
1000	3	40	417000	服务	6000	欧元	0100	4140		
1000	4	40	154000	进项税	960	欧元				
					0.00	欧元			段 B	

FB03

图 4-30　总账视图

在总账视图下激活凭证拆分以确保统一拆分段特征。系统分段意味着每个凭证的相关实体余额均为零。

图 4-30 所示凭证中共有六行。供应商行项目和税费项目跨两个段(段 A 和段 B)进行拆分。各段的余额均为零，可全额创建资产负债表和损益表，且系统将在后台结平资产负债表。该图还显示了应付账款和税费项目如何在凭证中应用继承段信息。

输入六个科目分配项目会非常耗时，凭证拆分减少了用户在输入凭证时所花费的时间和精力。

凭证拆分仅在新总账中可用。已过账凭证有两个视图，即输入视图和总账视图，用户可以决定使用哪个视图。

如果不需要凭证拆分或者尚未将其激活(例如，客户仅需要在公司代码级别创建资产负债表)，则两个视图相同。

在不同实体间分配收入的客户发票也可以通过相同方式来处理。

4.7 运行自动付款

对于一些需要在某一时间内重复付款的应付账款，比如按月支付的房租、员工固定工资等，可以采用周期凭证与自动付款来自动实现，以此减轻繁重的重复性工作，而且可以避免产生不必要的错误。

SAP S/4 HANA 系统自动付款流程如图 4-31 所示。标准系统中含有通用的付款方法以及按国家定义的相应格式。

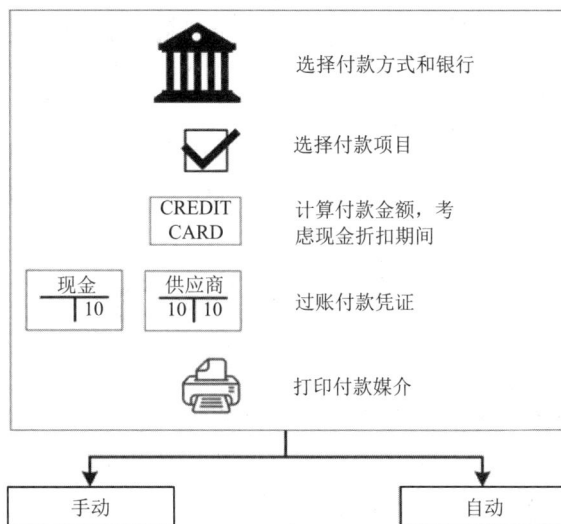

图 4-31　付款流程

自动付款的主要依据是通过供应商＋付款方式和自动付款结算规则中的付款方式＋供应商＋付款银行(及对应的会计科目)进行自动付款并清账。结算规则只需一次维护，后续只要运行自动付款程序(F110)即可。可以单个付款也可以批量付款，减少付款、清账环节，降低工作量。自动付款程序概览如图 4-32 所示。

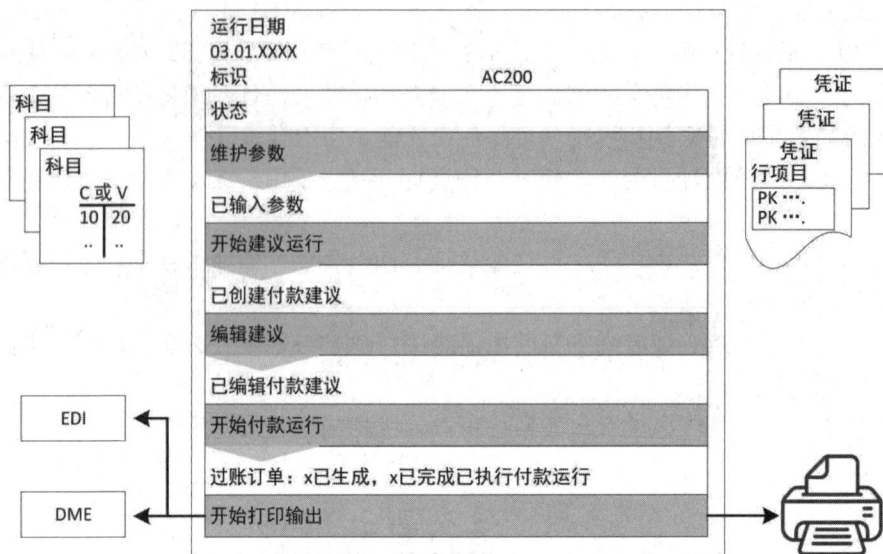

图 4-32　自动付款程序概览

付款运行期间，系统将执行以下操作：

(1) 过账付款凭证。

(2) 清账未清项。

(3) 准备用于打印付款媒介的数据。

4.8　思考与练习

1. 采购组织与工厂的关系是什么？
2. 采购组织与公司代码的关系是什么？

4.9　实践练习

在 SAP S/4 HANA 实训平台上完成下列实践练习。本练习是一个完整的标准采购订单业务流程，这个业务模型 100%地代表了实际案例研究中的流程，并从业务流程集成的视角诠释了数字化企业中的数据、职能和负责人的关系。

双击桌面上 SAP S/4 HANA GUI 图标　，在 SAP S/4 HANA 登录界面中打开课程相关"连接"，使用教师分配的用户名和密码登录指定客户端，开始下列实践任务。

实践练习 MM01　显示业务伙伴

按照表 4-1 的任务要求完成"显示业务伙伴"的上机实践操作。

表 4-1　MM01 任务要求

任务	使用 SAP 轻松访问菜单，显示业务伙伴——供应商 SXXC###(###代表用户的三位数字编号，后文同)的常规数据、公司代码数据和采购数据
说明	1. 了解业务伙伴——供应商主数据由哪三部分组成。 2. 查看业务伙伴——供应商的合作伙伴主要有哪几类，哪些是必需的。 3. 明晰业务伙伴——供应商主数据和采购组织的关系。 4. 查看业务伙伴——供应商 SXXC###的主数据，并了解该供应商可以在哪个采购组织内给用户公司销售产品
职位	乙(采购人员)
菜单路径	会计核算→处理业务合作伙伴(BP)
T-Code	BP

(1) 按照菜单路径打开菜单，双击"处理业务合作伙伴(BP)"或按回车键，进入"处理业务合作伙伴"事务界面，选中"查找"页签，并输入表 4-2 中的信息。

表 4-2　输 入 信 息

字 段 名 称	字 段 值
查找	3 组织
由	9 供应商编号
供应商编号	SXXC###

(2) 单击 [开始] 或按回车键，系统筛选出对应业务伙伴——供应商信息，双击"供应商编号"后，输入表 4-3 中的信息。

表 4-3　输 入 信 息

字 段 名 称	字 段 值
按业务伙伴角色显示	FLVN00 供应商

(3) 在显示界面上单击　通用数据　按钮(若系统默认在通用数据下，则不需调整)，将显示的信息填写到表 4-4 中。

表 4-4　输 出 信 息

页签	字 段 名 称	字 段 值
地址	标题	
	名称	
	搜索项	
	邮政编码	
	城市	
	国家	
	时区	

(4) 在显示界面上单击 公司代码 按钮，将显示的信息填写到表 4-5 中。

表 4-5　输　出　信　息

页　签	字 段 名 称	字　段　值
供应商：科目管理	统驭科目	
供应商：支付交易	付款条件	

(5) 用相同方法查看下一个供应商信息，输入表 4-6 中的信息。

表 4-6　输　入　信　息

字 段 名 称	字　段　值
按业务伙伴角色显示	FLVN01 供应商

(6) 点击 采购 按钮，将显示的信息填写到表 4-7 中。

表 4-7　输　出　信　息

页　签	字 段 名 称	字　段　值
采购组织	采购组织	
采购数据	订单货币	
	基于收货的发票验证	
伙伴功能	伙伴功能 1	
	伙伴编号 1	
	伙伴功能 2	
	伙伴编号 2	
	伙伴功能 3	
	伙伴编号 3	
	伙伴功能 4	
	伙伴编号 4	

(7) 单击标准工具栏上的 ⚙ 按钮，返回主界面。

实践练习 MM02　创建采购订单

按照表 4-8 的任务要求完成"创建采购订单"的上机实践操作。

表 4-8　MM02 任务要求

任务	使用 SAP 轻松访问菜单创建一个采购订单
说明	为标准通用制动钳壳体###创建一个采购订单(PO)，将采购订单提交给业务伙伴(供应商)陕西旭晨壳体公司###。当供应商收到并采纳采购订单时，PO 将会在双方之间创建一个具有法律约束力的合同
职位	乙(采购人员)
菜单路径	后勤→物料管理→采购→采购订单→创建→已知供应商/供应工厂(ME21N)
T-Code	ME21N

(1) 双击"已知供应商/供应工厂(ME21N)"或按回车键，进入"创建采购订单"事务界面，并输入表 4-9 中的信息。

表 4-9　输　入　信　息

字　段　名　称	字　段　值
供应商	SXXC###

(2) 在界面中单击标题 ，打开抬头数据，选择"机构数据"页签，并输入表 4-10 中的信息。

表 4-10　输　入　信　息

字　段　名　称	字　段　值
采购组织	1000
采购组	Z01
公司代码	1000

(3) 在界面中单击项目概览 ，打开"项目列表"，并输入表 4-11 中的信息。

表 4-11　输　入　信　息

物料	采购数量	交货日期	净价	货币	工厂
F-MGLS###	100	<两周后的今天>	160	CNY	1000

(4) 在界面中单击 或按回车键，确认系统的提示信息。

(5) 在界面中单击"项目细节" ，选择"发票"页签，输入税码为 J2(13%进项税，中国)。

(6) 在界面中单击"标题" ，打开抬头数据，选择"条件"页签，按照表 4-12 要求记录显示的信息。

表 4-12　输　出　信　息

字　段　名　称	字　段　值
净值	

(7) 在显示界面中选中"行项目"，进入"项目细节"下的"条件"选项卡，按照表 4-13 要求记录显示的信息。

表 4-13　输　出　信　息

物料	字　段　名　称	字　段　值
F-MGLS###	净值	

(8) 单击 按钮，记录系统提示信息。

🔔 如果系统弹出一个消息，选择 编辑 ，查看系统消息。这个消息告诉用户正在创建一个采购订单,但没有生成任何输出通知给选定的供应商。

🔔 单击 ✅ 按钮或回车键,再次单击 💾 按钮,并在系统弹出消息后,单击 保存 按钮,记录系统提示信息。

(9) 单击标准工具栏上的 ⏫ 按钮,返回主界面。

实践练习 MM03　为采购订单创建收货单

按照表 4-14 的任务要求完成为"采购订单创建收货单"的上机实践操作。

表 4-14　MM03 任务要求

任务	使用 SAP 轻松访问菜单,创建收货单
说明	将前一个练习中的来自供应商陕西旭晨壳体公司###的货物接收到仓库中。创建一张以采购订单为参考的收货单,从而保证用户能在要求的计划和质量条件下有序地收到产品。创建成功后,可用库存将增加,且会生成一张确认这些货物相关价值的会计凭证
职位	丙(仓储人员)
菜单路径	后勤→物料管理→库存管理→货物移动→收货→对采购订单→采购订单的收货(MIGO_GR)
T-Code	MIGO_GR

(1) 按照菜单路径打开菜单,双击"采购订单的收货 MIGO_GR"或按回车键,进入"采购订单的收货-<用户名>"事务界面,并输入表 4-15 中的信息。

表 4-15　输 入 信 息

字 段 名 称	字 段 值
采购订单	<MM02 中创建的采购订单号>
GR 收货(指移动类型)	101

🔔 系统默认下拉框显示为(A01 收货 R01 采购订单),请在它们旁边的空白字段中填入采购订单编号。

(2) 单击 ✅ 或按回车键。

🔔 采购订单收货屏幕包含四个部分,分别是概述(可隐藏)、抬头数据、项目数据、详细数据。

(3) 单击进入"详细数据",在"物料"页签下,将"项目确定"字段打钩,并在"何处"页签下输入表 4-16 中的信息。

表 4-16　输 入 信 息

字 段 名 称	字 段 值
库存地点	1001

🔔 打钩意味着用户想将物料接收进货物收据凭证中。

(4) 单击 💾 按钮,记录系统提示信息。

(5) 单击标准工具栏上的 ⏫ 按钮,返回主界面。

实践练习 MM04　创建来自供应商的发票收据

按照表 4-17 的任务要求完成"创建来自供应商的发票收据"的上机实践操作。

表 4-17　MM04 任务要求

任务	使用 SAP 轻松访问菜单，创建发票收据
说明	输入来自供应商陕西旭晨壳体公司###的发票编号为 00124-###，面值为 18,080.00 CNY(16,000 + 16,000 × 13%)的发票。该发票与最近的 PO 和收货相关。这张发票将过账到现有会计科目表中的供应商应付账款科目，以后会通过给陕西旭晨壳体公司###付款来核销它
职位	丁(财务人员)
菜单路径	后勤→物料管理→物流发票校验→凭证输入→输入发票(MIRO)
T-Code	MIRO

(1) 按照菜单路径打开菜单，双击"输入发票(MIRO)"或按回车键，进入"输入接收的发票：公司代码 1000"事务界面，输入表 4-18 中的信息。

表 4-18　输 入 信 息

字 段 名 称	字 段 值
发票日期	<今天>
金额	<发票凭证上的金额>
计算税额(复选框)	勾选
税号(下拉列表)	J2(13%进项税，中国)
文本	发票 00124-###

☺ 如果系统弹出输入公司代码的界面，请输入公司代码：1000。

(2) 在界面中选中"采购订单参考"页签，输入表 4-19 中的信息。

表 4-19　输 入 信 息

字 段 名 称	字 段 值
参考依据(下拉列表)	采购订单/计划协议
参考依据(文本框)	<练习 MM02 中创建的采购订单编号>

(3) 单击 ✓ 按钮或按回车键。

☺ 系统将自动计算税额，填充至"税额"字段，此处税额为 16,000(采购订单的价值) × 13%(进项税比率) = 2,080(CNY)。

☺ 如果事务输入成功(对于借方和贷方)，用户将看到余额文本框变成绿色且显示为 0。

(4) 在界面中选中"支付款项"页签，在"基准日期"字段中输入当天。

(5) 在显示界面中单击 ⊞模拟 按钮，查看过账是否正确，记录系统的借贷凭证。

(6) 在显示界面中单击 🖫过账 按钮，记录系统提示信息：

(7) 单击标准工具栏上的 ⊗ 按钮，返回主界面。

实践练习 MM05　过账付款给供应商

按照表 4-20 的任务要求完成"过账付款给供应商"的上机实践操作。

表 4-20　MM05 任务要求

任务	使用 SAP 轻松访问菜单，过账付款给供应商
说明	付款给供应商陕西旭晨壳体公司###来结清应付账款。一个日记账分录被创建，一方是供应商陕西旭晨壳体公司###应付账款，一方是 G/L 中的银行存款
职位	丁(财务人员)
菜单路径	会计核算→财务会计→应付账款→单据录入→付款→过账(F-53)
T-Code	F-53

(1) 按照菜单路径打开菜单双击"过账(F-53)"或按回车键，进入"过账付款：抬头数据"事务界面，输入表 4-21 中的信息。

表 4-21　输 入 信 息

字 段 名 称	字 段 值
凭证日期	<今天>
过账日期	<今天>
凭证类型	KZ
公司代码	1000
货币/率	CNY
参照	发票 00124-###
凭证抬头文本	给供应商 SXXC###支付货款
科目(银行数据)	1002010000
金额(银行数据)	18,080.00
科目(未清项选择)	SXXC###

(2) 在显示界面上单击 处理未清项目 按钮，确认未分配字段等于 0 CNY。

⌨ 如果屏幕底部的未分配字段不等于 0 CNY，双击列表中的发票金额字段，然后选择的发票文本框将变成蓝色，查看在屏幕底部的未分配余额。

(3) 单击 💾 按钮，记录系统提示信息

(4) 在显示界面上双击"1002010000 银行存款"行项目，单击 📌 其他数据 ，输入"原因代码"为"A04(购买商品、接受劳务支付的现金)"。

(5) 单击 💾 按钮，记录系统提示信息；

(6) 单击标准工具栏上的 🔼 按钮，返回主界面。

实践练习 MM06　显示采购订单历史

按照表 4-22 的任务要求完成"显示采购订单历史"的上机实践操作。

表 4-22　MM06 任务要求

任务	使用 SAP 轻松访问菜单，显示采购订单历史
说明	查看供应商陕西旭晨壳体公司###的采购订单历史，并跟踪该采购订单的业务执行状态，以及各业务阶段产生的相关业务凭证和会计凭证。
职位	丁(财务人员)
菜单路径	后勤→物料管理→采购→采购订单→显示(ME23N)
T-Code	ME23N

(1) 按照菜单路径打开菜单，双击"显示(ME23N)"或按回车键，进入"标准采购订单显示"事务界面，输入表 4-23 中的信息。

表 4-23　输 入 信 息

字 段 名 称	字 段 值
采购凭证	<练习 MM02 创建的采购订单号>

(2) 在界面中单击 ⊘ 或按回车键。

🗘 系统可能会自动带出最近的 PO 信息。如果显示的 PO 信息不是所需要的，请按照下列操作步骤查找供应商 SXXC###的 PO 信息：

① 在"凭证概览"窗口中点击 ♦ ▾ 按钮(如果未发现屏幕左侧的"凭证概览"窗口，请点击 SAP 工具栏中的 凭证概览打开 按钮)，选择"采购订单"，进入"采购凭证"界面，清除"程序选择"中所有可以清除的数据，输入 MM01 创建的采购订单中的供应商。

② 在界面中单击 ⊕ 按钮，可在"凭证概览"窗口中看到与该供应商相关的采购凭证(450000****)，选择 MM01 中创建采购订单号，双击该采购凭证(PO)。

(3) 在"项目细节"中选中"项目"，进入"采购订单历史"页签，查看已经发生的与此采购订单相关的活动。

🗘 系统中的采购订单历史针对的是每个行项目，因此，查看采购订单历史前应先选择对应的行项目。

(4) 单击 WE(收货单)行"物料凭证"编号，系统将进入收货时创建的物料凭证屏幕，按照表 4-24 要求记录显示的信息。

表 4-24　输 出 信 息

字 段 名 称	字 段 值
物料凭证编号	
物料凭证年度	
凭证日期	
过账日期	
供应商	
物料组	
事务代码及描述	
输入者	

🔔 如果屏幕中未显示相关字段，请切换页签进行查看，按照表 4-25 要求记录显示的信息。

表 4-25 输 出 信 息

物料编号	物料描述	工厂	库位	数量	MVT 及含义	"+"含义

(5) 在显示界面上单击进入"文件信息"页签，单击 ▦ FI凭证 按钮，进入"显示凭证：数据条目视图"事务界面，按照表 4-26 要求记录显示的信息。

表 4-26 输 出 信 息

字 段 名 称	字 段 值
凭证编号	
凭证类型	
参照	
会计年度	
过账期间	
凭证日期	
过账日期	
输入者	
事务代码	

按照表 4-27 要求记录显示的信息。

表 4-27 输 出 信 息

PK	PK 含义	科目	说明	金额

(6) 在标准工具栏中单击 « 两次，返回至采购凭证概览屏幕。

(7) 在显示界面中单击 RE-L(发票收据)行"凭证"编号，查看发票校验时创建的发票凭证，按照表 4-28 要求记录显示的信息。

表 4-28 输 出 信 息

字 段 名 称	字 段 值
发票编号	
会计年度	
发票日期	
过账日期	
金额	
税额及税码	
文本	
供应商编号及描述	

按照表 4-29 要求记录显示的信息。

表 4-29 输 出 信 息

采购订单	采购单文本	数量	金额	税码	IR 数量	订单数量

(8) 在显示界面中单击 后继凭证 按钮，查看总账过账凭证，按照表 4-30 要求记录显示的信息。

表 4-30 输 出 信 息

字 段 名 称	字 段 值
凭证编号	
凭证类型	
参照	
会计年度	
过账期间	
凭证日期	
过账日期	
输入者	
事务代码	

按照表 4-31 要求记录显示的信息。

表 4-31　输　出　信　息

PK	PK 含义	科　目	说　明	金　额

(9) 在显示界面上单击 ▦ 总账视图 按钮，切换至"总账视图"，将显示的信息填写到表 4-32 中。

表 4-32　输　出　信　息

PK	PK 含义	科　目	说　明	金　额

比较条目视图和总账视图之间的区别，并解释它们之间的关系，理解统驭科目的作用：

(10) 单击 《 返回至发票凭证屏幕。

(11) 单击 ▦ OI (行项目清单)按钮。

🔔 此时，系统提示 ⓘ 「没有选择项目(查看长文本)　这意味着公司已经付款给供应商，确定返回。

(12) 单击标准工具栏上的 ⨠ 按钮三次，返回主界面。

第5章 生产计划

5.1 生产计划业务概览

5.1.1 生产计划模式概述

SAP S/4 HANA 系统支持各种典型的生产计划模式，例如按订单生产、重复制造、流程制造、面向项目的生产、看板等。

1. 按订单生产(Make-to-Order，MTO)

典型应用订单生产计划模式的行业有机械工程、汽车制造商、工厂工程设计和施工、汽车零部件供应商、消费品、建筑工程、木材加工、电子、航空航天等。

2. 重复制造(Repetitive Manufacturing)

典型应用重复制造生产计划模式的行业有机械工程、汽车零部件供应商、消费品、电子行业等。

3. 流程制造(Process Manufacturing)

典型应用流程制造生产计划模式的行业有化工、制药工业、食品制造、面向流程的电子行业等。

4. 面向项目的生产(Project-Oriented Production)

典型应用面向项目的生产计划模式的行业有工厂工程设计和施工、机械工程、汽车制造商和设备制造商等。

5. 看板(Kanban)

看板生产模式可以应用到各个行业。

5.1.2 生产计划模式案例

某公司的生产计划模式属于典型的离散制造型(小批量、多品种)，以 MTO 策略为主的生产计划模式，整个生产计划流程涉及销售部、研发部、计划部、生产部、仓库及财务部，包括以下模块：主数据、SOP 预测、物料需求计划、生产执行、成本分析等，生产计划流程及模块功能如图 5-1 所示。

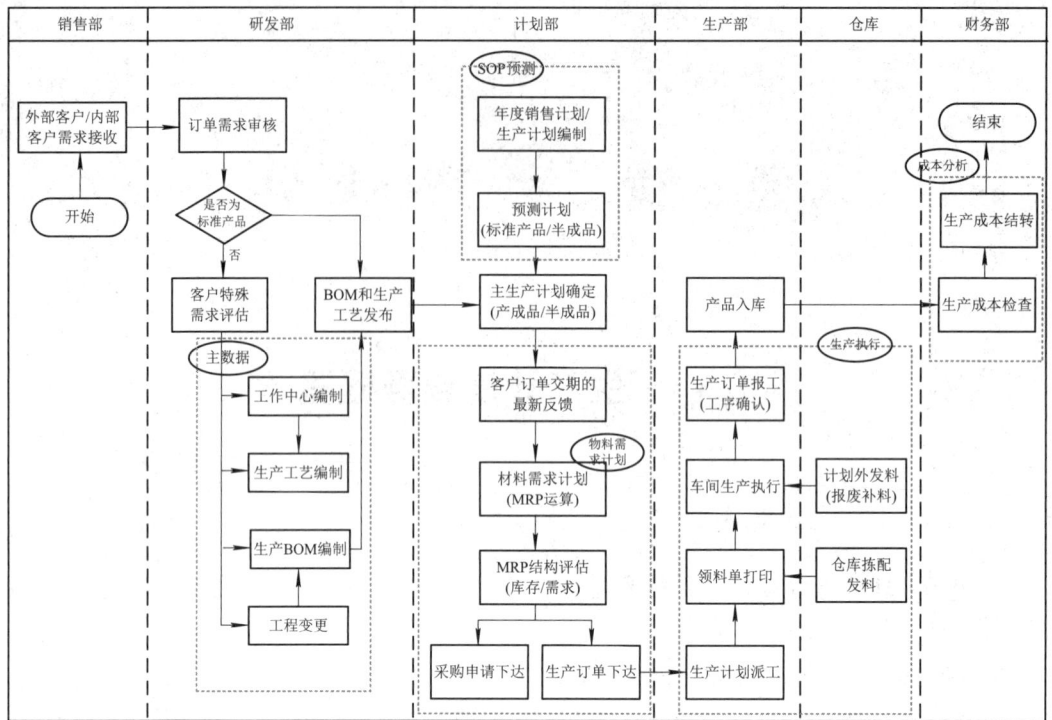

图 5-1   生产计划流程及模块功能图

生产计划模式的基本流程如下：

(1) 销售人员将收到的国内/外客户的产品需求反馈给销售部的订单处理中心，由订单处理中心根据客户需求在 SAP S/4 HANA 中下达销售订单，同时将客户需求反馈给研发部。

(2) 研发部根据客户需求审查确定客户所需的产品为标准产品还是非标准产品。如果是标准产品，则直接释放销售订单至计划部；如果是非标准产品，则需要进行技术评估，对产品的非标准部分发布工程变更进行重新设计，同时生成新的生产 BOM 以及生产工艺路线，审核通过后将生产 BOM 和生产工艺发布给计划部，同时释放非标准订单至计划部。

(3) 计划部根据研发部释放的销售订单，结合标准产品的年度生产预测计划进行主生产计划排产(周计划)，然后反馈订单的最终交货期给销售部。同时计划部运行 MRP(物料需求计划)由 SAP S/4 HANA 系统自动分解生产 BOM 后对所有的材料和半成品产生物料需求并给出系统建议的计划订单(数量及日期)，计划员需要评估 MRP 结果并最终将计划订单转为采购申请及生产订单。

(4) 生产部根据计划部下达的周生产计划，结合产线的实际产能，对产线进行日计划派工。车间人员根据日计划打印生产领料单，仓库根据生产领料单进行材料拣配并发料至车间现场工位，车间人员开始进行装配。如果在生产过程中发生报废情形，那么车间人员需要手工开领料单到仓库进行计划外领料。

(5) 车间人员完成装配后，需要核实合格产成品的完工数量，并且在 SAP S/4 HANA 中进行生产订单完工确认，同时将合格的产成品入库到成品库。

(6) 在月末时，财务人员需要检查本月所有完工的生产订单成本，核查产品的计划成本与实际成本的差异，最终将生产订单的成本结转至相应的财务科目。

5.2 生产计划组织架构

在生产计划业务流程中，用户需要确定集团，公司代码，工厂，库存地点等组织单元，这些组织单元构成了生产计划组织架构，如图 5-2 所示，各组织单元如物料管理模块所述，此处不再赘述。

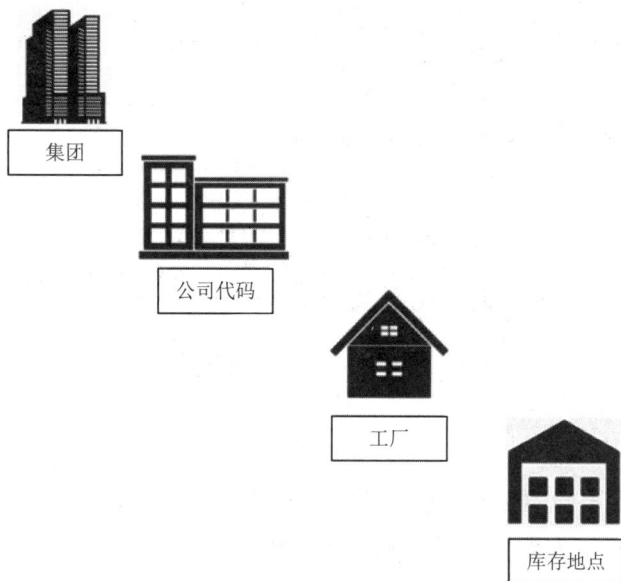

集团

公司代码

工厂

库存地点

图 5-2 生产计划组织架构图

5.3 生产计划主数据

SAP S/4 HANA 生产计划模块涉及物料主数据、物料清单、工作中心、工艺路线、生产资源/工具等主数据，如图 5-3 所示，各主数据种类说明如下：

(1) 物料主数据：生产的物料必须有内部生产的采购类型(X，E)。

(2) 物料清单(Bill Of Material，BOM)：系统模块是单层次的 BOM，用户可根据需要设置多层 BOM。

(3) 工艺路线是正常的工艺路线，一个特殊的选择程序可以选择有效的工艺路线。需要注意的是 SAP S4 HANA 需要为物料维护生产版本，通过生产版本展开 BOM 及工艺路线，相关内容将在 5.3.5 小节详细介绍。

(4) 工作中心在工艺路线中被分配给操作工序。

(5) 生产资源/工具在工艺路线中被分配给操作。

(6) 文档(在文件管理系统中管理)可以被连接并显示在生产订单上。

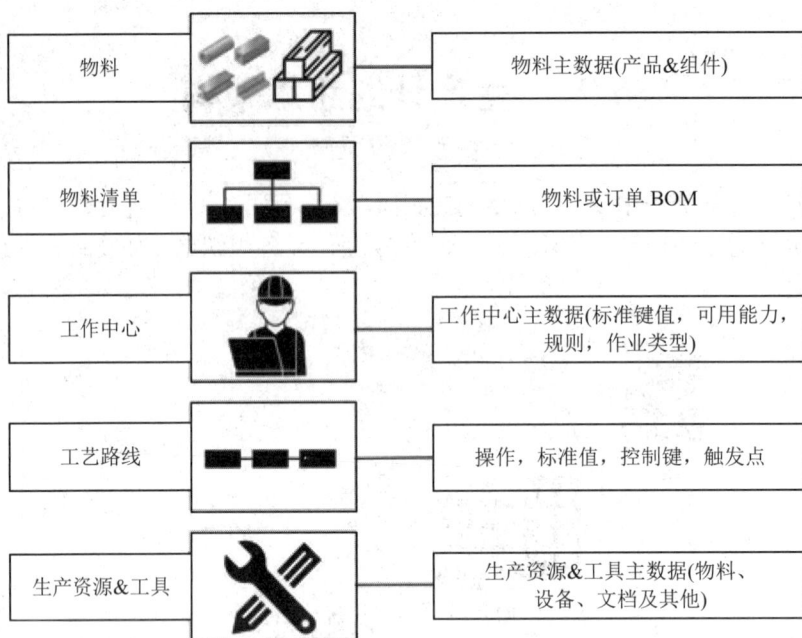

图 5-3 生产计划主数据种类示意图

5.3.1 物料主数据

物料主数据分为不同的视图。基本数据视图显示客户端级别定义的数据，所有其他视图均在工厂级别定义，以泵为例的物料主数据如图 5-4 所示。

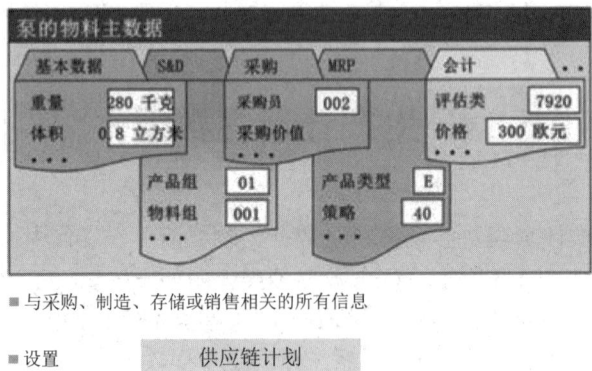

图 5-4 泵的物料主数据

物料主数据包含全局数据和工厂特定数据。全局数据对所有工厂均有效，例如所有生产工厂中针对某一物料的相同数据即为全局数据；工厂特定数据包含对相关工厂的设置，例如特定生产工厂。

视图中的基本数据(如物料的尺寸和重量)经统一设置，而计划设置通常本地预定义，数据可能因工厂不同而有所差异。图 5-5 所示为泵的物料主数据示例。

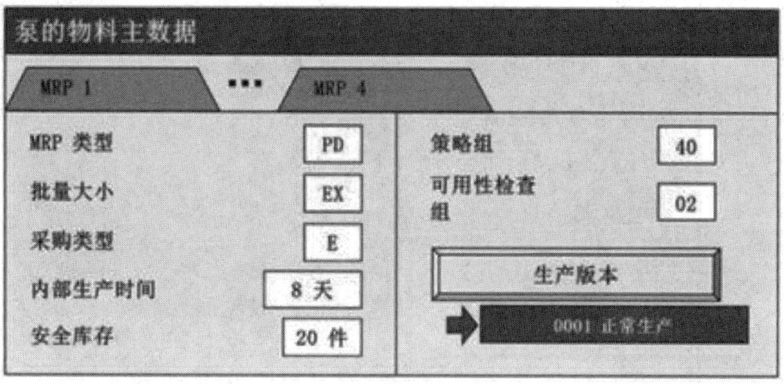

■ 将产生何种物料需求计划?　　■ 将产生何种预测?

■ 需要采购多少物料?　　■ 将使用哪种制造流程?

■ 是内部生产物料还是外部采购物料?

■ 是否应计划安全库存?

图 5-5　泵的物料主数据示例

物料计划最重要的设置包含在物料主数据的物料需求计划(MRP)视图 1 至视图 4 中,MRP 类型程序为物料计划指定处理方式(MRP、基于消耗的计划、无计划)。

批量计算程序确定各项采购建议的批量大小,可使用采购类型确定物料是内部生产还是外部采购。系统根据内部生产时间和计划交货时间确定内部生产或外部采购计划。

系统中可设置安全库存级别。策略组控制独立需求的行为方式,而可承诺量(ATP)检查在可用性检查组的基础上进行。可使用 MRP4 中的物料生产版本定义制造流程,还可以为每个制造流程选择任务清单和物料清单(BOM)。

5.3.2　物料清单

物料清单(BOM)包含物料生产过程中涉及的装配或组合,部件完整、正式的结构化清单组成一个产品或装配。物料清单被用于物料需求计划、生产、采购和产品成本核算中。图 5-6 所示为泵的物料清单示例。

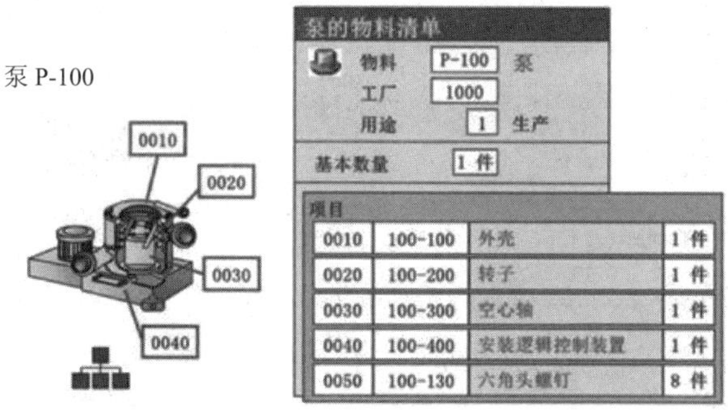

■ 物料清单为单级
■ 一个物料清单内的项目可能包含另一个物料清单

图 5-6　泵的物料清单示例

物料清单由物料清单抬头和物料清单项目组成,如图 5-7 所示。

图 5-7 物料清单结构

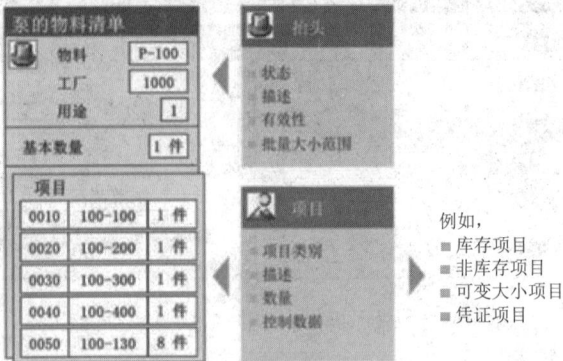

物料清单抬头中的基本数量指项目中的成品数量，该清单包含每个部件的项目类别、项目号、数量和计量单位。物料清单为单级，物料清单项目可以包含组件。这样，可使用成品和装配件的单级物料清单对多级生产进行描述，必要时还可使用装配件的装配件物料清单进行描述。除成品所需的库存项目外，物料清单还可以包含凭证和文本项目。

物料清单抬头设置适用于所有物料清单，物料清单的用途确定了可使用物料清单的业务应用程序，物料清单的状态控制用于针对特定应用程序(如 MRP)激活物料清单。

成品生产所需的组件都作为物料清单的项目输入系统，项目类别指定正在使用的项目类型。各类项目如下：

(1) 库存项目：存储在仓库中并用于生产。

(2) 非库存项目：系统直接将非库存项目分配至生产订单(不通过仓库)。非库存项目不存储在库存中，只是针对生产订单特别采购。

(3) 可变大小项目：包含可变大小物料数据(例如，钢板表面面积)。

(4) 文档项目：包含补充文档，该补充文档使用设计和构造图描述生产。

物料清单分为单层物料清单和多层物料清单。常见的是单层物料清单；如果一份物料清单中的组成项目包含另外一个物料清单，就构成多层物料清单。单层物料清单表示一个装配与其部件间的关系，主要包括项目类别、组件材料、消耗数量和生效日期，如图 5-8 所示。

图 5-8 单层物料清单示意图

一个由部件装配并将其本身再进行装配的结构称为多层物料清单,例如,电机由转子、带绕组定子铁心、定子机座、端盖、深沟球轴承组成,转子由转轴、铸铝转子组成,如图5-9所示。

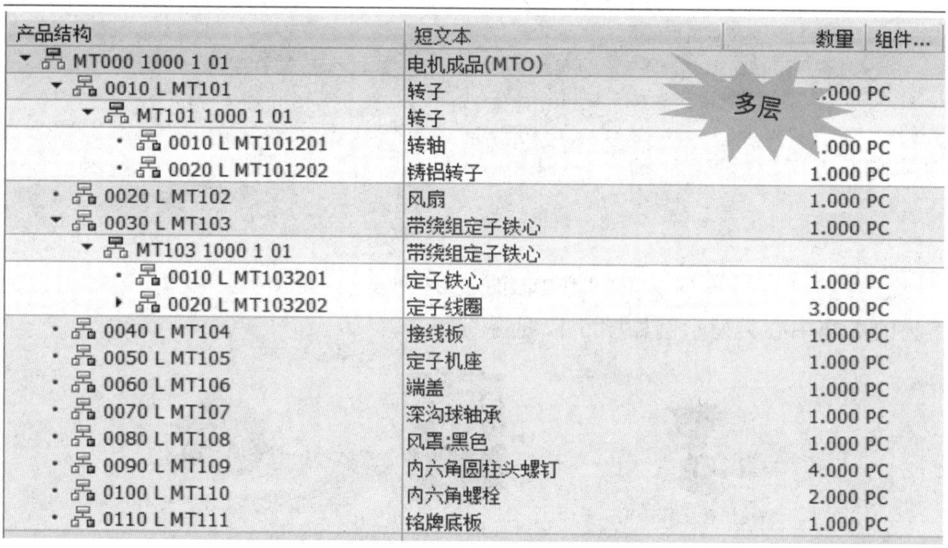

产品结构	短文本	数量	组件…
▼ 🖧 MT000 1000 1 01	电机成品(MTO)		
▼ 🖧 0010 L MT101	转子	﹒000 PC	
▼ 🖧 MT101 1000 1 01	转子		
• 🖧 0010 L MT101201	转轴	﹒000 PC	
• 🖧 0020 L MT101202	铸铝转子	1.000 PC	
• 🖧 0020 L MT102	风扇	1.000 PC	
▼ 🖧 0030 L MT103	带绕组定子铁心	1.000 PC	
▼ 🖧 MT103 1000 1 01	带绕组定子铁心		
• 🖧 0010 L MT103201	定子铁心	1.000 PC	
• 🖧 0020 L MT103202	定子线圈	3.000 PC	
• 🖧 0040 L MT104	接线板	1.000 PC	
• 🖧 0050 L MT105	定子机座	1.000 PC	
• 🖧 0060 L MT106	端盖	1.000 PC	
• 🖧 0070 L MT107	深沟球轴承	1.000 PC	
• 🖧 0080 L MT108	风罩;黑色	1.000 PC	
• 🖧 0090 L MT109	内六角圆柱头螺钉	4.000 PC	
• 🖧 0100 L MT110	内六角螺栓	2.000 PC	
• 🖧 0110 L MT111	铭牌底板	1.000 PC	

多层

图5-9　多层物料清单示意图

5.3.3　工作中心

工作中心(Work Center)是在工厂中进行操作或生产活动的地点,它指定生产最终发生在哪里。ERP系统中的工作中心界面如图5-10所示。

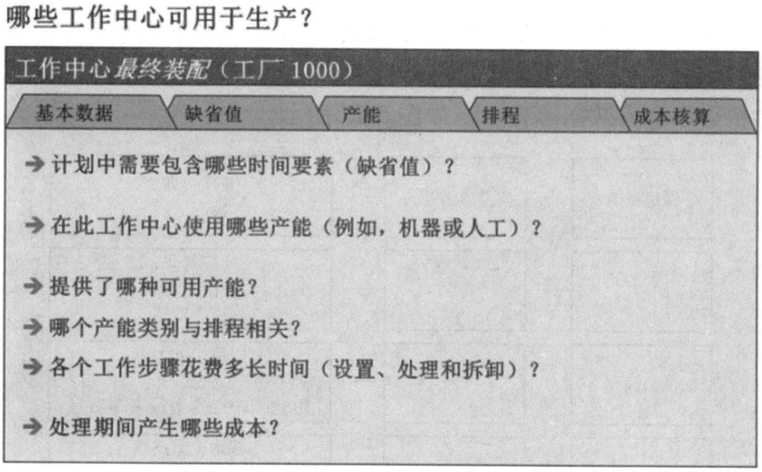

哪些工作中心可用于生产?

工作中心*最终装配*(工厂1000)

基本数据	缺省值	产能	排程	成本核算

➜ 计划中需要包含哪些时间要素(缺省值)?

➜ 在此工作中心使用哪些产能(例如,机器或人工)?

➜ 提供了哪种可用产能?

➜ 哪个产能类别与排程相关?

➜ 各个工作步骤花费多长时间(设置、处理和拆卸)?

➜ 处理期间产生哪些成本?

图5-10　工作中心示意图

工作中心主要在工艺路线中使用,也可以在检验计划(质量管理)及维修工艺路线上使用。工作中心一般是工厂中的一个特定地理位置,常见的类型包括单个工作中心、工作中心组、装配线、单个人及班组等,如图5-11所示。

定义	在工厂中执行工序或作业的地点称为工作中心
用途	工作中心用于工艺路线、项目的网络、质检计划和维护任务清单中，也可用作统计计算的能力集合

示例	工作中心类型	示例
	○ 单个工作中心	自动车床17
	○ 工作中心组	车床厂
	○ 装配线	装配线9
	○ 单个人	John Doe
	○ 班组	组12

图 5-11 工作中心的定义、用途及分类示例

常见的工作中心类型示例如图 5-12 所示。

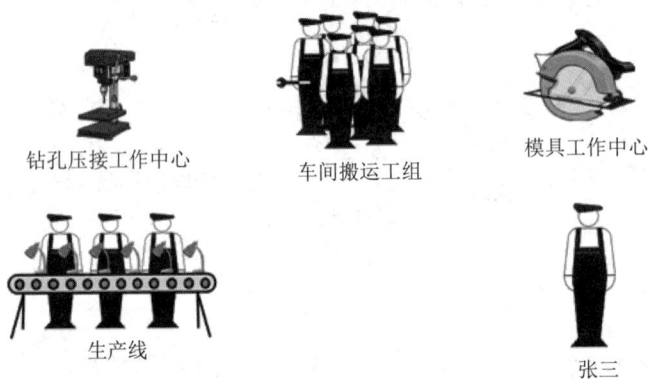

钻孔压接工作中心　　　车间搬运工组　　　模具工作中心

生产线　　　张三

图 5-12　工作中心类型示例图

用户通常根据经营主题来分配工作中心的数据，特别是特定工作中心的可用能力及需要计算完成的工作成本数据。工作中心主数据包含通用数据、缺省值、能力数据、工艺路线数据、成本核算和个人数据等视图，如图 5-13 所示。

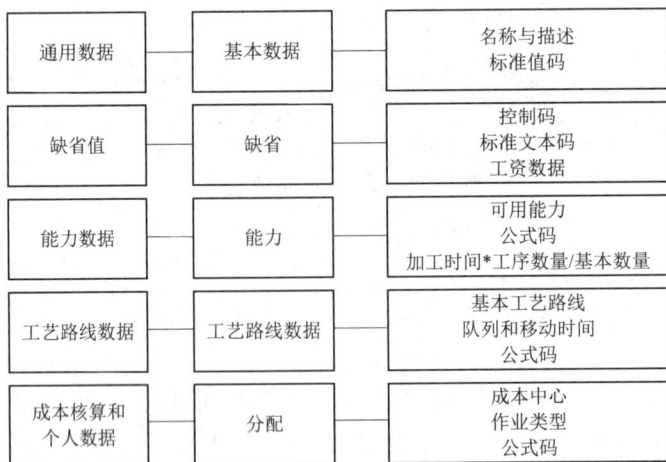

通用数据	—	基本数据	—	名称与描述 标准值码
缺省值	—	缺省	—	控制码 标准文本码 工资数据
能力数据	—	能力	—	可用能力 公式码 加工时间*工序数量/基本数量
工艺路线数据	—	工艺路线数据	—	基本工艺路线 队列和移动时间 公式码
成本核算和 个人数据	—	分配	—	成本中心 作业类型 公式码

图 5-13　工作中心主数据示意图

工作中心主数据介绍如下。

(1) 通用数据。

通用数据视图定义了工作中心的基本数据,例如,名称与描述、标准值码。通过输入一个标准键值,为工艺路线上的操作、评估工艺路线、主配方或在此资源上执行的生产/流程订单指定资源的标准值。标准值是一个用来进行一个操作的计划值,例如执行时间,它被用于成本核算,调度和执行能力需求计划(能力需求计划是为了计算成本、执行时间和能力需求)。

(2) 缺省值。

缺省值视图定义了那些被转移至工艺路线的操作或作为参考的数据,用户可以在资源上输入要执行操作的默认值。当用户在工艺路线、评估工艺路线、主配方或在此资源上执行的生产/流程订单上继续操作时,系统就会拷贝或引用该信息。

(3) 能力数据。

能力数据视图定义了工作中心的能力相关数据,资源的可用能力是计划流程订单的基础,它们也需要能力需求计划和车间控制。为了计算流程订单计划过程中的操作执行情况,在多个可用的资源能力中明确一个可用能力定义为计划的基础,在相应的屏幕中输入一个合适的公式键来计算资源的成本、执行时间和阶段的能力需求。

(4) 工艺路线数据。

工艺路线数据视图定义了与工艺路线相关的数据,例如操作的执行时间、公式码等。

(5) 成本核算和个人数据。

通过将成本中心分配到一个资源上,用户可以将该资源链接到成本会计,而且能够执行生产和订单成本核算。用户可以通过分配活动类型给该成本中心和资源定义资源的特定输出。

SAP S/4 HANA 系统中的工作中心主数据如图 5-14 所示。

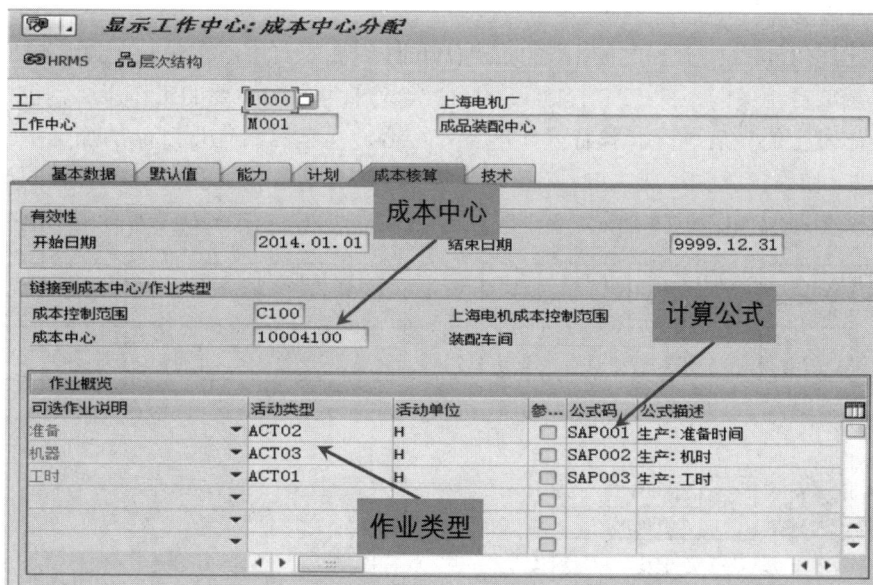

图 5-14　SAP S/4 HANA 系统的工作中心主数据

5.3.4 工艺路线

工艺路线包含生产所必需的步骤，这些步骤称为工序。工艺路线包括工艺路线执行的顺序以及执行这些工序的工作中心。图 5-15 所示为泵的工艺路线示例。

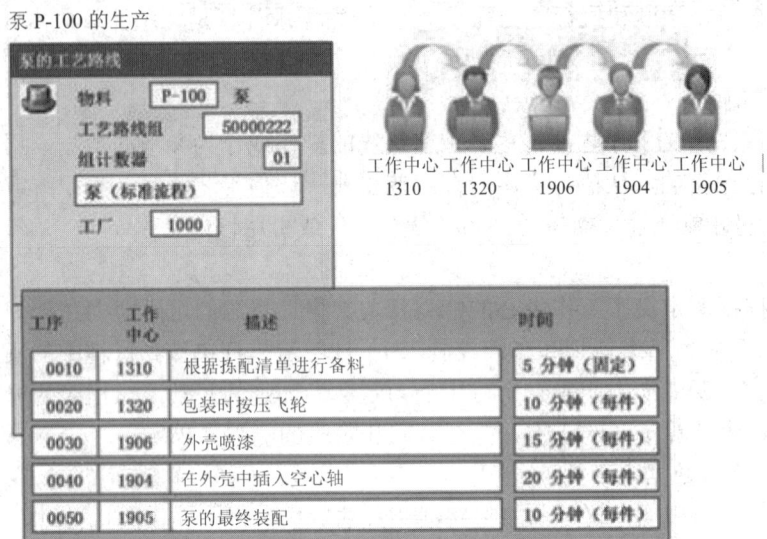

图 5-15 泵的工艺路线示例

工艺路线可以使用工艺路线组和组计数器来定义。此外，工艺路线还包括对所描述生产物料的参考，并且除标准序列外，还包括并行或备选序列。除了标准值，工艺路线还包含与计划工序相关的时间元素。工艺路线中的每个工序都可能包含自己的基准数据，上述时间元素需要参考这些数据。

工艺路线(Routing)包含了待生产的产品(What)、待执行的工序(How)、加工时间(When)以及制造某项目相关的不同工作中心(Where)，定义了生产中必要的工作步骤，包括相关的操作、操作发生的先后顺序和执行操作的工作中心。工艺路线体现产品的加工步骤，可用于生产调度，作为核算生产成本的基础，用于收集生产过程中产品所耗费的各种间接成本。一个典型工艺路线如图 5-16 所示。

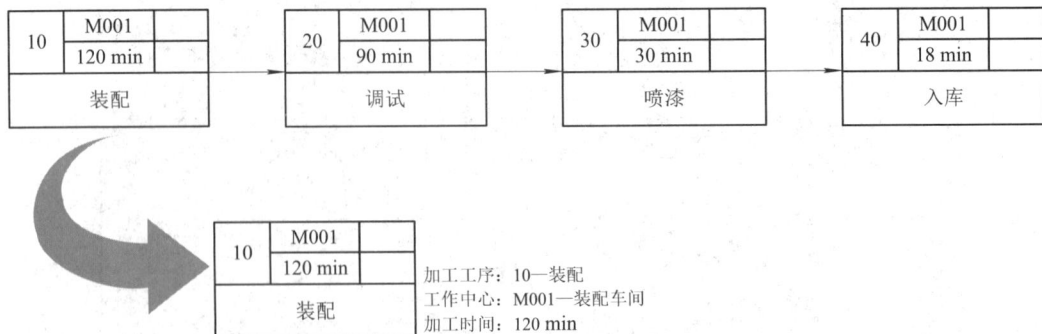

工艺路线包含了它所描述产品物料的注释，一条工艺路线可以包含除标准工序之外的平行或可选工序序列。在有标准价值的同时，工艺路线还包含了与时序操作有关的时间元素。

SAP S/4 HANA 系统中的工艺路线主数据如图 5-17 所示。

图 5-17　SAP S/4 HANA 系统工艺路线主数据示意图

工艺路线和物料清单用于描述生产，SAP S/4 HANA 系统允许将 BOM 组件分配到特定工序，然后在特定工序开始时计划物料清单组件的采购，图 5-18 所示为泵的工艺路线和物料清单。

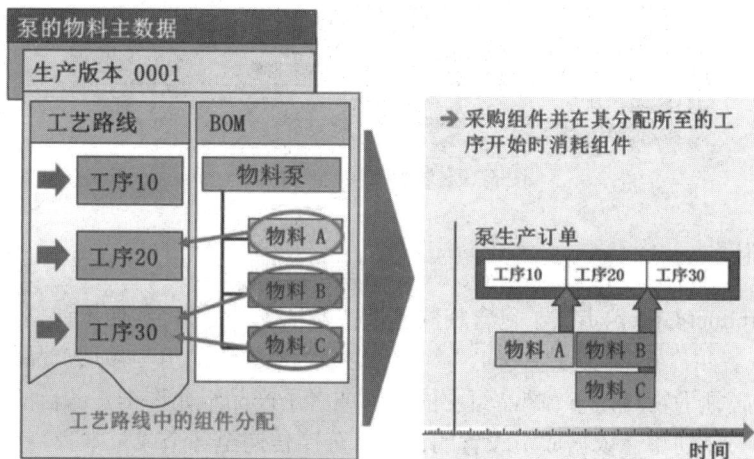

图 5-18　泵的工艺路线和物料清单

物料清单组件分配在工艺路线中实施，系统将没有明确分配的物料清单组件默认分配给了第一道工序。

除物料清单组件之外，还可以在工艺路线中分配生产资源和工具。生产资源和工具(例如测量仪器或支架)是位置不受约束的生产必需操作设备。

5.3.5 生产版本

生产版本用于定义一种产品的不同生产方式，包括物料清单、工艺路线等，给生产带来了更多的灵活性，主要用于重复性制造。

如图 5-19 所示，物料支架使用了两组技术和方法制造产品，需要不同的工艺路线和不同的物料清单：

(1) 版本 0001 在数控(NC)打孔机上为较大的订单批次生产支架，支架整个从金属板物料中进行穿孔。

(2) 版本 0002 通过其他制造流程生产小批量的支架，这是由于设置 NC 打孔机花费的时间比完成打孔操作的实际时间要长，此流程物料为金属条。

使用物料主数据中的生产版本选择相应的备选方法，生产版本根据工艺路线和指定的物料清单确定制造流程。用户可以在物料主数据中为不同的批量间隔存储多个生产版本，使用组计数器值区分单个工艺路线。

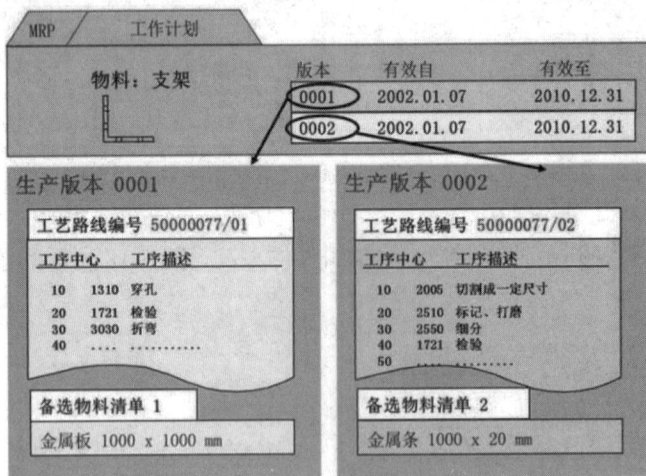

图 5-19 物料支架生产版本

5.3.6 产品组

产品组(Product Group)定义了包含相同属性或特征的产品集合，便于计划员能够总体统筹计划(销售或者生产)。类似于 BOM，产品组也分为单层产品组与多层产品组。另外，产品组的最底层必须为物料，同一产品组中的物料或者子产品组允许维护各自的计划百分比，对上层产品组的计划将会依据成员设置的计划百分比传递至各个成员本身。

5.4 生产计划业务流程

SAP S4 HANA 中从计划到生产业务流程如图 5-20 所示，包括以下几个步骤：执行计划、确定需求、计划生产、生产物料、执行定期处理。

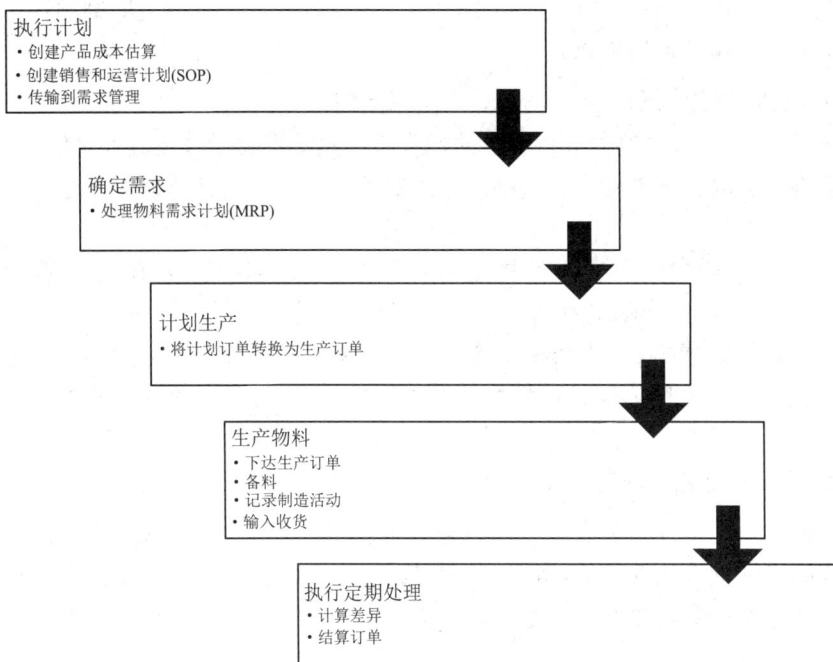

图 5-20　从计划到生产业务流程

5.4.1　CO-PC 概述

CO-PC 包括生产或服务成本计划以及跟踪和分析实际成本的各个方面,包括如图 5-21 所示的三类组件。

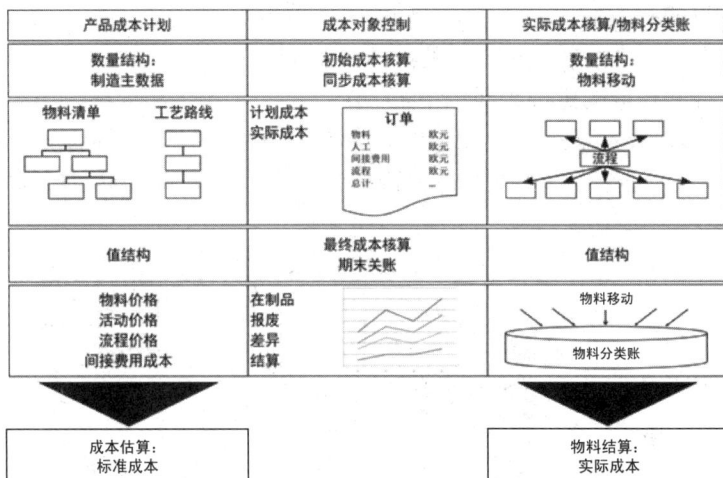

图 5-21　CO-PC 概览

1. 产品成本计划(PCP)

PCP 对生产货物或提供服务的成本进行估算。如果使用数量结构(物料清单(BOM)和工艺路线),系统可以根据这些数据自动创建成本估算。如在 SAP S/4 HANA 系统中没有可用的数量结构，可使用单位成本核算工具手动输入项目成本，也可使用批量输入，如从某个非 SAP S/4 HANA 系统自动导入。

2. 成本对象控制(COC)

在 COC 中，在生产产品或提供服务的过程中产生的实际成本按成本对象(如生产订单)进行收集。根据需要，可使用多种类型的成本对象，包括销售订单、生产订单、流程订单和生产成本收集器。

COC 主要关注初始成本核算(计算计划成本)、同步成本核算(累计实际成本)和最终成本核算(增加间接成本)，例如，要分配给成本对象的间接费用，利用此信息可比较生产流程中任一阶段的计划成本和实际成本。期末关账计算在生产中的货物(在制品)的价值以及计划成本与实际成本之间的差额，然后在其他组件(如获利能力分析和财务会计(FI))中进行结算。

3. 实际成本核算和物料分类账(ML)

利用物料分类账进行实际成本核算可得出期末每种物料的实际成本。物料及其移动则利用期间内的标准价格进行评估。收到发票或结算订单时，可将关于此标准价格的任何差额收集到物料分类账中。在期末关账期间，这些差额将用于计算物料在已关闭记账期间的实际价格。

5.4.2 标准成本估算步骤

1. 创建成本核算

创建具有数量结构的成本估算时，必须输入成本核算变式、物料、工厂和批量。由成本核算变式建议的日期指定以下详细信息：

(1) 成本估算的有效期(成本核算的起止日期)。

(2) 物料清单和工艺路线的选择日期(数量结构日期)。

(3) 物料组件和作业的定价数据(评估日期)。

可按项目明细、成本要素项目明细或成本构成分解形式保存和显示成本核算结果，如图 5-22 所示。项目明细显示了有关成本来源的详细信息，例如，所用物料和内部作业的数量和价格。

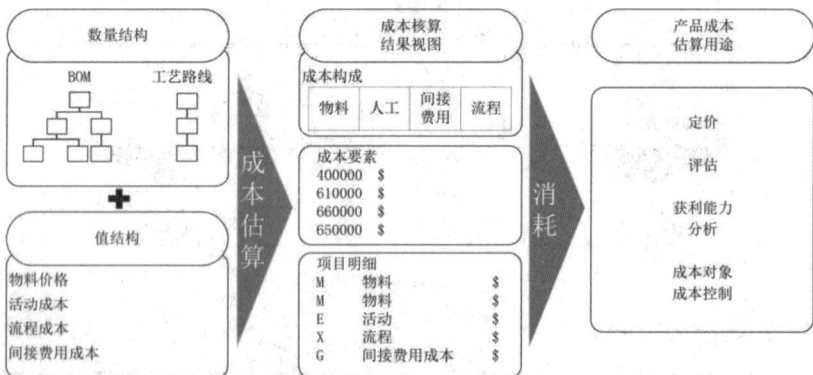

图 5-22　产品成本计划(PCP)

成本要素项目明细将各个成本核算项目分组到不同的成本要素中，按以下方式确定成本要素：

(1) 通过物料科目确定。

(2) 通过作业类型主记录或作业类型计划确定。

(3) 通过流程的流程主记录确定。

成本构成分解将成本要素分解到不同的成本构成中。对多层结构进行评估时，会执行成本构成分解，这样成本的原始标识会得到保留以用于分析。

2. 价格更新

标记和发布标准成本估算时，物料主记录中物料的标准价格会发生更新，如图 5-23 所示，这将导致重新评估库存。

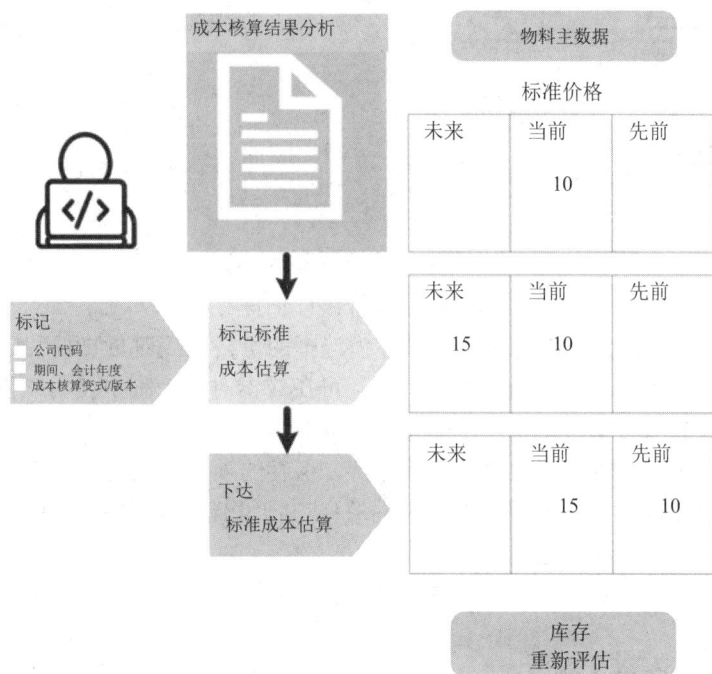

图 5-23 价格更新

标记和发布标准成本估算的前提包括以下内容：

(1) 标准成本估算必须没有错误(状态 KA，无错评估)。

(2) 必须允许标记和发布标准成本估算。

① 在标记权限中输入公司代码和期间(在该期间内，可使用一套成本核算变式标记标准成本估算)。

② 负责设置权限的员工每个期间执行一次。

③ 标记标准成本估算，则结果会更新在物料主记录中并作为将来的标准价格。

④ 发布标准成本估算时，将来价格会更新为当前标准价格。

除非(使用专门程序)从数据库中删除先前发布的标准成本估算，否则每个期间只能发布一次标准成本估算。发布产品标准成本估算前，必须对标准成本估算进行检查，以确保其正确无误。利用系统中的专用报表可执行此操作。

3. 集成-标准价格和标准成本估算

价格控制在物料评估中起着关键作用，如图 5-24 所示。

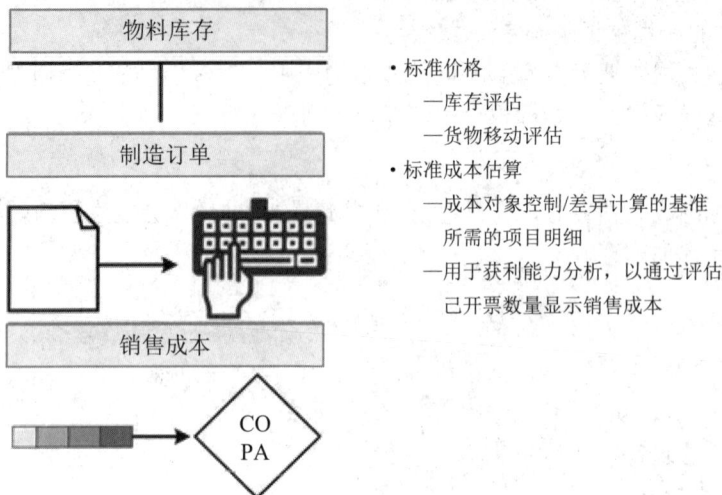

图 5-24　集成-标准价格和标准成本估算

价格控制标识字段设置为 S 时，以标准价格评估库存。

此外，在系统中会使用根据价格控制标识选择的价格直接对货物移动进行评估。

如已使用标准成本估算更新了标准价格，可在成本对象控制中使用该价格。系统可使用标准成本估算的项目明细确定生产订单的目标成本。可在差异类别(如数量和价格差异)级别对目标成本与实际成本间的差额进行分析。保存的项目明细为差异计算提供了根据。

在获利能力分析中，可使用标准成本估算(或其他物料成本估算)对已开票数量的收入与产品的成本构成分解进行比较。

物料分类账中也需要使用标准价格来确定实际价格。

5.4.3　计划产品需求

本节将介绍如何在"需求管理"中显示和修改计划独立需求。在组织中，销售团队根据计划的市场需求和市场情报来创建销售预测。作为物料计划员，用户需要显示计划值并在某些情况下对其进行更改。为此，用户需要掌握以下知识：

(1) 显示和修改计划独立需求。

(2) 在需求管理中显示计划独立需求。

1. 传输到需求管理的需求

需求来源于以下几个方面，如图 5-25 所示：

(1) 可使用过去的销售订单数量作为预测需求的基础。

(2) 可在物流信息系统中管理这些历史数据。

(3) 可使用特殊的提取结构将数据从运行的 ERP 核心组件系统传输到信息结构。此外，还可在预测中加入市场情报或一次性事件，如展销会等。

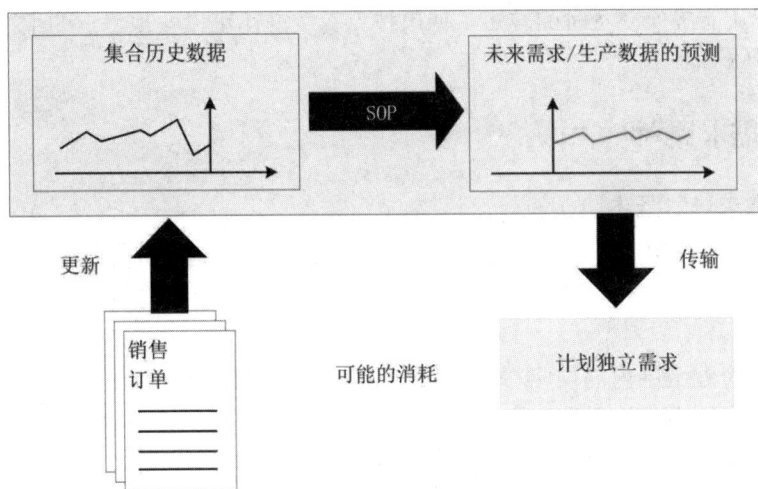

图 5-25　需求计划周期

作为预测结果，系统发布需求计划(或任何其他关键指标)作为计划独立需求。计划独立需求为采购和生产计划提供基础，可按照当前销售订单来使用计划独立需求。

2. 物料计划中的需求程序

计划独立需求是源自未来需求状况预测的库存需求。在按库存生产中，用户无需等待具体的销售订单即可采购相关物料。销售订单(客户独立需求)根据销售和分销来输入。客户需求可直接转至需求计划。如果想要针对特定客户制定计划，这尤为必要。

存货转储需求(即供应链中其他位置(如分销中心)的需求)可连同生产工厂中输入的独立需求一起包括在需求程序中，如图 5-26 所示。

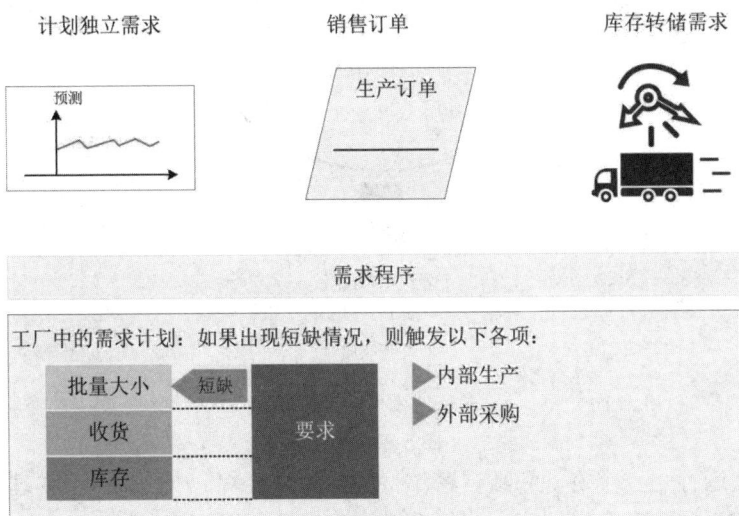

图 5-26　物料计划中的需求程序

预测定义了将计划哪些需求类型，以及哪些计划需求与客户需求相匹配。有多个选项可用于物料计划。计划独立需求的不同影响由策略来控制。如果使用按库存生产策略，通常在各物料没有销售订单的情况下进行生产。如果收到销售订单，则可通过仓库库存来满足这些订单，从而确保交货时间较短。使用按库存生产还可以实现稳定的生产流程，不受当前需求的影响。

5.4.4 物料需求计划

1. 物料需求计划概述

物料需求计划(MRP)是与需求计划、供应计划、销售和运营计划、生产计划及运输计划等其他计划流程一同使用的供应链计划流程，所有计划流程均用于管理企业的供应链活动。

MRP 是将企业范围内的供应与实际和预测客户需求相匹配，以确定潜在物料短缺状况并建议可行解决方案的流程，如图 5-27 所示：

(1) 供应示例包括库存物料、计划存货转储、采购订单和制造收货。

(2) 需求示例包括客户销售订单和未来客户需求预测。

供应和需求要求特定于位置，执行 MRP 匹配是为了确保物料在正确的时间处于正确的位置，从而满足客户需求。

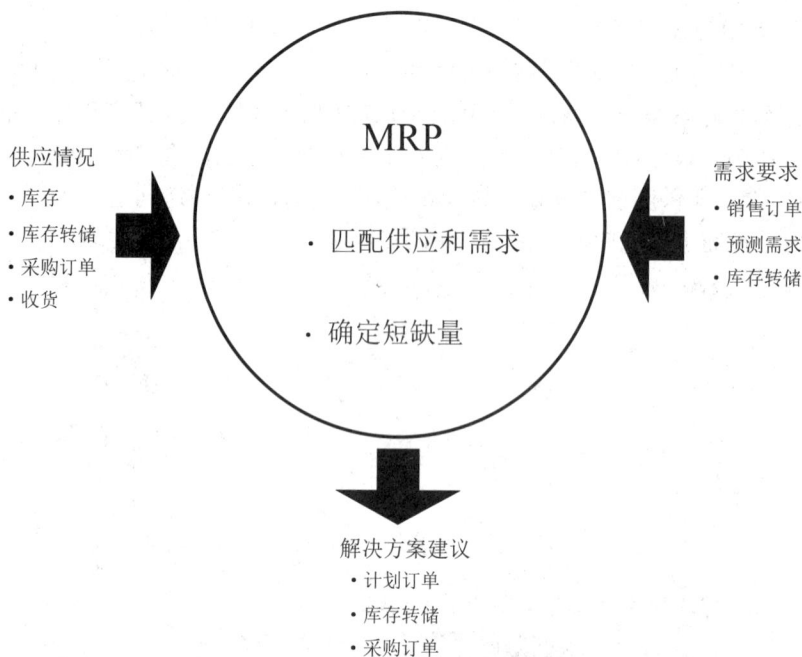

图 5-27　MRP

MRP 计划运行是一个资源和数据密集型的批处理流程，涉及数百个物理地点中的上千种物料，从 ERP 中跨多个数据库表执行数以十万计的数据库读取。

该流程通常需要花费几个小时来执行，因此，一般每周运行一次、每几天运行一次或者在夜间运行。流程完成后，会创建企业中所有位置现有物料需求的快照。作为所有 ERP 中第二个最广泛使用的事务，执行非常缓慢，为此，SAP S4 HANA 提供批处理驱动流程和多个 ERP 事务提高 MRP 的运行，如图 5-28 所示。

MRP 计划运行

· 批处理—资源和数据密集型
· 执行时间较长—每周运行一次、每几天运行一次或者在夜间运行

评估 **MRP** 需求

· 基于 MRP 运行的物料需求"快照"
· 快照在新的供需活动出现后立即过时
· 评估库存需求
· 所有 ERP 中第二个最广泛使用的事务
· 执行非常缓慢

· 更改生产订单
· 更改计划订单
· 更改采购订单
· 更改采购申请

图 5-28 新的 MRP 批处理驱动流程和多个 ERP 事务

MRP 可作为总计划针对工厂中所有物料来执行，也可作为单项计划来执行，单项计划的目标是单独计划每种物料。单项多级计划发生在此物料的所有物料清单(BOM)级别中，但在单项单级计划中，仅计划抬头物料。因此，在多级计划中，也会计划相关需求。如果计划订单转换为生产订单，则将相关需求传输到订单预留。

SAP S/4 HANA(企业预置版)不再支持计划区间内的净更改计划(处理代码 NETPL)。MRP 始终会为所有已知物料需求确定物料短缺。换言之，MRP 不再仅涵盖有限计划区间内的物料短缺，如图 5-29 所示。

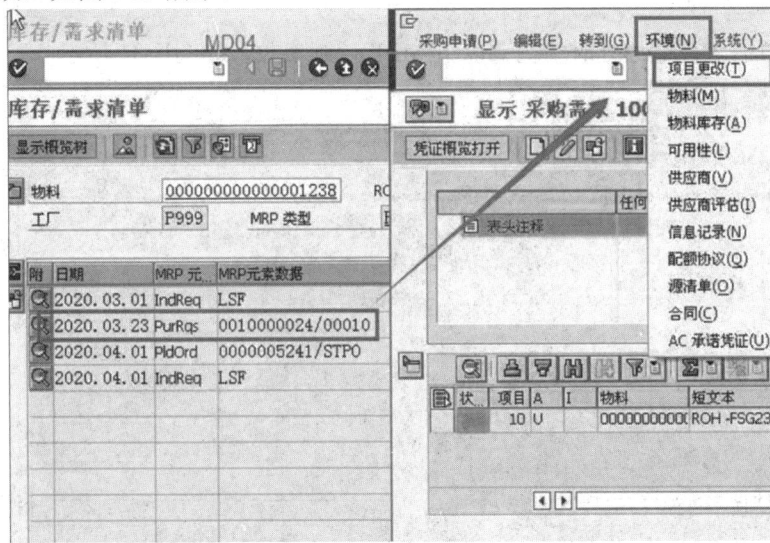

图 5-29 完整范围-不再需要缩小范围

SAP S4 HANA 系统优化了经典 MRP 的运行步骤，MRP 经典实施与优化实施如图 5-30 所示，在 MRP 运行的第一个步骤，已存在读取的 MRP 数据。

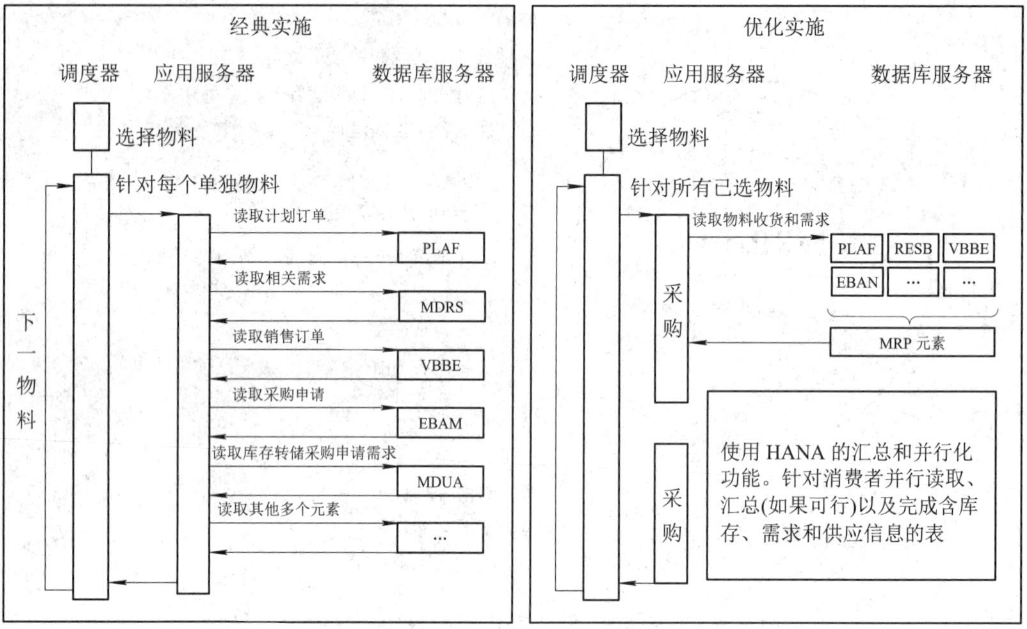

图 5-30　MRP 经典实施与优化实施

通过比较经典实施和基于 SAP S/4 HANA 的优化实施，可以轻松查看利用并行化优化的读取/写入活动。

2. MRP 执行

执行 MRP 流程，需要熟悉 MRP 控制参数、MRP 计划运行的范围、库存/需求清单和MRP 清单的功能。

1）MRP 控制参数

启动物料需求计划运行时，需要以下 MRP 控制参数，如图 5-31 所示：

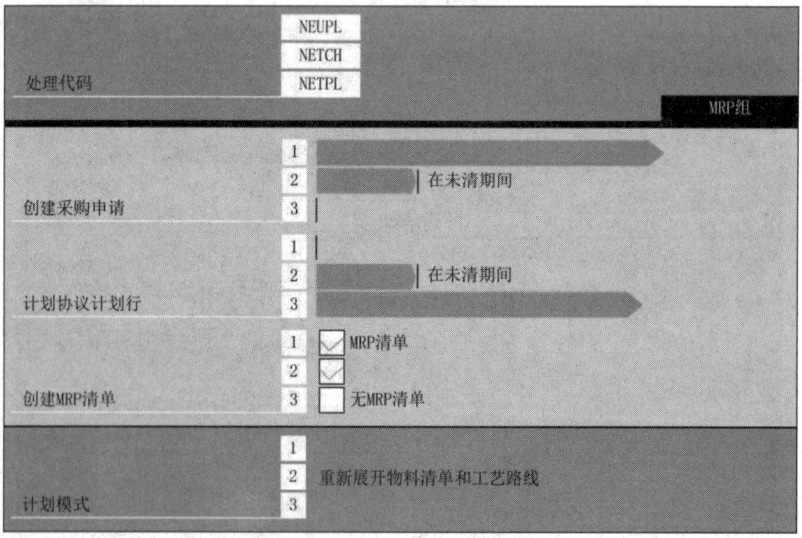

图 5-31　物料需求计划控制参数

企业数字化转型 ERP 实践（微课版）

(1) 处理代码。

可在总区间内或仅在计划区间内将计划类型定义为可再生计划或净更改计划。

(2) 创建采购申请和计划协议计划行。

可以确定是否需要采购申请和计划行作为计划运行的结果，或者在哪个期间需要。这些标识仅与外部采购的物料相关。

(3) 创建 MRP 清单。

确定计划运行是否创建 MRP 清单。只有在发出特定的异常消息时才可由系统创建 MRP 清单。在定制的定义及分组异常消息活动中定义将触发 MRP 清单生成的异常消息。

(4) 计划模式。

确定是否对现有计划数据进行调整并重新展开物料清单和任务清单，或者是否重新从头开始计划。

可在 MRP 组中为采购申请、计划协议、计划行及 MRP 清单设置创建复选框。然后，在总计计划或全部计划运行中对分配到此 MRP 组的物料进行相应计划。

2）MRP 计划运行的范围

通过可再生计划，系统对工厂中的所有物料进行计划，如图 5-32 所示。这对于第一次计划运行以及因技术错误而无法保证数据一致性时的工厂日常运营来说都非常有用。

在一些情况下(如发货、新销售订单、物料清单结构发生更改)，建议(尤其在涉及大量物料的情况下)仅对那些进行了 MRP 相关更改的物料执行 MRP。由于净更改计划(仅用于计划这些物料)的运行时间较短，能够以很短的间隔执行计划运行，从而能够获得最新的计划结果。

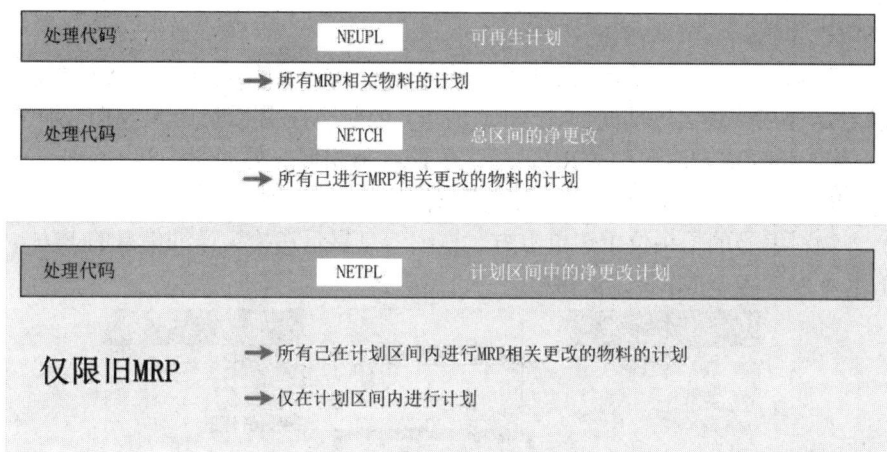

图 5-32　MRP 计划运行的范围

如果在计划区间中使用净更改计划，则系统只考虑计划区间内的更改，并且仅对在该计划区间内发生了 MRP 相关更改的那些物料进行计划。此外，仅在此区间内对这些物料进行计划。

可在 MRP 定制中将计划区间设置为工厂或 MRP 组参数。该计划区间至少要包括接收销售订单的时间期间、物料交货时间和物料总提前期。

在初始屏幕的处理代码字段中指定要使用的计划类型。如果使用单项计划，可在净更改计划(NETCH)和计划区间内的净更改计划(NETPL)之间做出选择。如果使用总计计划或全部计划，除 NETCH 和 NETPL 之外，还可选择 NEUPL 代码以确定要对计划文件中的所有物料进行计划。

3) 库存/需求清单

当前库存/需求清单是一个动态清单，它显示库存、需求和收货的现状，如图 5-33 所示。

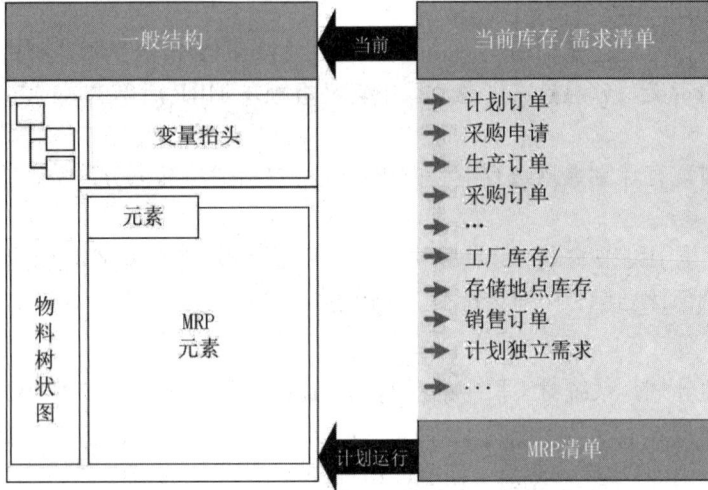

图 5-33　库存/需求清单

当调用当前库存/需求清单或使用刷新功能从数据库读取清单显示中的要素时，变化会立即显示出来。

4) MRP 清单

MRP 清单显示上次计划运行的结果，因此，是静态的。不显示计划运行之后进行的更改。可确定是否在计划运行期间创建 MRP 清单。当前库存/需求清单和 MRP 清单的基本结构相同。当前库存/需求清单和 MRP 清单之间的其他相似之处如图 5-34 所示：

(1) MRP 控制员工作清单采用树结构形式，位于左侧(可选)。

(2) 含物料编号的抬头位于清单上方。详细信息显示在抬头详细信息的上方。

(3) 清单包含各个 MRP 元素和相应的可用数量。

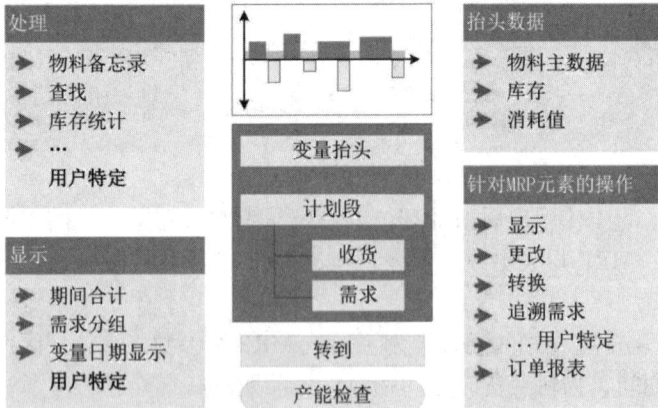

图 5-34　库存/需求清单和 MRP 清单之间的其他相似之处

3. MRP 的主要功能

MRP 的主要功能是保证物料可用性，即为了内部目的和销售与分销及时采购或生产需求数量，如图 5-35 所示。

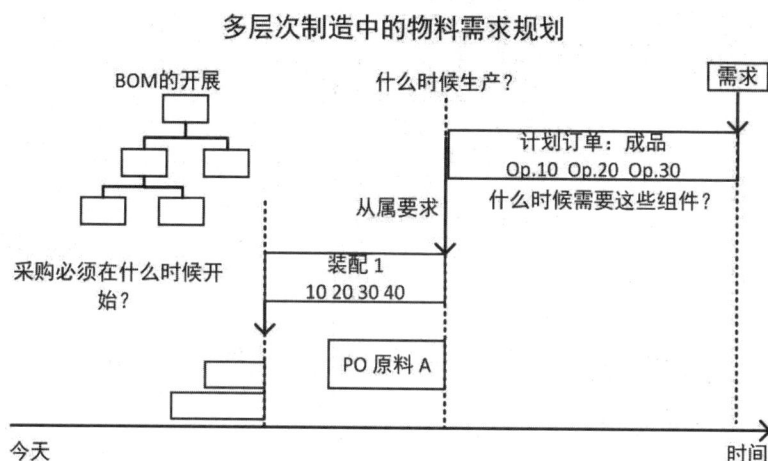

图 5-35　MRP 的主要功能

MRP 的主要流程包括监控库存，特别是自动为采购和生产创建采购建议。物料需求计划以当前和未来销售作为其参考点，计划需求数量可触发 MRP 计算。在 MRP 中，需求要素包括销售订单、计划独立需求、物料预留、通过展开 BOM 创建的相关需求等。

在 MRP 中，会在计划运行中执行净需求计算，以便确定特定物料是否存在物料短缺的情况。将当前存在的库存和固定收货(例如采购订单、生产订单、固定采购申请和计划订单)与安全库存和需求进行比较，其比较的结果为计划的可用数量，即为净需求计划如图 5-36 所示。

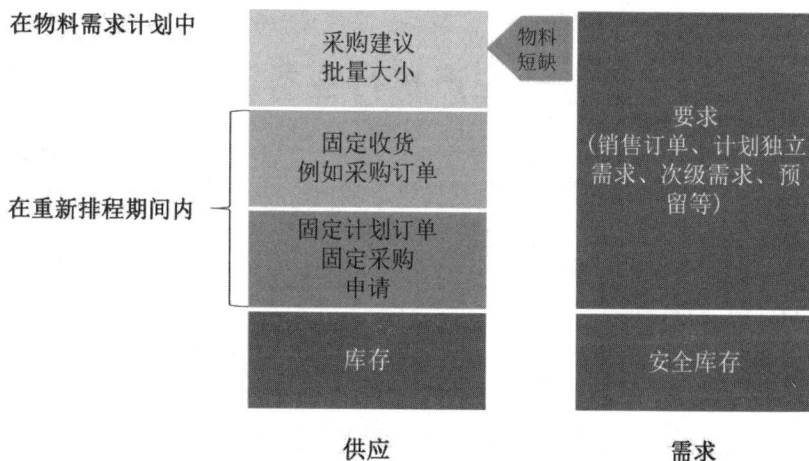

图 5-36　净需求计划

如果计划的可用数量低于零，则存在物料短缺。MRP 通过创建新的采购建议(采购申请和计划订单)来应对物料短缺，建议采购数量由物料主数据中设置的批量确定过程产生。

如果 MRP 运行确定了短缺数量，系统会创建采购建议，采购申请和计划订单是内部计划元素，几乎可以随时更改、重新计划或删除这些元素。对于内部生产，系统会创建计划订单来计划生产数量，如图 5-37 所示。

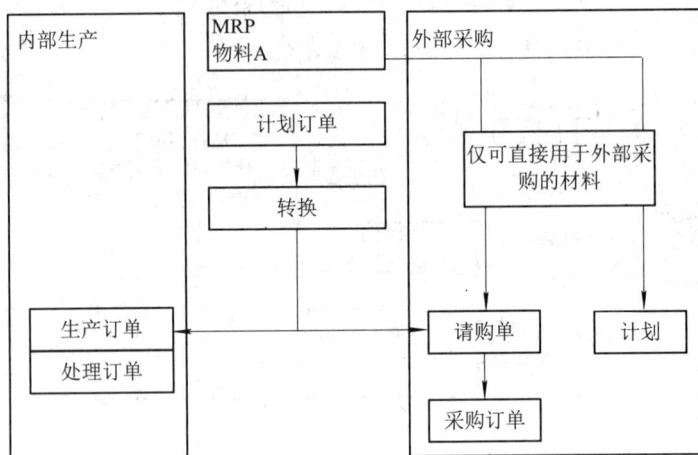

图 5-37　内部生产和外部采购的 MRP

计划完成后，可将计划订单转换为生产订单。对于外部采购，系统会使用计划订单或直接使用采购申请计划完成外部采购数量。计划完成后，计划订单会转换为采购申请，随后采购申请会转换为采购订单。在计划运行初始屏幕上使用采购申请的创建标识，可以控制系统是立即直接创建采购申请，还是首先创建计划订单。

如果物料存在计划协议，并与货源清单中的 MRP 有关，还可以直接使用 MRP 创建计划行。另外，可以利用计划运行初始屏幕中的计划协议交货计划行的创建标识来控制此操作。

5.5　生产执行业务流程

一个负责支持生产运营的员工需要掌握以下知识：

(1) 了解使用生产订单生产产品的基本步骤。

(2) 了解如何创建生产订单、处理库存事务并报告生产确认。

(3) 了解订单结算流程。

(4) 了解业务流程的集成点。

(5) 了解如何使用信息系统和成本管理报表来审查生产性能。

生产订单执行业务流程的关键活动包括订单请求、订单创建、订单下达、确认、收货、结算等，这些活动中许多可自动运行或在后台运行，以便尽可能少地手动处理订单，生产订单执行业务流程如图 5-38 所示。

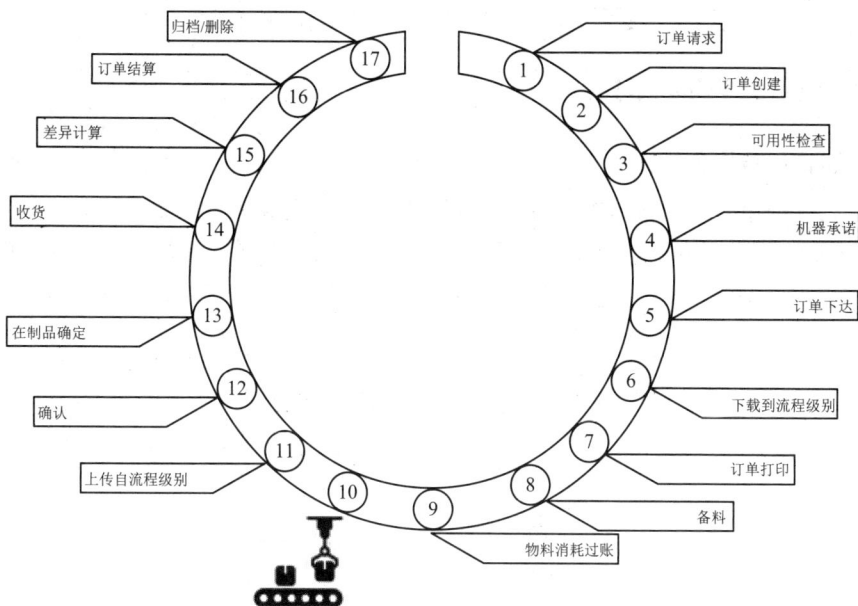

图 5-38　生产订单执行业务流程

通过定制中的一系列设置，可成功地执行订单处理的各个步骤。

在制品确定、差异计算和结算是成本对象控制(COC)的定期活动，通常在后台进行处理。

可在生产流程中以及收货时使用质量管理(QM)工具。

流程集成的多个接口可用于下载订单和上传流程信息。

SAP S/4 HANA 中的生产订单具有映射的订单结构，如图 5-39 所示。

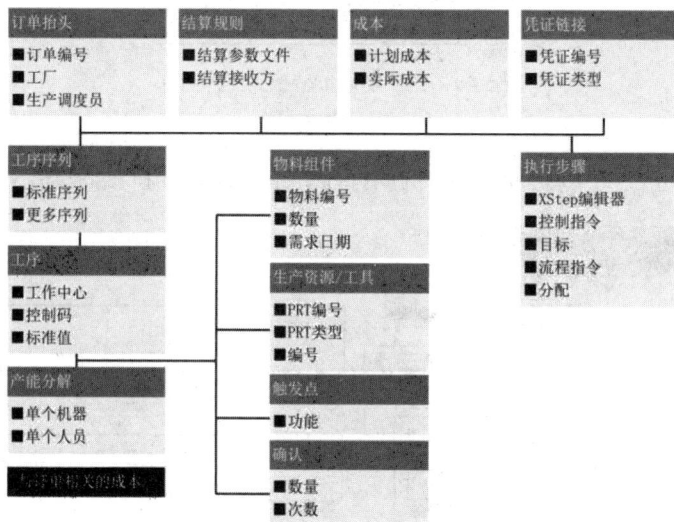

图 5-39　生产订单结构

标准工序序列可能包含其他(并行或可选)工序序列。可从多个备选序列中进行选择，标准序列必须至少包含一个工序，如果已向 FERT 物料分配工艺路线，则系统将自动创建工序。用户可以选择是否为工序分配物料组件、生产资源/工具和触发点。工序中允许设置子工序。

用户可以连接文档管理系统(DMS)的文档(例如绘图和文本)。

5.5.1 生产订单创建及下达

1. 计划订单转换为生产订单

MRP 运行结束后将生成计划订单,计划订单用于计划物料的内部生产,计划订单包含生产的基本日期以及相关需求形式的生产组件基本要求,可根据计划订单计划产能。

如果要进行最终生产执行,那么就需要将计划订单转换为生产订单,如图 5-40 所示。

110

图 5-40 将计划订单转换为生产订单

2. 生产订单下达

订单下达是进一步处理生产订单(例如打印订单凭证和领料)的基础,如图 5-41 所示。

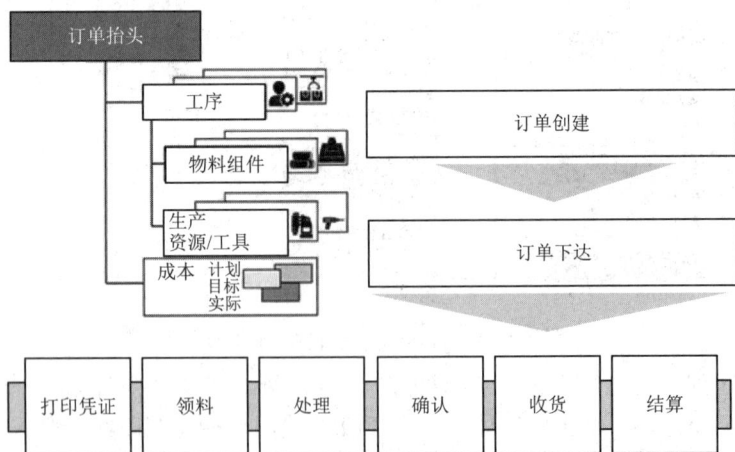

图 5-41 订单下达

系统通过使用状态管理生产订单。下达订单时将设置相应的状态，可以自动执行可用性检查，可以下达单个工序、整个订单以及同时下达多个订单。

5.5.2　生产订单领料

由于下达了生产订单，因此，生产部门可开始制造产品。为此，必须首先准备好物料，并针对生产订单输入发货事务。针对所需组件的发货过账(领料)是生产订单处理流程中的又一个里程碑。

针对生产订单组件发货过账时，执行以下功能，如图 5-42 所示。

(1) 特定存储地点更新库存和消耗字段。

(2) 减少预留(针对计划领料)。

(3) 更新未计划领料成本。

(4) 确定实际成本(评估)和订单更新。

(5) 消耗更新。在定制中，使用工厂或公司代码特定评估变式定义物料消耗评估。

(6) 生成物料凭证和会计凭证(FI 和 CO 凭证)。

(7) 创建物料凭证。物料凭证从物料管理(仓库)角度描述货物移动，可以从物料凭证显示转到其他凭证显示。

(8) 创建会计凭证。会计凭证从财务会计角度对货物移动进行说明。

(9) 创建成本控制凭证。成本控制凭证表示生产订单的实际成本。

(10) 打印发货凭证。可打印发货凭证。

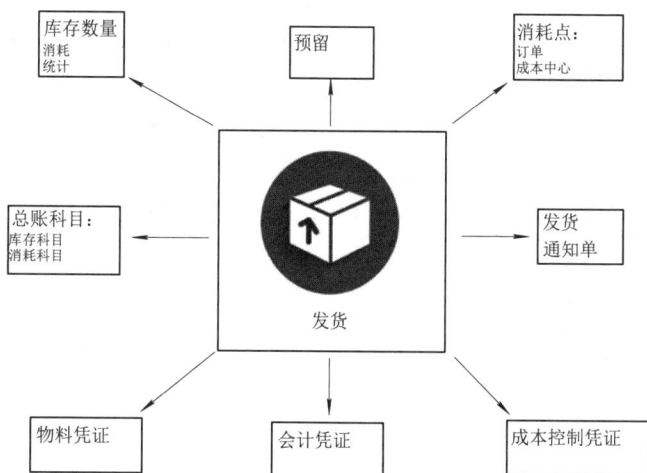

图 5-42　生产订单-发货过账

可以通过每次过账时所参考的移动类型(261)控制发货过账，可手动或自动进行该操作。

5.5.3　生产订单确认及收货

1. 生产订单确认

生产订单确认用于内部活动(作业)消耗，是针对订单、进度检查和后续产能需求计划输入内部活动的重要基础。因此，准确实时的确认十分重要。

图 5-43 所示为生产订单-订单确认，显示了确认引起的多项附加功能的执行，可通过生产计划 PDC(PP-PDC)接口进行工厂数据收集(PDC)系统的确认。

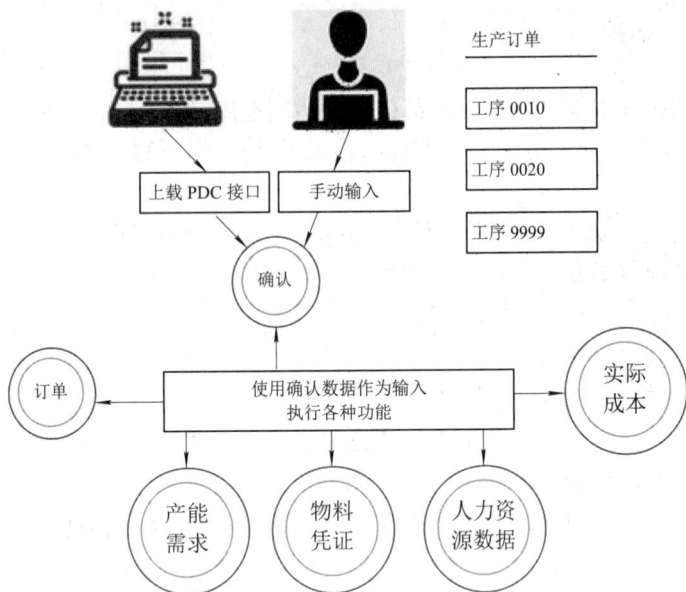

图 5-43　生产订单-订单确认

订单完成确认后，后续功能开始执行，如图 5-44 所示。

(1) 确认的数量、CNF(最终确认)状态和实际成本将写入生产订单。

(2) 确认一项工序后，可根据已分配了物料组件的数量过账自动发货(反冲)。这些物料组件必须准备进行反冲过账，并供工作中心使用。

(3) 确认必须确认的最后一道工序(或是在控制码中定义过账的工序)时，将过账自动收货。根据请求不同，所生产物料的发货过账可附加到订单确认中，或者二者可分别执行。

(4) 产能降低按照数量或活动成比例执行。如果确认了报废或返工数量，系统将自动生成质量通知(自 SAP ECC 7.0 EhP3 版本起)。

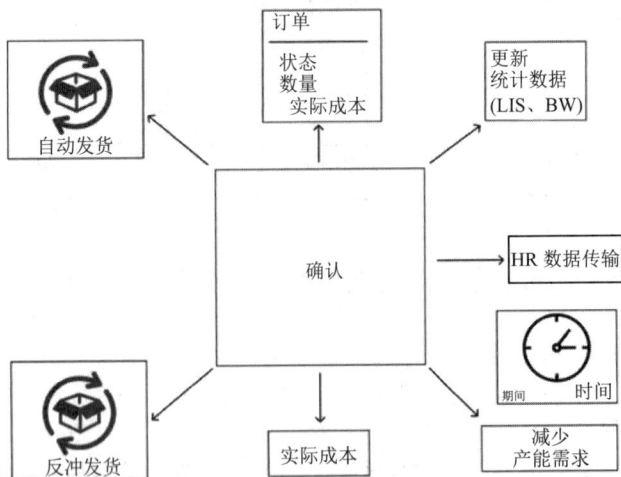

图 5-44　订单确认的影响

2. 收货过账

收货(GR)过账表示使用生产订单生产产品的库存收货。收货过账时执行以下功能，如图 5-45 所示。

(1) 系统会生成物料凭证、会计凭证和成本控制(CO)凭证。

(2) 物料凭证从物料管理(仓库)角度描述货物移动。

(3) 会计凭证从财务会计(FI)角度描述货物移动。

(4) 系统更新订单中的交付数量。

(5) CO 凭证记录过账到生产订单的贷项。

(6) 可以通过每次过账所对应的移动类型(101)来控制收货过账，可手动或自动进行该操作。

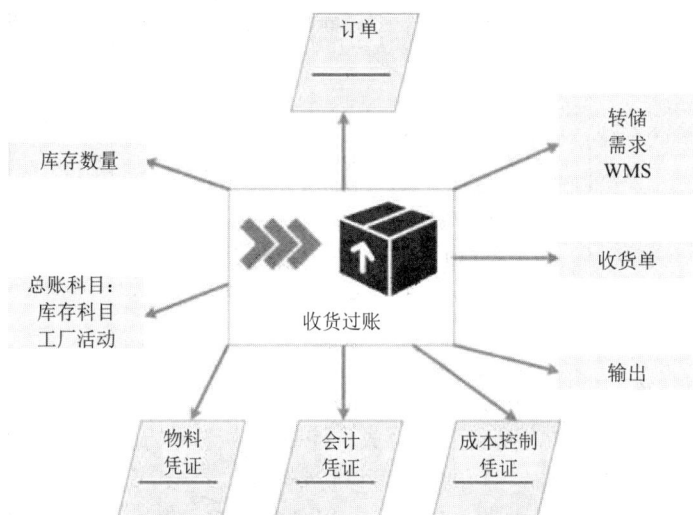

图 5-45　收货过账

5.5.4　生产订单结算

1. 制造差异计算

生产订单的期末关账活动关注生产的成本会计方面，如图 5-46 所示。

创建初步成本核算数据并下达订单后，领料首先产生个别成本和直接成本。原材料库存减少，成本要素形式的费用通过各消耗科目流动到会计(成本)对象(生产订单)。同样，开具了发票的外部服务将通过财务会计(FI)的科目分配直接过账到订单。

执行确认会产生生产订单的更多借项。确认与成本中心所执行的一项或多项内部活动相关。

期末关账的首个活动可以是在制品或 WIP 的计算。如果没有完全交付生产订单，则期末时，需要在资产负债表中识别过账到订单的成本。WIP 计算用来确定已在 FI 中作为费用为在制物料过账的成本。

期末关账的第二个活动是差异计算。生产差异表示计划成本与实际成本间的差异。如果生产订单已完全交付，则仅针对该订单计算差异。无论是计算在制品还是针对生产订单计算差异，在这两种情况下，都需要执行结算的最后期末关账活动。如果尚未完全交付生产订单，则结算将 WIP 过账到总账。如果生产订单已完全交付，则结算将制造差异过账到总账。

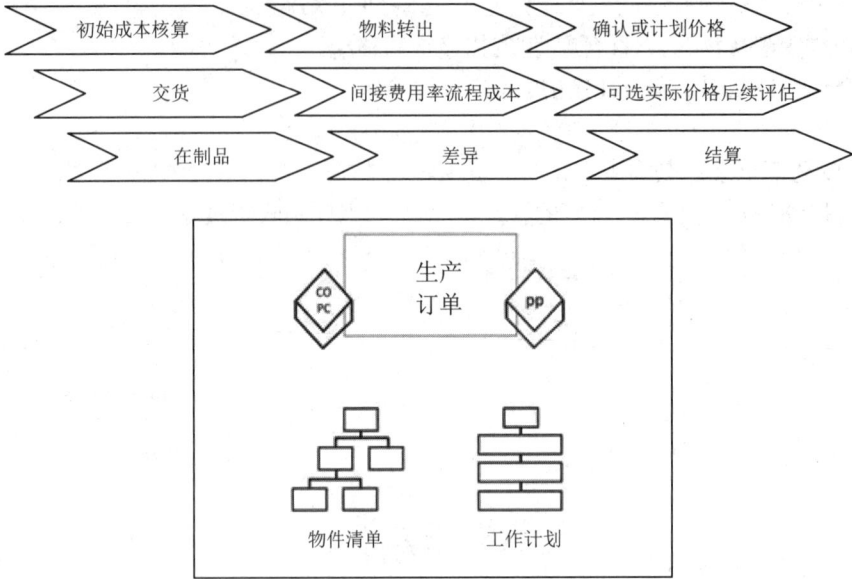

图 5-46　生产制造与管理会计

2. 生产订单结算

借记/贷记生产订单的方式取决于在"成本控制"中选择的成本对象控制(COC)变式，可以基于订单或产品结算订单，订单结算可以贷记订单。

在大多数情况下，结算是定期进行的，可以使用结算参数文件控制结算参数，生产订单结算流程如图 5-47 所示。

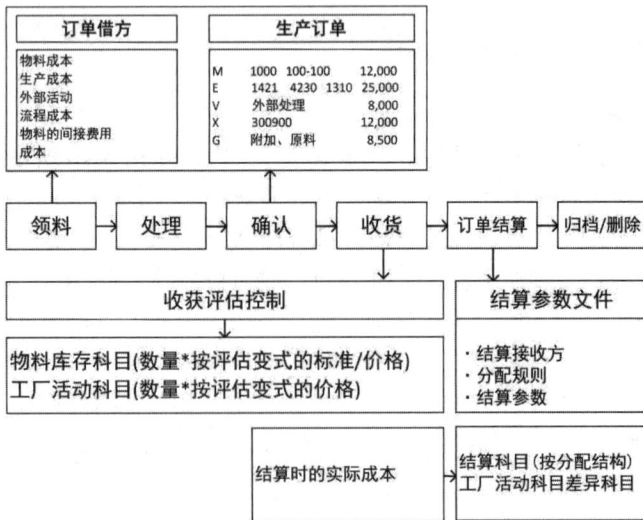

图 5-47　生产订单结算流程

5.6 生产计划集成点

生产计划业务流程可与以下阶段集成，形成如图 5-48 所示集成点。

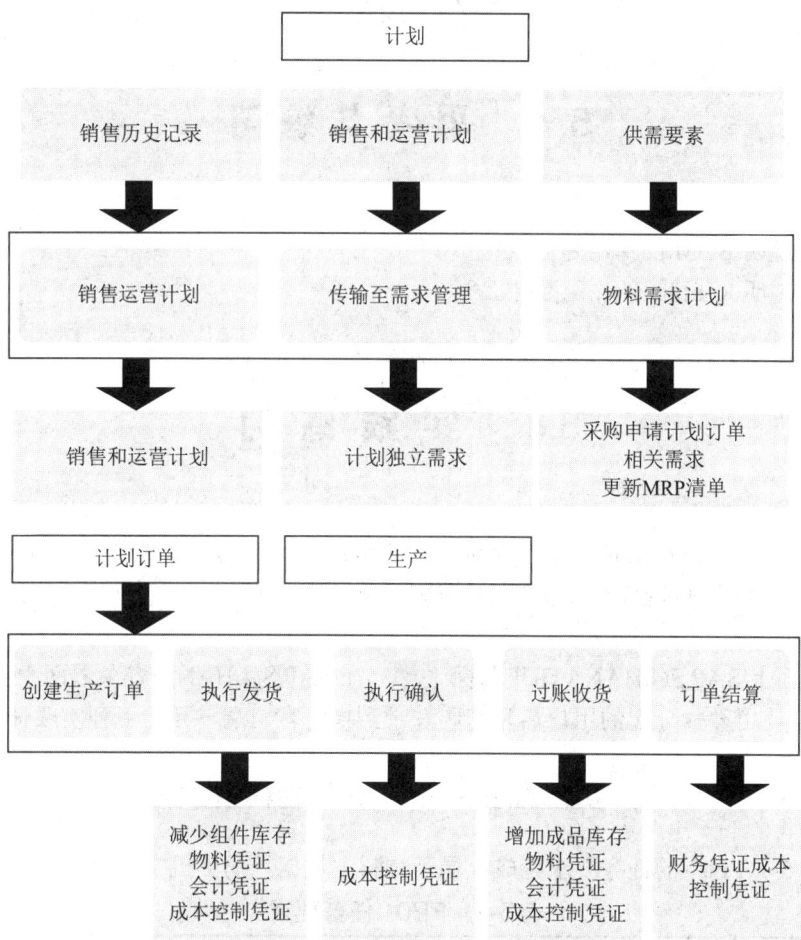

计划

销售历史记录	销售和运营计划	供需要素

销售运营计划	传输至需求管理	物料需求计划

销售和运营计划	计划独立需求	采购申请计划订单 相关需求 更新MRP清单

计划订单		生产	

创建生产订单	执行发货	执行确认	过账收货	订单结算

减少组件库存 物料凭证 会计凭证 成本控制凭证	成本控制凭证		增加成品库存 物料凭证 会计凭证 成本控制凭证	财务凭证成本 控制凭证

图 5-48　计划到生产业务流程-集成点

1. 物料需求计划(MRP)

MRP 可以执行净需求计算，并可将供应与需求进行比较，MRP 还可更新 MRP 清单。

(1) 供应元素有现有库存、采购申请、采购订单、计划订单、生产订单。

(2) 需求元素有销售订单、计划独立申请、相关需求、预留、安全库存。

(3) MRP 可执行的输出有采购申请、计划订单、相关需求。

2. 创建生产订单

该项操作可以参照或者不参照计划订单创建生产订单。

3. 执行发货

保存发货后,系统会创建物料凭证、会计凭证和成本控制凭证。物料凭证可表示组件库存数量的减少。

4. 执行确认

执行确认可记录所有制造活动,例如工时、安装和包装时间。执行确认表示从执行生产订单工作的成本中心转移成本。

5.7 思考与练习

1. 举例说明 BOM 的作用是什么?
2. 举例说明 Routing 的作用是什么?

5.8 实践练习

在 SAP S/4 HANA 实训平台上完成下列实践练习,本练习详细地展示了生产计划模块中涉及的主数据的内容,并通过练习深刻理解生产计划相关主数据的作用和相互之间的关系。

双击桌面上 SAP S/4 HANA GUI 图标 ,在 SAP S/4 HANA 登录界面中打开课程相关"连接",使用教师分配的用户名和密码登录到指定客户端,开始下列实践任务。

实践练习 PP01 显示物料主数据

按照表 5-1 PP01 的任务要求完成"显示物料主数据"的上机实践操作。

表 5-1 PP01 任务要求

任务	使用 SAP 轻松访问菜单,显示物料主数据
说明	使用 SAP 轻松访问菜单显示物料主数据的结构,理解 PP 相关概念
职位	戊(生产人员)
菜单路径	后勤→物料管理→物料主数据→物料→显示→显示当前(MM03)
T-CODE	MM03

(1) 展开菜单路径:

"后勤"→"物料管理"→"物料主数据"→"物料"→"显示"→"显示当前"(MM03)

(2) 在展开的菜单栏双击"显示当前"或按回车键,输入表 5-2 所示信息。

表 5-2 输 入 信 息

字 段 名 称	字 段 值
物料	F-MGHB000

(3) 单击标准工具栏上 或按回车键，输入表 5-3 所示信息。

表 5-3 输 入 信 息

字 段 名 称	字 段 值
基本数据 1	选中
基本数据 2	选中
销售：销售组织数据 1	选中
销售：销售组织数据 2	选中
销售：一般/工厂数据	选中
物料需求计划 1	选中
物料需求计划 2	选中
物料需求计划 3	选中
物料需求计划 4	选中
工作计划	选中
一般工厂数据/存储 1	选中
会计 1	选中
成本 1	选中
成本核算 2	选中

(4) 单击标准工具栏上 或按回车键，输入表 5-4 所示信息。

表 5-4 输 入 信 息

字 段 名 称	字 段 值
工厂	1000
库存地点	3001
销售组织	1000
分销渠道	10

(5) 单击标准工具栏上 或按回车键，显示查询结果，将查询结果填写到表 5-5 输出数据中。

表 5-5　输　出　数　据

页　签	字　段　名　称	字　段　值
基本数据 1	物料描述	
	物料组	
	产品组	
销售：销售组织数据 1	税分类	
销售：销售组织数据 2	物料科目分配组	
物料需求计划 1	MRP 类型	
	物料需求计划控制员	
	批量程序	
物料需求计划 2	采购类型	
	生产仓储地点	
	自制生产	
物料需求计划 3	策略组	
	消耗模式	
物料需求计划 4	生产版本	
工作计划	生产计划参数文件	
会计 1	评估分类	
	标准价格	
	价格控制	
成本 1	用 QS 的成本估算	

🔔 逐一浏览步骤(3) 中选中的视图页签，检查相应的数据。

(6) 重复上述步骤，显示物料 F-MGHC000，将查询结果填写到表 5-6 输出数据中。

表 5-6　输　出　数　据

页　签	字　段　名　称	字　段　值
基本数据 1	物料描述	
	物料组	
	产品组	
销售：销售组织数据 1	税分类	
销售：销售组织数据 2	物料科目分配组	
物料需求计划 1	MRP 类型	
	物料需求计划控制员	
	批量程序	

页　签	字 段 名 称	字 段 值
物料需求计划 2	采购类型	
	生产仓储地点	
	自制生产	
物料需求计划 3	策略组	
	消耗模式	
物料需求计划 4	生产版本	
工作计划	生产计划参数文件	
会计 1	评估分类	
	标准价格	
	价格控制	
成本 1	用 QS 的成本估算	

思考这两个物料之间的区别，理解策略组的作用。

(7) 单击标准工具栏上的 按钮，返回主界面。

实践练习 PP02　显示物料清单

按照表 5-7 PP02 的任务要求完成显示物料清单的上机实践操作。

表 5-7　PP02 任务要求

任务	使用 SAP 轻松访问菜单，显示物料清单
说明	显示物料 F-MGHB000 和物料 F-MGHC000 的零部件。物料清单(BOM)是一份生产既定产品所需要用到的零部件列表。该列表包含描述，数量和度量单位。物料清单可能包含不同项目类别的项目，例如，库存项目，非库存项目，凭证项目和文本项目
职位	戊(生产人员)
菜单路径	后勤→生产→主数据→物料清单→物料清单→物料 BOM→显示(CS03)
T-CODE	CS03

(1) 展开菜单路径：

“后勤”→“生产”→“主数据”→“物料清单”→物料清单→“物料 BOM”→“显示(CS03)”

(2) 双击展开菜单中“显示(CS03)”或按回车键，输入如表 5-8 所示信息。

表 5-8　输 入 数 据

字 段 名 称	字 段 值
物料	F-MGHB000
工厂	1000
BOM 用途	1

(3) 单击标准工具栏 ![icon] 或按回车键，将查询结果填写到表 5-9 显示物料 BOM：通用项目总览中。

表 5-9　显示物料 BOM：通用项目总览

项　目	组　件	组　件　描　述	数量	ASM

🔔装配即 ASM 列(复选框里打钩)标志着该零部件项目有它自己的物料清单。

(4) 双击 F-MGHB103 行项目的 ASM 复选框。

(5) 单击显示界面上 继续 按钮，将查询结果填写到表 5-10 显示物料 BOM：通用项目总览中。

表 5-10　显示物料 BOM：通用项目总览

项　目	组　件	组　件　描　述	数量	ASM

(6) 单击显示界面上 ![icon] 按钮新建会话，重复以上步骤，记录如表 5-11 所示的物料 F-MGHC000 的物料清单，在两个窗口中对比物料清单的不同。

表 5-11　F-MGHC000 的物料清单

项　目	组　件	组　件　描　述	数量	ASM

(7) 双击 F-MGHC103 行项目的 ASM 复选框。

(8) 单击显示界面上 继续 按钮，将查询结果填写到表 5-12 显示物料 BOM：通用项目总览中。

表 5-12　显示物料 BOM：通用项目总览

项　目	组　件	组　件　描　述	数量	ASM

(9) 单击标准工具栏上的 ⇧ 按钮两次，返回主界面。

实践练习 PP03　显示多级物料清单

按照表 5-13 PP03 的任务要求完成显示多级物料清单的上机实践操作。

表 5-13　PP03 任务要求

任务	使用 SAP 轻松访问菜单，显示多级物料清单
说明	从多层级的层次结构查看物料 F-MGHB000 和物料 F-MGHC000 的物料清单零部件
职位	戊(生产人员)
菜单路径	后勤→生产→主数据→物料清单→报告→BOM 展开→物料 BOM→逐层 BOM(CS12)
T-CODE	CS12

(1) 展开菜单路径：

"后勤" → "生产" → "主数据" → "物料清单" → "报告" → "BOM 展开" → "物料 BOM" → "逐层 BOM(CS12)"

(2) 在展开的菜单中双击"逐层 BOM(CS12)"或按回车键，输入表 5-14 所示信息。

表 5-14　输　入　信　息

字　段　名　称	字　段　值
物料	F-MGHB000
工厂	1000
BOM 应用程序	PP01
需求数量	1

(3) 单击标准工具栏上 ⊙ 按钮，将查询结果填写到表 5-15 输出信息中。

表 5-15 输 出 信 息

级别编号	对象标识	对 象 描 述	组件数量	单位

☐ 此处请按照下面步骤练习设置层级及其他相关字段：① 按照菜单路径："设置"→"格式"→"更改"；② 在列设置中选中"级别"，单击 ◀ 将其加入显示的列中；③ 选中刚刚添加的字段，点击 ⤊ 将"级别"字段放置第一列；④ 单击 ✔ 即可完成设置。

(4) 单击 ⟪ 按钮。

(5) 单击 ⛁ 按钮，打开"展开 BOM：多层 BOM：视图"界面，输入表 5-16 所示信息。

表 5-16 输 入 信 息

字 段 名 称	字 段 值
变式清单	勾选
显示	SAPCSMLVMP01
打印	SAPCSMLVMP02

(6) 单击标准工具栏上 ⟳ 按钮。

☐ 在"展开 BOM：多层 BOM"视图中可以查看产成品电机零部件的构成。

(7) 选择菜单路径："转到"→"图形"。

☐ 此时，能看到层级图形物料清单，可以使用放大和缩小按钮来改变图形的大小。

(8) 重复上述步骤查看 F-MGHC000 的多层级物料清单，记录查询结果到表 5-17 输出信息中。

表 5-17 输 出 信 息

展开层	对象标识	对 象 描 述	数量	单位

(9) 单击标准工具栏上的 ⏫ 按钮,返回主界面。

实践练习 PP04　显示工艺路线

按照表 5-18 PP04 的任务要求完成显示工艺路线的上机实践操作。

表 5-18　PP04 任务要求

任务	使用 SAP 轻松访问菜单,显示工艺路线
说明	查看通用标准制动钳成品 F-MGHB000 的工艺路线。工艺路线是一系列用来生产最终产品的有序工序。工艺路线包含以下信息,工作在哪里执行,需要完成的步骤及每道工序的时间线分配
职位	戊(生产人员)
菜单路径	后勤→生产→主数据→工艺路线→工艺路线→标准工艺路线→显示
T-CODE	CA03

(1) 展开菜单路径:

"后勤"→"生产"→"主数据"→"工艺路线"→"工艺路线"→"标准工艺路线"→"显示(CA03)"

(2) 在展开菜单中双击"显示(CA03)"或按回车键,打开"显示路径:初始屏幕"界面,输入表 5-19 所示信息。

表 5-19　输 入 信 息

字 段 名 称	字 段 值
物料	F-MGHB000
工厂	1000

(3) 单击标准工具栏上 按钮，将显示结果填写在表 5-20 输出信息中。

表 5-20　输 出 信 息

工序	工厂	工作中心	控 制 码	描　　述	基本数量	单位

(4) 选中显示界面上工序 0010 行项目，单击　分配　按钮，打开"显示路径：物料构成总览显示"界面，将显示结果填写在表 5-21 输出信息中。

表 5-21　输 出 信 息

项目编号	组　　件	数　　量	计量单位

(5) 单击 工序 按钮返回至工序概览。

(6) 选择菜单路径："附加"→"计划"→"GANTT 图表"，打开界面输入表 5-22 所示信息。

表 5-22　输 入 信 息

字 段 名 称	字 段 值
计划类型	1
批量大小	10

(7) 单击标准工具栏上 按钮。

△ 此时，系统将显示工序：计划总览的甘特图。

(8) 单击标准工具栏上的 按钮，返回主界面。

实践练习 PP05 在工程工作台中显示工艺路线/物料清单

按照表 5-23 PP05 的任务要求完成显示工艺路线/物料清单的上机实践操作。

表 5-23 PP05 任务要求

任务	使用 SAP 轻松访问菜单中的工程工作台来显示工艺路线和物料清单
说明	使用工程工作台同时查看物料清单和工艺路线。工程工作台提供了一个可以创建，更改，删除物料清单和工艺路线的环境。更重要的是，它提供给用户创建工作列表的能力
职位	戊(生产人员)
菜单路径	后勤→生产→主数据→工程工作台(CEWB)
T-CODE	CEWB

(1) 展开菜单路径：

"后勤"→"生产"→"主数据"→"工程工作台(CEWB)"

(2) 双击"工程工作台(CEWB)"或按回车键，打工"工程工作台：选择工作区"界面输入表 5-24 所示信息。

表 5-24 输 入 信 息

字 段 名 称	字 段 值
当前工作区域	FK

(3) 单击标准工具栏上 按钮，打开"工程工作台：BOM 抬头的选择标准"界面输入表 5-25 所示信息。

表 5-25 输 入 信 息

字 段 名 称	字 段 值
物料	F-MGHB000
工厂	1000

(4) 单击显示界面上 按钮。

(5) 单击 按钮激活浏览器(如果该图标不是灰色的)。

△ 如果系统弹出一个单独的需要更改号的对话框，将它关闭，然后单击 按钮。

△ 如果系统需要一个应用程序，输入 PP01，然后单击 按钮。

(6) 在左侧对象中，单击 下拉框按钮。

此时，系统显示了物料 F-MGHB000 的物料清单和工序，标有 的子树组成了制动钳的整个物料清单，标有 的子树列出了所有工艺路线的工序。双击任一物料清单或工序，系统能够自动调出特定的信息，如果有必要，可以改变相关信息。

(7) 单击标准工具栏上的 ⬆ 按钮，返回主界面。

实践练习 PP06　显示工作中心

按照表 5-26 PP06 的任务要求完成显示工作中心的上机实践操作。

表 5-26　PP06 任务要求

任务	使用 SAP 轻松访问菜单，显示工作中心
说明	查看位于西安制造基地的工作中心。工作中心是为订单执行工序的地点。能力(安装，机器和人力)被分配给工作中心，因此，在一个可控和可预测的订单里它们将会被分配和消费。工作中心能力被创建并分配给一个单一的工作中心
职位	戊(生产人员)
菜单路径	后勤→生产→主数据→工作中心→工作中心→显示(CR03)
T-CODE	CR03

(1) 展开菜单路径：

"后勤"→"生产"→"主数据"→"工作中心"→"工作中心"→"显示(CR03)"

(2) 双击菜单栏中"显示(CR03)"或按回车键，打开"显示工作中心：初始屏幕"界面输入表 5-27 所示信息。

表 5-27　输　入　信　息

字 段 名 称	字 段 值
工厂	1000
工作中心	F001

(3) 单击标准工具栏上 ✅ 按钮，打开"显示工作中心：基本数据"界面，将显示结果填写到表 5-28 输出信息中。

表 5-28　输　出　信　息

字 段 名 称	字 段 值
工作中心类别	
负责人	
用途	
标准值码	

(4) 进入"能力"页签，打开"显示工作中心：能力一览"界面，将显示结果填写到表 5-29 输出信息中。

表 5-29 输 出 信 息

字 段 名 称	字 段 值
能力类别	
处理产能需求的公式	

(5) 将鼠标放至"处理产能需求的公式"字段,单击 $\boxed{\text{δδ 公式}}$ 按钮,将显示结果填写到表 5-30 输出信息中。

表 5-30 输 出 信 息

字 段 名 称	字 段 值
公式	

(6) 单击 ✔ 按钮返回到"显示工作中心:能力一览"屏幕。

(7) 进入"成本核算"页签,打开"显示工作中心:成本中心分配"界面,将显示结果填写到表 5-31 输出信息中。

表 5-31 输 出 信 息

字 段 名 称		字 段 值		
开始日期				
结束日期				
成本控制范围				
成本中心				
作业概览				
备选活动文本	活动类型	活动单位	公式码	公式描述

(8) 单击标准工具栏上的 ⊗ 按钮,返回主界面。

🔔 描述成本核算视图中,工作中心、成本中心与作业类型之间的关系。

第 6 章　财务会计与管理会计

财务管理是 ERP 系统的核心功能，企业中几乎所有业务模块都会集成到财务管理模块，数字化企业管理大多数活动也与企业财务指标密不可分，财务指标是业务管理和高层决策的重要依据。SAP ERP 系统中包括两个财务管理相关模块：财务会计(FI)和管理会计(CO)。

6.1　财务会计(FI)概览

6.1.1　财务会计模块的主要功能

财务会计作为对外会计报表的提供者，需要满足特定国家或地区的法律要求，主要功能如下：

(1) 过账所有财务交易、收入和费用。

(2) 确保财务数据不能被随意修改。

(3) 设置损益表和资产负债表，以履行国家或地区的法律义务，满足财务报表标准的法律要求。

财务会计既要遵从所在国家或地区的法律要求，又要遵从特定财务报告准则的要求。特定财务报表准则包括：美国通用会计准则(US GAAP)、国际财务报表标准(IFRS)以及德国商法典(HGB)等。此类财务报表的利益相关方在公司之外，例如供应商、银行、税务机关等。

6.1.2　财务供应链

SAP S/4 HANA 中财务会计(FI)模块包括总账、应收账款、管理现金、管理风险、应付账款等财务供应链流程，如图 6-1 所示。

财务会计(FI)的主要任务是记录货币、价值流以及评估库存。

总账(GL)的核心任务是为外部利益相关者提供全面的财务记录。总账包含所有业务交易的完整记录。除总账外，也可以将明细(子)分类账用于客户、供应商等。在明细分类账中每次进行的过账都会在已分配的总账科目中同步完成，这样可确保明细分类账与总账始终保持一致。

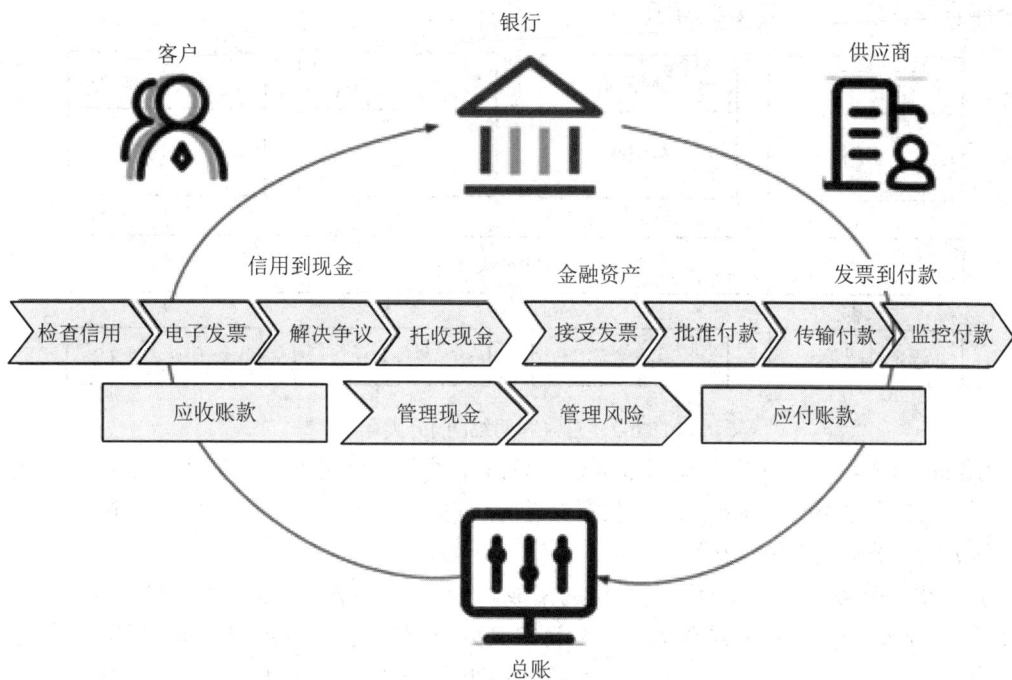

图 6-1 财务供应链

从业务角度看,所有会计核算相关业务交易都记录在会计科目表中,总账根据科目表构建。会计科目表包含所有总账科目的定义,这些定义包括科目编号、总账科目指定以及将总账科目指定为损益表或资产负债表科目。

总账通常只含集中过账,即所有应收账款和应付账款的集合。在此类情况中,明细(子)分类账中记录的过账数据自动传递到总账。

统驭科目将明细(子)分类账实时连接到总账,这意味着当用户过账到明细(子)分类账后,系统将自动向总账中的相应统驭科目过账。统驭科目(Reconciliation Account):通常是总账(General Ledger)中的一种特殊类型科目,此类总账科目通常不允许手工直接过账,必须由其子账(Sub-Ledger)在过账后自动过账到总账科目,也就是统驭科目。

应付账款(AP)记录了所有与供应商相关的业务交易,其大部分数据都来自从采购到付款业务流程。

应收账款(AR)记录交易并管理所有客户的会计数据,其大部分数据都来自从订单到收款业务流程。

资产会计(AA)涉及流动资产和非流动资产(固定资产)。

银行分类账(FI-BL)支持现金流记账。

6.1.3 总账和明细(子)分类账

总账(General Ledger)是由公司代码层(Company Code Level)管理的,总账所要求的资产负债表和损益表基于公司代码层级别编制。公司资产列示在资产负债表中,分为资产类和负债类。就集成而言，商业交易记录到子账中，也被实时地同步到资产负债表的物料管理和金融资产管理中，如图 6-2 所示。

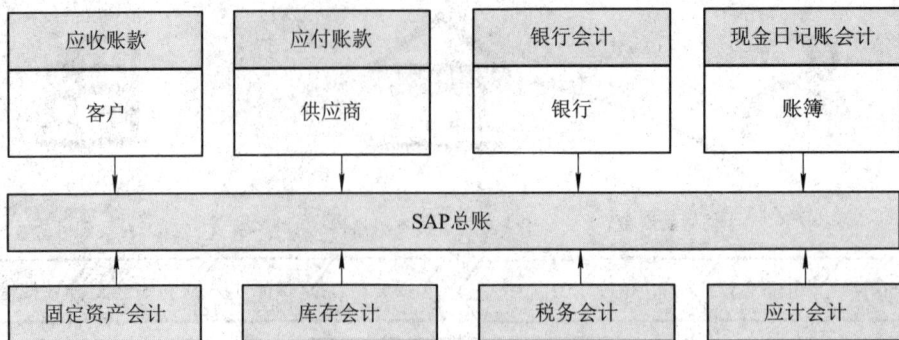

图 6-2　总账和明细(子)分类账

明细(子)分类账、物料管理和金融资产管理中输入的业务交易实时流入资产负债表。金融资产(TR)组件主要关注付款方式、资金管理(包括金融工具、外汇、衍生工具和债券等)、贷款以及市场风险管理等功能。

为了实现财务会计与其他业务模块的集成，SAP S/4 HANA 设计了统驭科目机制，用户将明细(子)分类账汇总并过账的总账科目定义为统驭科目，它实时地关联着明细(子)分类账和总账。这意味着，一项经营业务只要在明细(子)分类账中过账，同时也会在与总账对应的统驭科目中过账。

通过统驭科目机制，SAP S/4 HANA 系统实现了明细(子)分类账实时汇总到总账中的功能。总账与明细(子)分类账实时更新示意图如图 6-3 所示。

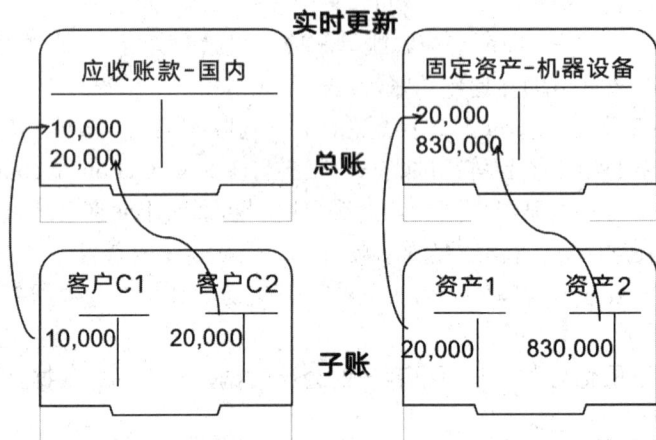

图 6-3　总账与明细(子)分类账实时更新示意图

针对应收账款、应付账款和固定资产明细(子)分类账，用户在总账中设立对应的统驭账户，集中反映明细(子)分类账的余额变化。当用户在明细(子)分类账中记录发生的交易时，系统会自动将数据传输到总账的统驭账户，从而确保了总账与明细(子)分类账的一致性及数据的准确性。

6.1.4 资产负债表和损益表

记录业务交易旨在创建资产负债表和损益表，此类报表必须满足特定国家或地区的法律要求或使用的财务报表标准的要求。

用户可以设置不同的资产负债表和损益表结构(财务报表版本)以满足不同国家或地区的财务报表要求或使用的财务报表标准的要求。资产负债表和损益表结构如图 6-4 所示。

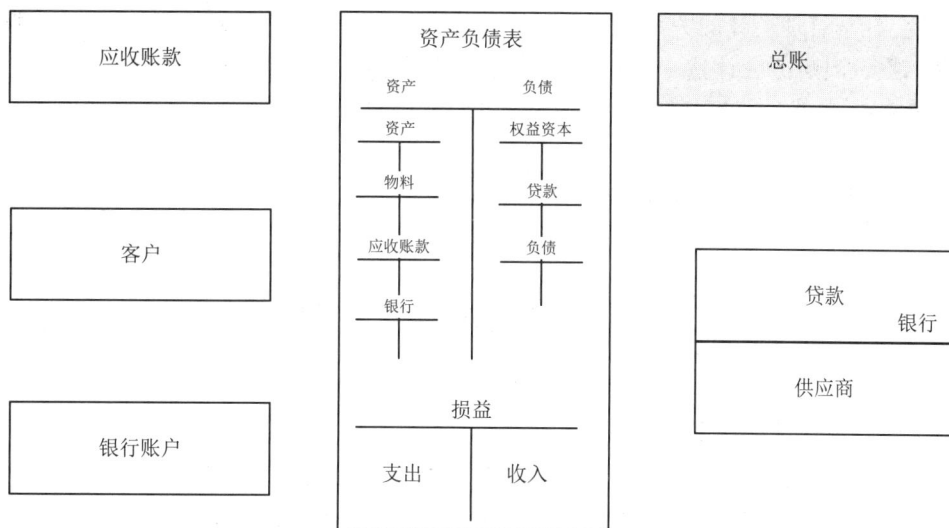

图 6-4　资产负债表和损益表结构

6.1.5 并行财务报表

在 SAP S/4 HANA 财务会计(FI)模块中，每个客户端总账会计均拥有一个主分类账。同时，其他分类账也可以存在于总账内，例如为不同会计报表标准提供不同的分类账，即形成了并行财务报表，并行财务报表如图 6-5 所示。

图 6-5　并行财务报表

在总账会计中，分类账具有主分类账角色。同时用户仍可以使用附加(并行)科目处理不同的报表标准。

6.1.6 财务会计与管理会计的关系

1. 财务会计

财务会计提供政府要求的法定报表，可用于在公司级别编制资产负债表和损益表。由法律确定需要使用财务会计的级别，各个国家的法定报表有所不同。

2. 管理会计

管理会计的目的是按照内部管理报表的职责范围收集收入和费用，可以在较高级别分析成本和收入，不受国界限制。例如，可分析全球所有生产部门的成本。同时管理会计模块提供代表产生成本、收入或二者兼具的成本控制对象，允许在组织内部跟踪成本和收入。

3. 财务会计与管理会计的关系

财务会计与管理会计的关系是财务会计中的成本和收入用在管理会计中。在管理会计中，可跨越多个(财务会计)界限分配财务数据。管理会计中的结果可与财务会计中的结果相比较(调整)。财务会计与管理会计的关系如图6-6所示。

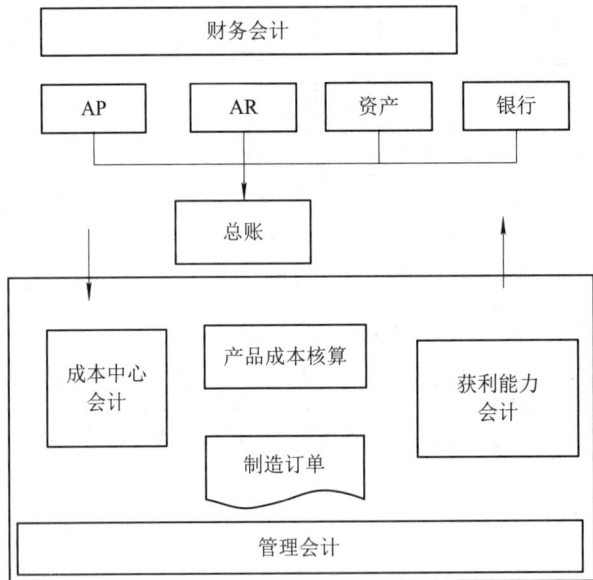

图6-6 财务会计与管理会计的关系示意图

在SAP S/4 HANA中，财务会计和管理会计使用存储于通用日记账的常用实际数据行项目。系统中数据库表的名称为ACDOCA，常用实际数据行项目提供以下内容：

(1) 所有会计组件的唯一数据来源。

(2) 一个简洁但完整的数据模型，可以通过SAP S/4 HANA实现超强的管理数据洞察力。

(3) 通用日记账结合并协调所有会计组件。

(4) 安全方面的创新与简化。

SAP S/4 HANA为FI模块提供了简化后的数据模型，如图6-7所示，这将产生以下优势：

(1) 提供一个具有所有组件完整信息的行项目表。

(2) 数据只存储一次，减少数据冗余。

(3) 可使用通用日记账上的快速多维数据表实现商务分析。

(4) 可通过消除冗余来减少系统内存占用。

总分类账						盈利能力		
账簿	公司	利润中心	金额1	金额2	…	工作中心	细分市场	…

日记账										
账簿	公司	会计/成本	利润中心	金额2	…	用户	固定资产	细分市场	物料	…

管理会计						资产会计			物料账		
控制区域	成本要素	金额1	金额2	代码块	…	公司	固定资产	…	账簿	物料	…

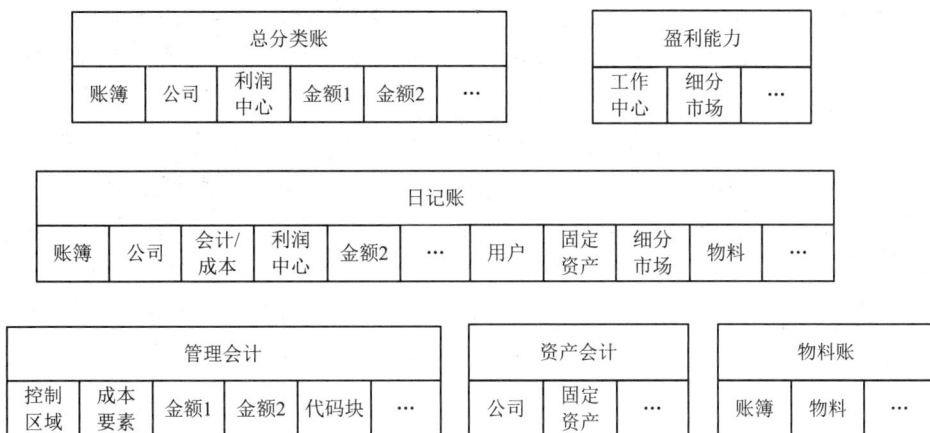

图 6-7　简化后的数据模型

6.2　管理会计(CO)概览

管理会计与财务会计的关注点有所不同，如图 6-8 所示。管理会计(CO)包含有效控制成本和收入所需的全部功能，它涵盖管理控制的各个方面，包括由若干组件组成的用于编制公司管理信息的各类工具。管理会计组件如图 6-9 所示。

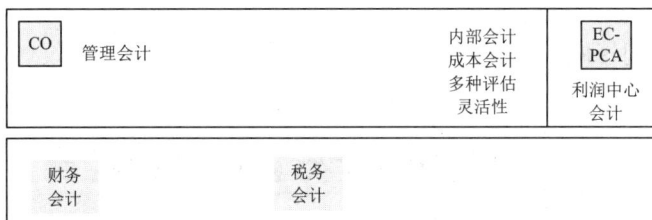

图 6-8　财务会计与管理会计的不同关注点

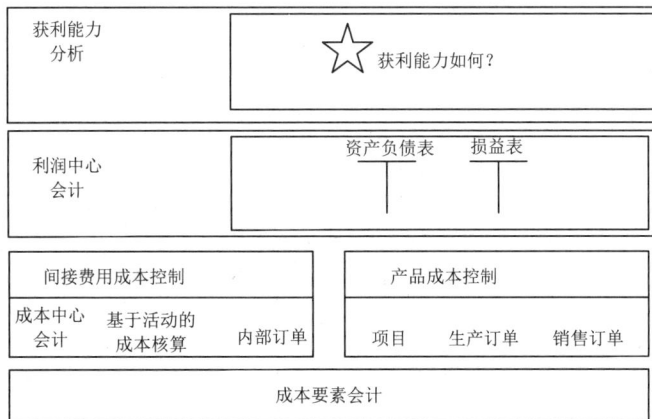

图 6-9　管理会计组件

"间接费用成本控制(CO-OM)"和"产品成本控制(CO-PC)"中的成本数据可以自动流入"获利能力分析(CO-PA)",系统可使用这些成本和收入数据计算经营性收入,以确定各个领域的获利能力。

其他 SAP S/4 HANA 功能模块可以将成本或收入过账到 CO。例如,FI 中的某个费用科目过账可导致向 CO-OM 中的成本过账。同样,FI 可以将收入直接过账到 CO-PA,成本数据流也可以在 FI 和 CO-PC 之间产生。此外,如果系统激活生产成本作为成品或在制品(WIP),成本数据流会流回 FI。

其他 SAP S/4 HANA 组件,如人力资本管理 Human Capital Management(HCM)和物流管理(物料管理、销售与分销、生产计划)也与 CO 相集成。

6.3　财务会计与管理会计集成概览

财务会计(FI)通过向管理会计(CO)成本控制范围分配多个公司代码,用户可为所有公司代码执行成本会计。成本和费用的摊派可以在多个公司代码之间进行。

在跨公司代码成本会计中,管理会计(CO)成本控制范围及其公司代码可以采用不同的货币,成本控制范围的货币也可以和某个公司代码的货币相同。在管理会计中,可使用以下货币:

(1) 成本控制范围货币。

(2) 公司代码货币或对象货币。

(3) 交易货币(用于向管理会计过账凭证)。

6.4　财务会计与管理会计实操

6.4.1　定义总账科目和成本要素

1. 科目表(Chart of Accounts)

所有总账均根据科目表设置。会计科目表包含所有总账科目的定义,包括科目编号、科目名称以及总账科目类型(损益表科目或资产负债表科目)。

会计科目表是 SAP S/4 HANA 中所有总账科目主记录的列表,每一个总账科目主记录均包含科目编号、科目名称和控制信息三个部分。

SAP S/4 HANA 系统已经预设了许多特定国家或地区的会计科目表,用户可以根据业务需要定义任意数量的会计科目表,如图 6-10 所示。

用户只能为一个特定公司代码的总账指定一个会计科目表,而一个会计科目表可以分配给多个公司代码,这意味着这些公司代码的总账拥有一致的结构,如图 6-11 所示为一个科目表分配给多个公司代码示意图。

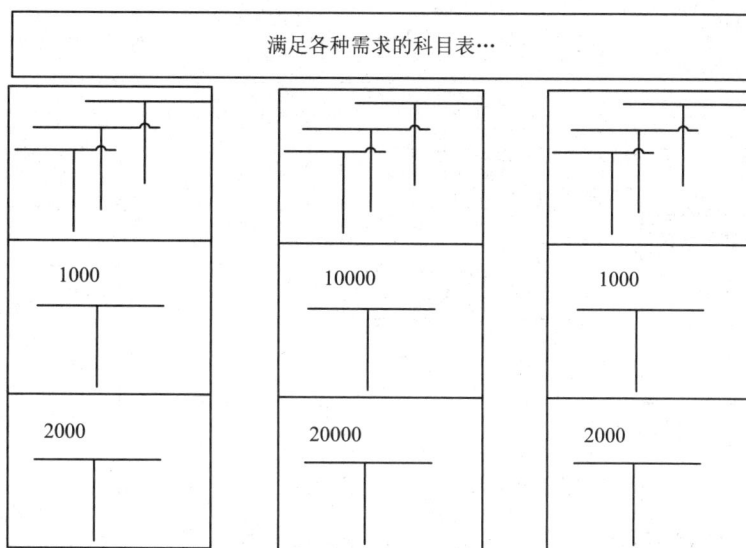

图 6-10　科目表(Chart of Accounts)示意图

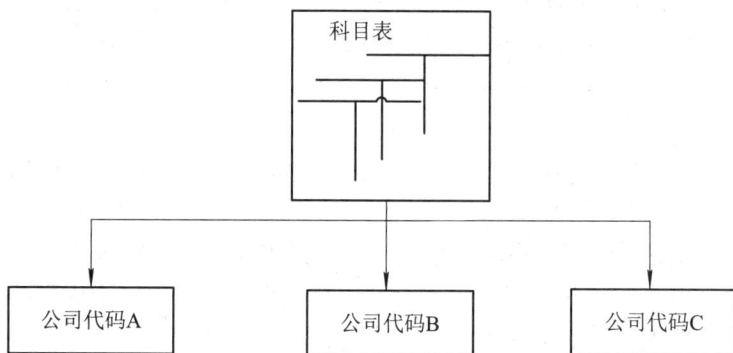

图 6-11　一个科目表分配给多个公司代码示意图

1) 总账科目和成本要素

总账主记录的两个段描述如下：

(1) 科目表段。科目表段包含科目描述、科目标识(标识科目为资产负债表科目或损益科目)、控制公司代码段字段的科目组以及合并科目编号。

(2) 公司代码段。公司代码段包含特定于公司代码将如何管理该科目的值。公司代码段包含下列控制信息：科目控制、科目管理、银行或财务明细管理、合资企业管理、利息计算和凭证控制。

2) 财务会计和管理会计以及科目表之间的集成

财务会计、管理会计以及科目表之间的集成关系如图 6-12 所示。

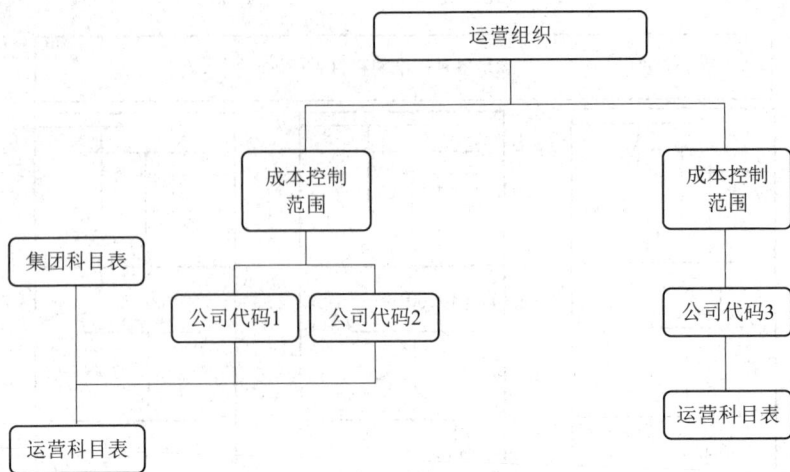

图 6-12　财务会计和管理会计以及科目表之间的集成

成本控制范围可能包含一个或多个公司代码，如有需要可以为不同公司选择不同的货币类型。成本控制范围的公司代码必须全部使用相同的运营科目表。

公司代码分配到成本控制范围必须通过公司在后勤和会计模块中的业务流程进行设置。鉴于数据库关系表和业务流程的复杂性，公司代码分配成本控制范围完成后，如需更改成本控制范围和公司代码之间的 1:1 或 1:n 关系，系统将会耗费大量的计算时间，操作时需要慎重。

公司代码和成本控制范围可以采用两种方式进行组合，用户根据不同组织架构选用适当的组合：

(1) 一个成本控制范围分配到一个公司代码。此类组织架构中，组织的财务会计和成本会计视图相同。

(2) 多个公司代码分配到一个成本控制范围。此组织架构是跨公司代码成本会计。成本会计的执行是在一个成本控制范围的多个公司代码中进行。在一个成本控制范围中收集所有成本会计相关的数据，并且可用于分配和评估。在此情况下，外部和内部会计角度各不相同。例如，如果组织中包含大量使用全局管理会计的独立子公司，则可以使用该方法。跨公司代码成本会计为用户提供使用跨公司代码界限的内部分配的方便性。

3) 三种不同种类的科目表

总账科目是总账会计中最重要的主数据。在科目表中可以对总账科目进行结构化处理。系统中有三种不同种类的科目表，两个是可选的，一个是必选的，说明如下：

(1) 运营科目表(Operating Chart of Accounts)。

运营科目表是运营级别中正在使用的科目表。会计凭证过账时会使用该科目表中的科目，在公司代码级别上进行分配，该科目表的使用为必选。

(2) 国家科目表(Country Chart of Accounts)。

如果公司为满足本地会计标准需要使用运营科目表中所使用的科目以外的其他科目，则使用国家科目表。运营科目表中的科目和国家科目表中的科目之间通常存在 1：1 关系。在公司代码级别上进行分配，该科目表的使用为可选。

(3) 集团/合并跨级科目表(Group/Consolidation Charts of Accounts)。

使用该科目表的原因可能是集团中的不同公司会使用不同的运营科目表或者聚合该运营科目表中的科目来进行合并。因此，运营科目表中的科目和国家科目表中的科目之间通常存 n∶1 关系。将其直接分配到另一个(通常是运营)科目表，该科目表的使用为可选。

2. 支出和成本

在经济理论中，有两种估价方法：

(1) 在第一种方法中，财务会计和管理会计中的价值相同。

成本控制通过将 FI 凭证与附加特征(例如，存储于代码块中的段、利润中心、项目)分离来提供不同的报表。结果可能是每个段、每个利润中心或每个项目的损益表和资产负债表。

(2) 在第二个方法中，管理会计基于成本和收入。

成本只包括如下支出：

① 与公司业务相关。

② 准确分配到经营期间。

③ 已评估。

不满足成本定义的支出只反映在财务会计中，而不在管理会计中。它们被称为中性支出，如图 6-13 所示。

图 6-13　支出和成本

此外，用户可能需要把一些附加成本考虑进去，例如因为不存在财务凭证而没有在 FI 中反映的成本，举例说明如下：

(1) 如果用户在自己的办公室和建筑物内运营公司，则不需要付租金。但是，的确存在必须反映在产品成本中的生产要素。可以根据管理会计中的附加(估算)成本来添加缺少的租金，这些租金不属于财务会计，因为它们并不基于法律文件(例如发票)。

(2) 如果用户将大量资金投入用户的公司，则无法将资金投入资本市场来赚取利益。因为"未实现的利益"是用户所投资资金的成本(机会成本)，用户可能希望使用附加成本将该成本添加至 CO。

(3) 如果用户在公司拥有资产，在财务会计中过账折旧。折旧的计算方法由国家或地区的法律以及财务会计标准指定，并且随时遵从法律的变更。比如 US-GAAP 的折旧与 IFRS 或 HGB 的计算方法不同，加之所有的这些都不能反映资产实际减值情况，所以可以考虑为 CO 安排单独的折旧计算。如果基于成本核算的折旧高于基于财务的折旧，那么两者的差异为附加成本。此外这个差异是中性支出。在 SAP S/4 HANA 中，不同的折旧由不同的评估范围反映。这部分知识可在有关资产会计的课程中了解更多。在 SAP S/4 HANA 收入中，支出和成本由财务科目表示，并通过科目类型进行区分。根据科目类型，在 CO 中使用的科目也称为成本要素。

3. 财务科目与成本要素

在 SAP S/4 HANA 新数据模型中，只需要一个主记录-科目，添加了新字段(GLACCOUNT_TYPE)，以区分不同的总账科目类型，如图 6-14 所示。请注意，科目类型在成本控制范围级别上进行分配。

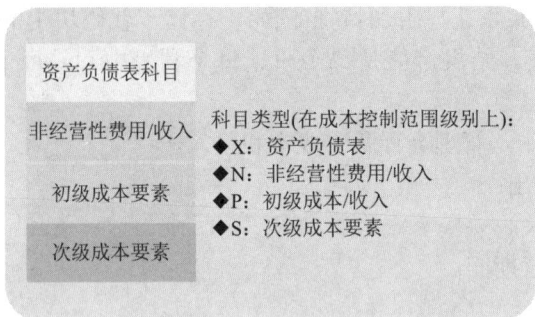

图 6-14　财务科目与成本要素

用户提供面向营业外费用和收入的损益科目，例如过去从未与成本中心、订单或 CO-PA 特征相关联的损益部分。

用户提供面向初级成本要素的损益科目，这些科目用于成本中心会计中的薪资费用、订单和项目会计中的物料费用以及基于科目 CO-PA 中的收入和销售抵扣的成本要素。

SAP S/4 HANA 提供的新方法是用户提供面向次级成本要素的损益表，这些全部是用于在管理会计中过账分配的成本要素。

4. 科目组

科目组将总账科目分类为用户定义的段，并确定属于这些用户定义段范围的科目的编号范围，如图 6-15 所示。创建、更改或显示公司代码段时，须确定主记录公司代码段的字段状态。字段状态选项有"禁止""必填""显示"和"可选"。

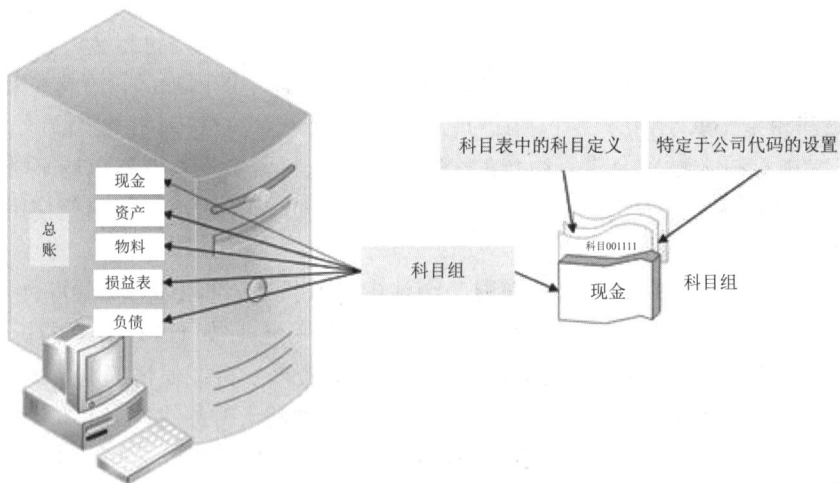

图 6-15　科目组

5. 统驭科目

统驭科目确保实时集成明细(子)分类账与总账，如图 6-16 所示。应始终保证明细(子)分类账与总账之间的统驭，因为未针对总账统驭科目启用直接过账。在总账中，自动过账只限于统驭科目类型。

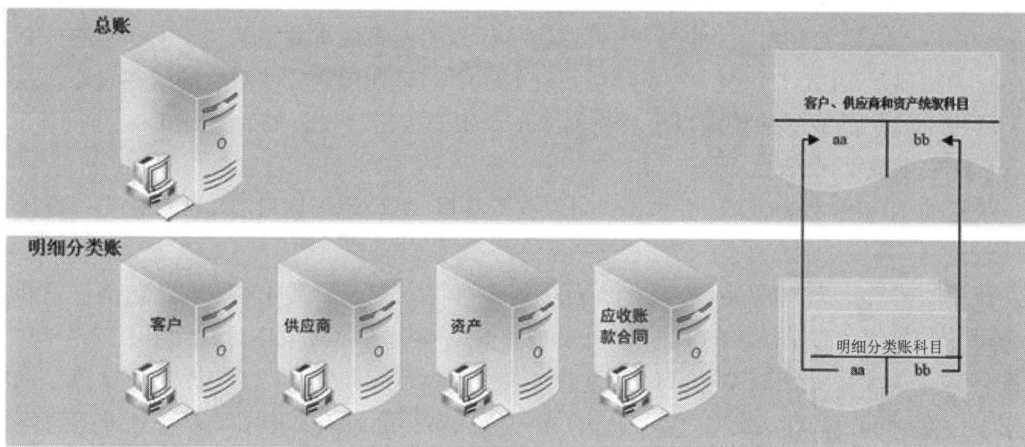

图 6-16　统驭科目

6. 集成到公司业务的管理会计

系统在其他 SAP S/4 HANA 功能模块中创建的数据会对 CO 产生直接影响。例如，如果购买非库存项目，系统会将相应的开支过账到总账(G/L)。系统也会将购买项目的开支作为成本过账到成本中心。然后，该成本中心会将这些成本作为间接费用传递到生产成本中心，如图 6-17 所示。

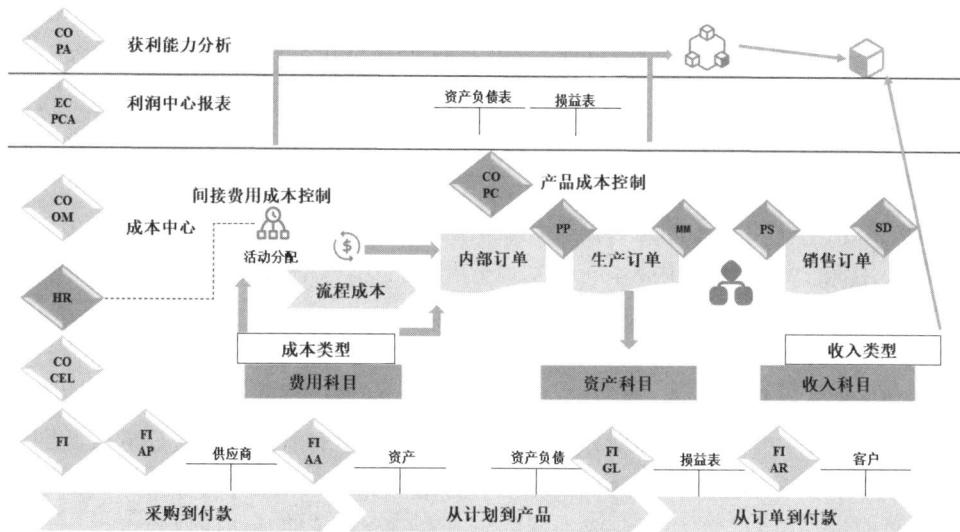

图 6-17　集成到公司业务的管理会计

在 SAP S/4 HANA 中，FI 是 CO 的主要数据源。事实上，总账中的多数费用过账会导致 CO 中的成本过账。这些过账到总账中的费用可能是日记账过账、供应商发票或来自"资产管理"的折旧过账。

销售订单管理是从开票凭证到 CO-PA 和 EC-PCA 的收入过账的主要来源。

SAP S/4 HANA 中的 HCM 模块可在 CO 中生成成本过账。HCM 允许用户将人工成本分配给不同的成本控制对象。此外，还可以转移计划的人事成本并将其用于 CO 中的计划。

在"物料管理(MM)"中，发货事务可在 CO 中创建到指定成本对象的成本过账。系统在 CO 中创建产品成本估算，以更新物料主记录中的价格字段。最后，MM 中的采购订单可在 CO 中生成承诺过账。

物流的制造区域与 CO 紧密协作，可以在 CO-PC 中使用"物料清单(BOM)"以及工艺路线。

在"间接费用成本控制(CO-OM)"范围内，可将成本过账到成本中心、内部订单和其他 SAP S/4 HANA 功能模块的流程中(外部成本)。成本中心可将成本分配至其他成本中心、内部订单、基于作业的成本核算(ABC)中的流程。反过来，"基于作业的成本核算"也可将成本传给成本中心和内部订单。内部订单可将成本结算到成本中心、基于作业的成本核算中的流程以及其他内部订单。

主要成本流存在于 CO-OM 与产品成本控制(CO-PC)之间。成本对象(如生产订单)可以接收来自财务会计的直接成本过账、来自成本中心的成本、来自内部订单的结算成本以及来自基于作业的成本核算流程的已分配成本。

获利能力会计组件也与 CO-OM 和 CO-PC 紧密地集成在一起。除了从"财务会计"直接过账外，获利能力分析(CO-PA)还可以接收来自成本中心和基于作业的成本核算流程的成本分摊、来自内部订单的成本结算以及来自成本对象的生产差异结算。

如果将所有成本对象分配到利润中心，系统将自动向其利润中心分配在这些成本对象上过账的所有成本。

6.4.2 定义成本中心

1. 成本中心会计

成本中心是 CO 范围中的主数据，代表产生成本的具体位置。可使用成本中心基于相关范围的使用情况将间接费用成本有差别地分配到各组织活动(成本确定功能)，并对组织中所产生的成本进行有差别的控制(成本控制功能)。

CO-OM-CCA 组件能够记录组织中产生成本的位置。成本中心可根据多个设计方法定义，例如功能要求、分配条件、活动、提供的服务、地理位置或责任范围，应在整个企业中采用一致的方法。作为一种典型方法，企业可为每个负有管理成本责任的低级别组织定义成本中心，如图 6-18 所示。成本产生后，将分配或过账到相应成本中心。这些成本可包括工资核算成本、租金和公用事业成本或者与成本中心相关的其他任何成本。

将成本过账和分配到成本中心使管理会计成为可能，是应用其他 CO 组件的关键步骤。

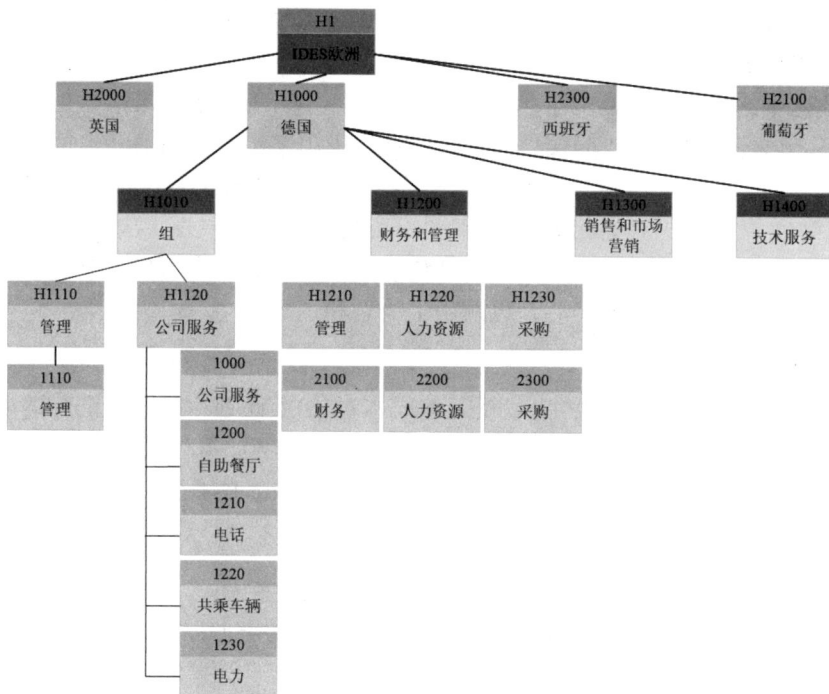

图 6-18　CO 范围中成本中心的标准层次结构

2. 成本中心主数据

成本中心主数据如图 6-19 所示。

图 6-19　成本中心主数据

基本数据页签包含成本中心的基本信息，例如成本中心的名称和描述、成本中心经理的姓名以及想要为其分配成本中心的部门。

基本数据中的层次结构范围字段显示了成本中心所分配到的标准层次结构节点。必须填充此字段，以便使其可在"间接费用管理会计"中用来实现控制功能。每个 CO 范围都必须具有唯一的标准层次结构，其中包括在该 CO 范围中创建的每个成本中心。

成本中心主数据是与时间相关的，并且是分配到标准成本中心层次结构的节点。此外，应将成本中心分配到组织单位，例如公司代码和功能范围。用户可以向利润中心分配成本中心。控制数据用于锁定成本中心，以防用于计划和过账活动。

3. 统计关键指标

统计关键指标是指在成本中心(以及其他成本对象)上计划和过账的汇总信息，作为成本中心报表中的附加报表信息，用于计算附加关键指标(例如每位员工的平均薪资等)，以及用作分配因素，将成本从一个成本中心分配到另一个成本中心。

6.4.3 过账总账科目凭证

SAP S/4 HANA 其他功能模块中过账的数据(称为通用日记账)通过会计接口过账到财务模块。

1. 凭证结构

通用日记账(Universal Journal)由表头(BKPF)和行项目表(ACDOCA)组成，凭证由凭证抬头和两个以上行项目组成。SAP S/4 HANA 中业务模块过账到财务模块示意图如图 6-20 所示。

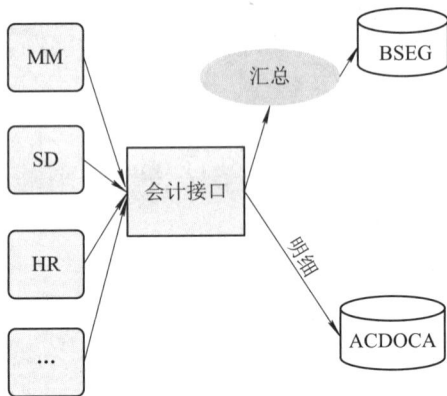

图 6-20　各模块过账到财务模块示意图

2. 过账码

每个凭证行项目都包含一个过账码。过账码控制每个凭证行项目的以下信息，如图 6-21 所示。

(1) 要过账的科目类型。

(2) 过账类型(贷项或借项)。

(3) 行项目字段可能具有或需要输入的信息。

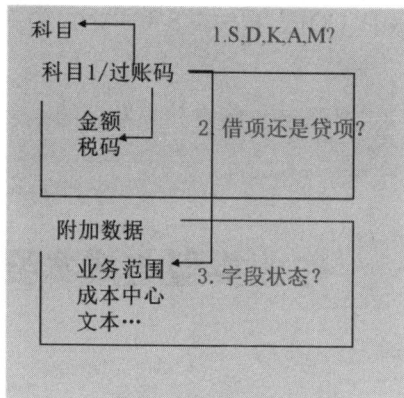

详细信息视图

图 6-21　过账码

3. 通用日记账分录

通用日记账分录含有抬头(表 BKPF)和相应的项目(表 ACDOCA)，如图 6-22 所示。

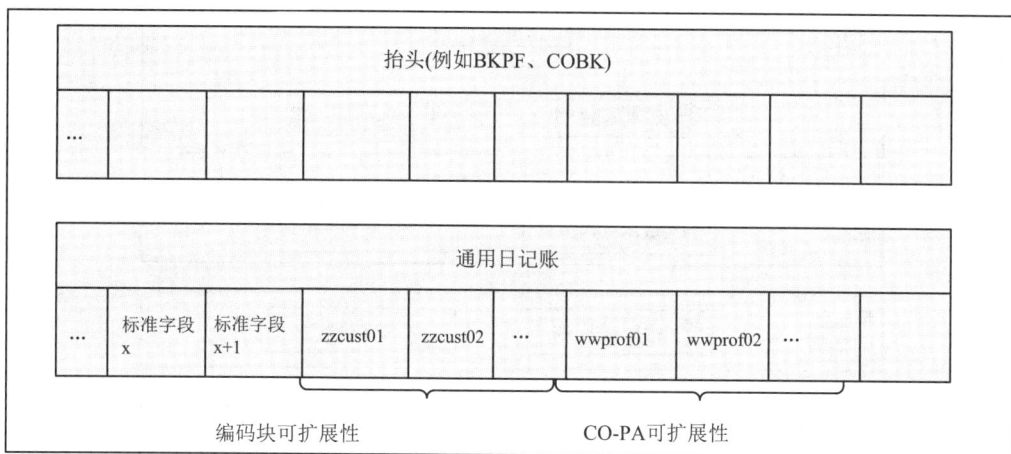

图 6-22　通用日记账分录(ACDOCA)

写入 ACDOCA 表中的行项目大多数都带有相应的凭证抬头(例如结转、迁移更正)，每个行项目具有以字母(例如"A")开头的人工凭证编号。

ACDOCA 表中包含 G/L、CO、AA、ML、PA 所需的所有字段，从而为所有这些模块提供一个单独的数据来源。对于 CO，统一日记账还包含所有成本要素，包括同样存在于 SAP S/4 HANA 总账科目中的次级成本要素。

此外，通用日记账可提供多种会计准则功能，行项目编号使用 6 位数字段，货币字段则使用 23 位数段。

通用日记账可以轻松地使用客户字段进行扩展。可扩展性适用于使用通用日记账(G/L，CO，AA，ML)的所有组件，具体如下：

(1) 提供使用 CO-PA 功能的损益行扩展，用于字段定义(特征)以及丰富的 CO-PA 派生工具。

(2) 标准总账代码块可扩展性可用，并且影响通用日记账。

(3) 所有组件(G/L、AA、ML、CO)基于 SAP S/4 HANA 的新报表均可访问自定义字段。

4. 财务报表

在财务报表中，用户可以定义资产负债表和损益表的报表结构。用户可以对已有的报表结构进行维护修改。

6.5 作业类型与成本要素

1. 费率计划

科目表创建于财务会计(FI)中。系统出于成本会计的目的，必须使用总账科目类型 P(初级成本或收入)或 S(次级成本要素)创建，成本的费用科目如图 6-23 所示。这可以确保向此类费用科目的所有过账同时到达管理会计的管理会计对象(例如成本中心、内部订单、项目)。

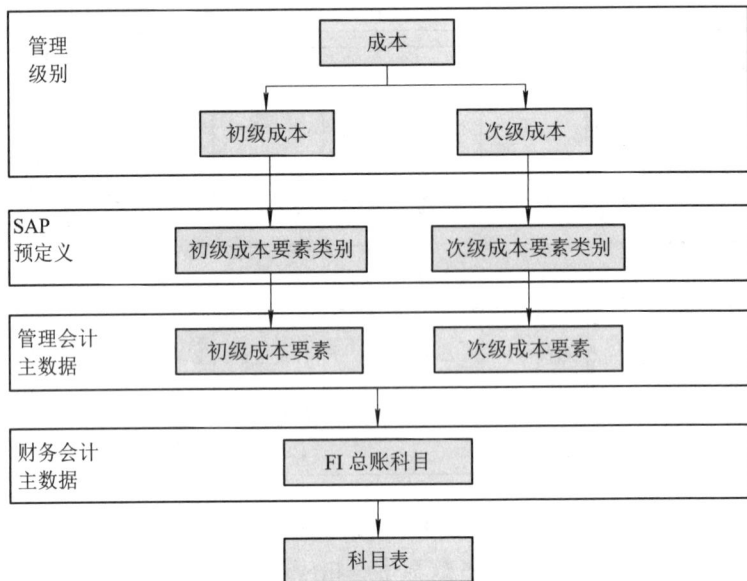

图 6-23　总账(G/L)科目和成本要素

此外，用户可以直接使用已分配成本要素类别预定义的成本要素。

2. 作业(活动)类型

作业(活动)类型是对公司内由一个或多个成本中心执行的作业进行分类的结果。如果某成本中心为其他成本中心、订单和流程提供服务，则意味着使用了该成本中心的资源。这些资源的成本需要分配给作业的接收方。作业类型充当此成本分配的跟踪因素。

在内部作业分配中，可通过手动或自动方式将作业数量(如咨询小时数)输入 SAP S/4 HANA Finance 中。系统将根据作业价格计算相关成本，并将数量和成本记入接收方的借项与提供作业的成本中心的贷项。要执行分配，系统使用作业类型主数据中存储的次级成本要素作为缺省值。

通过在作业类型主数据中输入允许的成本中心类别，可以限制仅在特定类型的成本中心中使用相应作业类型。用户最多可以输入八种允许的成本中心类别，或通过输入星号(*)将分配设置为非限制状态，如图6-24所示为成本中心上的作业类型创建过程。

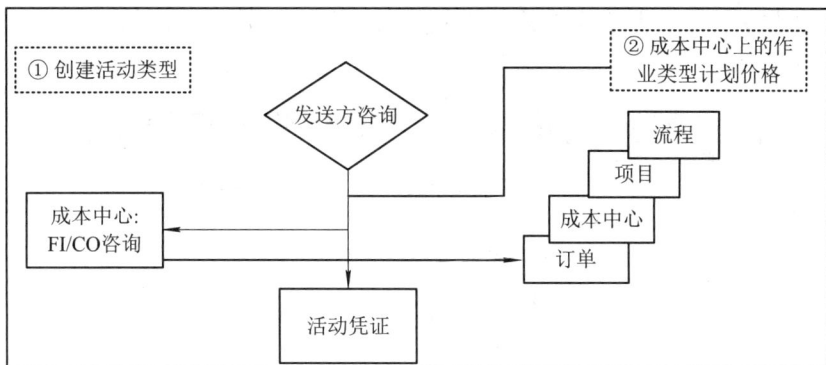

图 6-24　作业类型创建过程

3. 成本要素

通用日记账包括一个字段科目，其中涵盖总账科目与成本类型的总账科目。成本是科目表的一部分并且通过科目主数据进行维护。

如果创建表示成本的总账科目，则必须分配 CO 对象，如成本中心、项目、内部订单或获利能力段。

次级成本仅用于管理会计，用来识别分摊或结算等内部成本流。

试算表等报表可以显示所有过账成本(初级与次级成本)，图6-25 展示了成本要素中初级成本要素和次级成本要素。

图 6-25　成本要素

4. 作业分配

创建成本中心和作业类型主记录之后，系统会向此组合分配计划价格。系统使用此价格对在直接作业分配中输入的数量进行评估。如图 6-26 所示为成本中心上作业配型的价格分配示意图。在 SAP S/4 HANA Finance 系统中，可通过计划成本中心的作业输出或价格指定此信息。为此，SAP S/4 HANA 系统提供了大量选项，用户可以手动输入计划价格，或由系统计算计划价格。

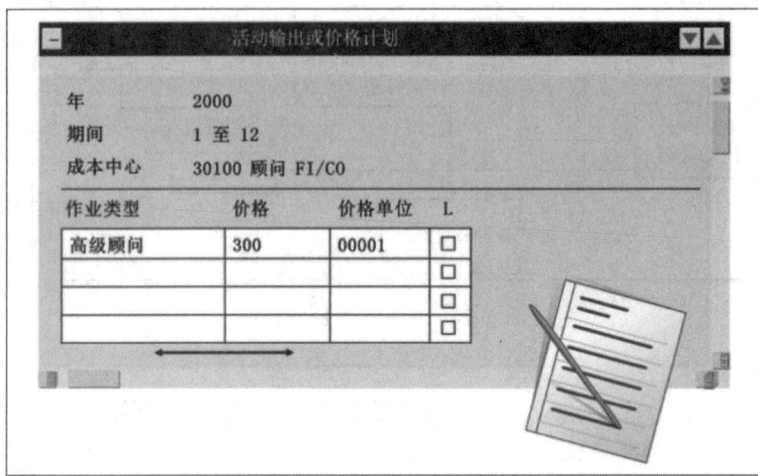

图 6-26　成本中心上作业类型的价格分配示意图

5. 分摊

对于一些成本中心，用户不能确定合理的分摊数量(例如设施管理成本中心)，因为它们并不是为单一对象提供确定数量的服务，不同服务对象的成本需按一定的标准分摊。在这种情况下，用户可以选择将成本分配到合理的测量因素，如使用设施的人数。因此，用户可以将统计关键指标"员工人数"计划或过账到接收成本中心，并按照此跟踪因素分配成本，如图 6-27 所示。

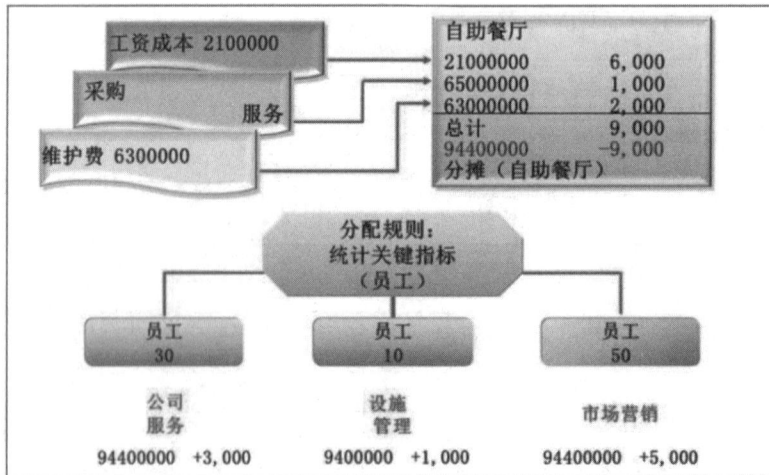

图 6-27　分摊

即使用户使用作业分配，发送方可能在期末依旧不结平。因此，用户可以选择通过分摊将成本中心的余额分配给其他人，以使成本中心的余额为零。

6.6　内 部 订 单

6.6.1　内部订单概述

内部订单是灵活的成本控制(CO)工具，可用于各种目的(例如跟踪成本控制范围内的成本和收入)。内部订单提供计划、监控和分配成本的功能。内部订单可分为以下基本类别，如图 6-28 所示。

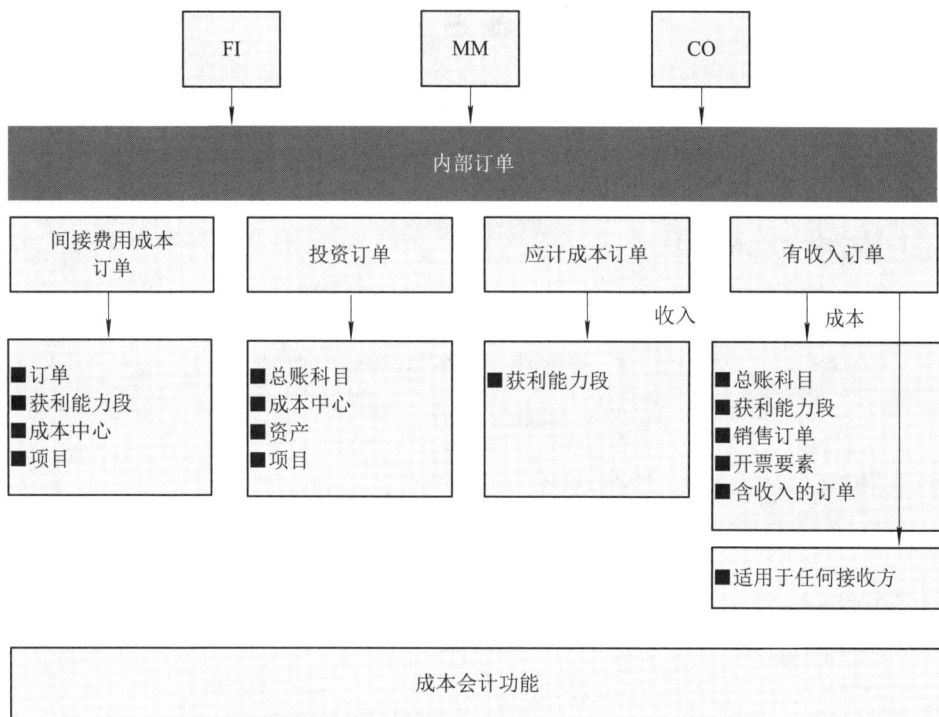

图 6-28　内部订单

(1) 间接费用订单：用于监控特殊用途中产生的间接费用成本，如举办展销会或跟踪维护和修理工作的成本。

(2) 投资订单：用于监控固定资产生产过程中产生的成本，如修建存储设施等成本。

(3) 应计成本订单：应计成本订单用于抵销应计成本(CO 中计算出的成本)到成本中心的过账。

(4) 有收入订单：用于在没有使用销售与分销(SD)时替换 SD 销售订单的成本会计部分。

此类订单用于跟踪成本和收入。如果未自动执行开票，则这些订单还用于监控不影响组织核心业务的收入，例如杂项收入等。

6.6.2　内部订单主数据

内部订单主数据包含多个部分，每个部分均由具有预定义字段组的标签表示。用户可以根据实际情况定制不同字段，如图 6-29 所示。

订单类型是内部订单主数据最重要的字段。利用此字段可指定不同主数据字段的缺省值，还可根据订单用途定义某些订单特征，例如结算、计划和预算设置。

可使用内部订单计划、收集、监控和结算企业中某些运营和任务的成本。在整个内部订单生命周期(从创建到最终结算，包括计划和过账实际成本)中，可使用 SAP S/4 HANA 系统控制内部订单。

图 6-29　内部订单数据

6.6.3　过账到实际内部订单和统计内部订单

用户可以将实际数据过账到内部订单，借记内部订单。在订单的成本分配中，借记订单并将发送方记入贷方。

如果内部订单是实际成本控制对象，则过账值类型为 04(实际成本)的借方，并且可以稍后结算，如图 6-30 所示为过账到实际内部订单。

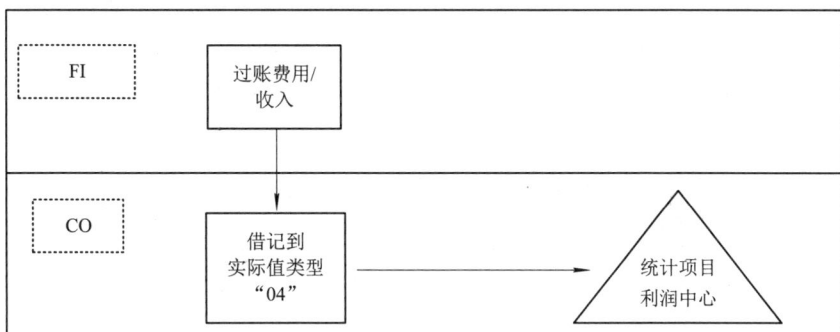

图 6-30　过账到实际内部订单

除了实际过账之外，用户还可以处理其他统计对象，这些对象将被统计过账。统计成本仅可用于分析目的，而不能用于分配，也不能计入 CO 和其他模块之间的任何统驭，如图 6-31 所示为过账到统计内部订单。

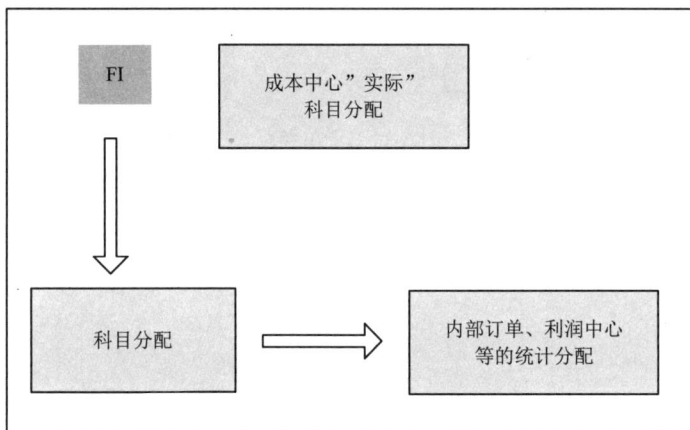

图 6-31　过账到统计内部订单

如果用户将内部订单标记为统计，除了能将实际对象过账之外，还可以将成本分配到对应的订单。

例如，用户想要在成本中心收集车队的成本，另外还想要在单独的内部订单上收集每辆汽车的成本。统计订单允许用户在成本中心过账汽车的实际成本，与此同时在相应的内部订单上过账该汽车的统计成本。内部订单具有如下优势：

(1) 用户可以同时分析订单和成本中心的成本。

(2) 用户不必稍后结算订单(也无法稍后结算订单)，这会浪费时间，并将产生额外的财务凭证。

6.6.4　订单结算

内部订单通常用作成本的临时收集器以及所需计划、监控和成本控制流程的辅助工具。完成某项任务后，必须将成本传输到它们的最终目的地(如成本中心、固定资产和获利能力段)。此流程称为订单结算。这是定期成本分配的另一种形式。

根据内部订单的类型及其业务目的，可以在每个期间结束或订单生命周期结束时执行结算。只要在定制中将接收方定义为有效，而且没有临近的系统限制(如锁定)阻止结算，就可以向许多不同类型的接收方执行订单结算。图 6-32 所示为可能的结算接收方的示例。

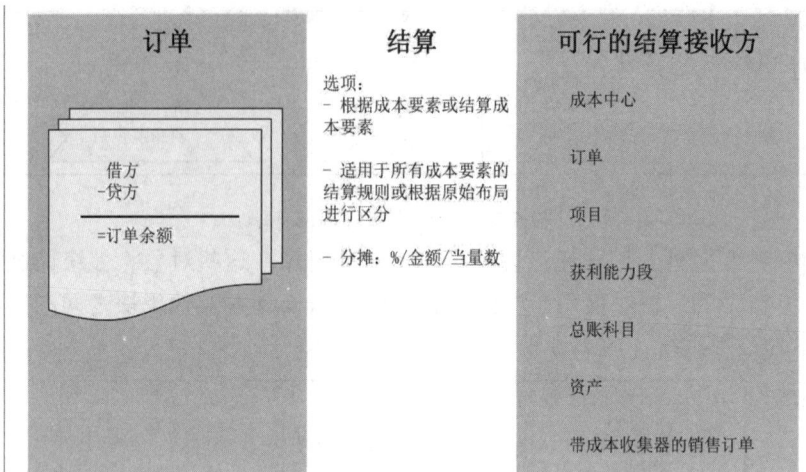

图 6-32 订单结算

必须为每个订单定义结算规则。在订单主数据中定义结算规则，可以指定将订单上的所有成本结算到单个接收方，或者分摊给多个接收方。订单结算也可以在多个可用结算选项中选用一个选项，来灵活地构建结算。

6.6.5 结算结果

在结算过程中，一个内部订单引起的实际成本将分配给一个或多个接收方，系统自动生成抵销分录以贷记内部订单。结算后，内部订单的余额应该为零。

结算的成本会对相应的接收方对象更新并显示在报告中，如图 6-33 所示。

图 6-33 结算结果

6.7 思考与练习

1. 举例说明统驭科目的工作原理。
2. 举例说明成本中心与作业类型的关系。

6.8 FI 实践练习

在 SAP S/4 HANA 实训平台上完成下列实践练习，本练习详细地展示出财务会计模块中涉及的主数据的内容，通过练习可以深刻理解财务会计相关主数据的作用和相互之间的关系。

双击桌面上 SAP S/4 HANA GUI 图标 ，在 SAP S/4 HANA 登录界面中打开课程相关"连接"，使用教师分配的用户名和密码登录到指定客户端，开始实践任务。

实践练习 FI01 显示会计科目表

按照表 6-1 FI01 的任务要求完成"显示会计科目表"的上机实践操作。

表 6-1 FI01 任务要求

任务	使用 SAP 轻松访问菜单，显示会计科目表
说明	对于每个总账科目，会计科目表包含了科目编号、科目名称和附加的技术信息 会计科目表可被多个公司代码共享。每个公司代码必须分配一个会计科目表。一旦会计科目表被分配给一个公司代码，它就会成为该公司代码用来获取财务会计和成本会计信息的有效会计科目表。其他会计科目表可能会被要求用来获取额外的支持，包括：① 特定国家的会计科目表—根据一个特定国家或地区的法律要求设定；② 会计科目表组—根据合并财务报表的相关要求设定
职位	丁(财务人员)
菜单路径	会计核算→财务会计→总账→信息系统→总账报表(新)→主数据→总账科目清单(S_ALR_87012333)
T-Code	S_ALR_87012333

(1) 展开菜单路径：

"会计核算"→"财务会计"→"总账"→"信息系统"→"总账报表"→"主数据"→"总账科目清单(S_ALR_87012333)"

(2) 在展开的菜单栏双击"总账科目清单(S_ALR_87012333)"或按回车键，打开"总账科目表"界面，输入表 6-2 所示信息。

表 6-2 输 入 信 息

字 段 名 称	字 段 值
科目表	1000
公司代码	1000
SAP 清单浏览器	X

(3) 单击标准工具栏上 📥 按钮，显示总账科目清单，将显示的信息填写到表 6-3 中。

表 6-3 输 出 信 息

总账科目	总账科目长文本
1001010000	
1002010000	
1122020000	
1403010000	
2202020000	
4103010000	
5001010000	
6001020000	
6401020000	

(4) 单击标准工具栏上的 📤 按钮，返回主界面。

实践练习 FI02　显示总账科目

按照表 6-4 FI02 的任务要求完成"显示总账科目"的上机实践操作。

表 6-4　FI02 任务要求

任务	使用 SAP 轻松访问菜单，显示总账科目
说明	本作业通过"集中"菜单项创建，"集中"意味着科目的科目表层属性和公司代码层属性可以集中在一个界面中维护。进入该界面后，可以看到有 6 个视图：类型/描述、控制数据、创建/银行/利息、关键字/翻译、信息(科目表)、信息(公司代码)
职位	丁(财务人员)
菜单路径	会计核算→财务会计→总账→主记录→总账科目→单个处理→集中(FS00)
T-Code	FS00

(1) 展开菜单路径：

"会计核算"→"财务会计"→"总账"→"主记录"→"总账科目"→"单个处理"
→"集中(FS00)"

(2) 在展开的菜单栏双击"集中(FS00)"或按回车键，打开"编辑 总账科目 集中地"界面，输入表 6-5 所示信息。

表 6-5　输 入 信 息

字 段 名 称	字 段 值
总账科目	1002010000
公司代码	1000

（3）单击标准工具栏上的 🔍 按钮，打开"显示 总账科目 集中地"界面，显示总账科目信息，将显示的信息填写到表 6-6 中。

表 6-6　输 出 信 息

页　签	字 段 名 称	字 段 值
类型/描述	总账科目类型	
	科目组	
	短文本	
控制数据	科目货币	
	税务类型	
	统驭科目的科目类型	
	排序码	
创建/银行/利息	字段状态组	

🔔如果系统无法显示"科目组"字段前的键值，请单击标准工具栏上 ⚙ 按钮，打开图 6-34 左图所示菜单，单击"选项"菜单项，在打开的"选项"对话框上完成如图 6-34 所示设置。

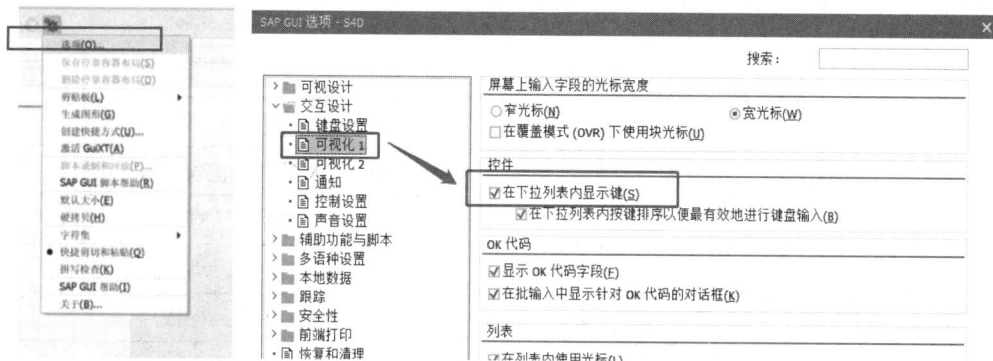

图 6-34　选项对话框

🔔 再次执行(2)、(3)步骤，可查看科目组信息。

（4）单击标准工具栏上的 ⏫ 按钮，返回主界面。

实践练习 FI03　创建会计科目

按照表 6-7 FI03 的任务要求完成"创建会计科目"的上机实践操作。

表 6-7　FI03 任务要求

任务	使用 SAP 轻松访问菜单，创建会计科目表中的会计科目
说明	由于业务发展需要，公司将增加银行存款科目以满足业务发展。本作业通过"集中"菜单项创建，"集中"意味着可以在同一界面创建科目表层属性和公司代码层属性。进入该界面后，可以看到以下 6 个视图：类型/描述、控制数据、创建/银行/利息、关键字/翻译、信息(科目表)、信息(公司代码)
职位	丁(财务人员)
菜单路径	会计核算→财务会计→总账→主记录→总账科目→单个处理→集中(FS00)"
T-Code	FS00

(1) 展开菜单路径：

"会计核算"→"财务会计"→"总账"→"主记录"→"总账科目"→"单个处理"→"集中(FS00)"

(2) 在展开的菜单栏双击"集中(FS00)"或按回车键，打开"编辑 总账科目 集中地"界面，输入表 6-8 所示信息。

表 6-8　输 入 信 息

字 段 名 称	字 段 值
总账科目	1002010###(###代表用户的三位数字编号，后文同)
公司代码	1000

(3) 单击标准工具栏上 ▢ 按钮，在弹出的"创建 总账科目 集中地"对话框上输入表 6-9 所示信息。

表 6-9　输 入 信 息

页　签	字 段 名 称	字 段 值
类型/描述	总账科目类型	X 资产负债表科目
	科目组	1000 资产类科目
	短文本	银行存款-###账户
	总账科目长文本	银行存款-###账户
控制数据	科目货币	CNY
	仅限以本位币记的余额	勾选
	排序码	001
创建/银行/利息	字段状态组	Z002

🔔 思考"字段状态组"字段的用途有哪些。

(4) 单击标准工具栏上 🖫 按钮，保存创建会计科目表信息。

(5) 单击标准工具栏上的 ⦿ 按钮，返回主界面。

实践练习 FI04　录入会计凭证

按照表 6-10 FI04 的任务要求完成"录入会计凭证：确认政府补贴"的上机实践操作。

表 6-10　FI04 任务要求

任务	使用 SAP 轻松访问菜单，录入会计凭证
说明	本操作将完成政府补贴会计凭证的录入
职位	丁(财务人员)
菜单路径	会计核算→财务会计→总账→凭证录入→一般过账(F-02)
T-Code	F-02

(1) 展开菜单路径：

"会计核算"→"财务会计"→"总账"→"凭证录入"→"一般过账(F-02)"

(2) 在展开的菜单栏双击"一般过账(F-02)"或按回车键，打开"输入总账科目记账：抬头数据"界面，输入表 6-11 所示信息。

表 6-11　输 入 信 息

字 段 名 称	字 段 值
凭证日期	<今天>
公司代码	1000
货币	CNY
参照	###
凭证抬头文本	确认政府补贴 1,000 元

在界面"行项目"部分，输入表 6-12 所示信息。

表 6-12　输 入 信 息

过账码	科　　目	SGL 标识
09	CWKH###	I

(3) 单击标准工具栏上 ✔ 按钮或按回车键，在新弹出的对话框上输入表 6-13 所示信息。

表 6-13　输 入 信 息

金 额	到期日	过账码	科　　目
1000	<今天>	50	6301020100

(4) 单击标准工具栏上 ✔ 按钮或按回车键，在"金额"字段输入 1000。

(5) 在菜单栏中单击"凭证"→"模拟"。

请思考：借贷是否平衡？该事务的账户类型是什么？

(6) 单击标准工具栏上的 💾 按钮，保存操作信息。

(7) 单击标准工具栏上的 ⏫ 按钮，返回主界面。

实践练习 FI05　显示会计凭证

按照表 6-14 FI05 的任务要求完成"显示会计凭证"的上机实践操作。

表 6-14　FI05 任务要求

任务	使用 SAP 轻松访问菜单,显示会计凭证
说明	显示会计凭证是财务人员常用的业务工作,在显示会计凭证时,用户不仅可以看到凭证详情信息,还可以查看凭证抬头信息
职位	丁(财务人员)
菜单路径	会计核算→财务会计→总账→凭证→显示(FB03)
T-Code	FB03

(1) 展开菜单路径:

"会计核算"→"财务会计"→"总账"→"凭证"→"显示(FB03)"

(2) 在展开的菜单栏双击"显示(FB03)"或按回车键,打开"显示会计凭证:初始屏幕"界面,输入表 6-15 所示信息。

表 6-15　输 入 信 息

字 段 名 称	字 段 值
凭证编号	<FI03 创建的会计凭证号>
公司代码	1000
会计年度	<当前年度>

(3) 单击标准工具栏上 ☑ 按钮,显示所要查看的会计凭证信息,观察屏幕数据,回答下列问题。

思考:过账码 40 和 50 的含义是什么?

解释银行存款行项目中原因代码的含义是什么?

(4) 单击标准工具栏上的 ☁ 按钮,观察显示界面上显示信息的变化,回答下列问题。

所查凭证输入者是谁?输入日期是什么时候?

(5) 单击标准工具栏上的 ⌃ 按钮,返回主界面。

实践练习 FI06　显示总账科目余额

按照表 6-16 FI06 的任务要求完成"显示总账科目余额"的上机实践操作。

表 6-16　FI06 任务要求

任务	使用 SAP 轻松访问菜单,显示总账科目余额
说明	在总账中查询拟冲销科目的当前余额及发生额情况
菜单路径	会计核算→财务会计→总账→科目→显示余额(FAGLB03)
T-Code	FAGLB03

(1) 展开菜单路径:

"会计核算"→"财务会计"→"总账"→"科目"→"显示余额(FAGLB03)"

(2) 在展开的菜单栏双击"显示余额(FAGLB03)"或按回车键,打开"输入公司代码、会计年度"界面,输入表 6-17 所示信息。

表 6-17　输　入　信　息

字 段 名 称	字 段 值
账号	1002010###
公司代码	1000
会计年度	<当前年度>

(3) 单击标准工具栏上的 🕓 按钮,查看显示结果,把显示结果填写到表 6-18 中。

表 6-18　输　出　信　息

字 段 名 称	字 段 值
期间	
借方	
贷方	
余额	

(4) 在界面上双击当月"借方"发生额,观察界面上信息的变化,填充相关信息。

思考:当月借方发生额由几笔业务组成?

(5) 单击标准工具栏上的 ⫷ 按钮,返回上一级界面,双击当月"贷方"发生额,观察界面上的变化,填充相关信息。

思考:当月借方发生额由几笔业务组成?

(6) 单击标准工具栏上的 ⫷ 按钮,返回上一级界面,双击当月"余额",观察界面上的数据,填充相关信息。

思考:当月余额由几笔业务组成?

(7) 单击标准工具栏的 🕝 按钮,返回主界面。

实践练习 FI07　更改会计凭证

按照表 6-19 FI07 的任务要求完成"更改会计凭证"的上机实践操作。

表 6-19　FI07 任务要求

任务	使用 SAP 轻松访问菜单,更改会计凭证
说明	使用 SAP 轻松访问菜单对<FI02 练习>过账的凭证进行修改。一旦凭证记账,只能改变某些信息,如凭证抬头、凭证行项目文本等
职位	丁(财务人员)
菜单路径	会计核算→财务会计→总账→凭证→更改(FB02)
T-Code	FB02

(1) 展开菜单路径：

"会计核算"→"财务会计"→"总账"→"凭证"→"更改(FB02)"

(2) 在菜单栏双击"更改(FB02)"或按回车键，打开"修改会计凭证：初始屏幕"界面，输入表 6-20 所示信息。

表 6-20　输入信息

字段名称	字段值
凭证编号	<FI02 创建的会计凭证号>
公司代码	1000
会计年度	<当前年度>

(3) 单击标准工具栏上的　[✓]　按钮或按回车键，查看界面上显示的数据。

(4) 单击标准工具栏上的　[▲]　按钮，打开"凭证抬头：1000 公司代码"界面，输入表 6-21 所示信息。

表 6-21　输入信息

字段名称	字段值
凭证抬头文本	收到技术专利政府补贴 1000 元

(5) 单击标准工具栏上的　[✓]　按钮，查看显示的会计凭证信息。

检查抬头及行项目，思考并记录会计凭证中哪些字段能够修改。

(6) 单击标准工具栏上的　[💾]　按钮，保存修改信息。

(7) 单击标准工具栏上的　[⊼]　按钮，返回主界面。

实践练习 FI08　显示会计凭证修改结果

按照表 6-22 FI08 的任务要求完成"显示会计凭证修改"的上机实践操作。

表 6-22　FI08 任务要求

任务	使用 SAP 轻松访问菜单，显示会计凭证修改结果
说明	在该任务中用户可以对凭证的修改历史及修改内容进行查看
职位	丁(财务人员)
菜单路径	会计核算→财务会计→总账→凭证→显示更改(FB04)
T-Code	FB04

(1) 展开菜单路径：

"会计核算"→"财务会计"→"总账"→"凭证"→"显示更改(FB04)"

(2) 在展开的菜单栏双击"显示更改(FB04)"或按回车键，打开"凭证更改：初始屏幕"界面，输入表 6-23 所示信息。

表 6-23　输 入 信 息

字 段 名 称	字 段 值
公司代码	1000
凭证编号	<FI02 创建的会计凭证号>
会计年度	<当前年度>

（3）单击标准工具栏上的 **✅** 按钮，打开"凭证更改：更改的字段"界面，显示查询结果，根据界面显示填充相关信息。

思考：该凭证对哪些字段进行了修改。

（4）单击标准工具栏上的 所有修改 按钮，打开"凭证修改：概览"界面，将显示结果填写在表 6-24 中。

表 6-24　输 出 信 息

日期	字段	新的	旧的

（5）选择显示界面上的"凭证抬头文本"，单击标准工具栏上的 按钮，将显示结果填写在表 6-25 中。

表 6-25　输 出 信 息

字 段 名 称	字 段 值
修改人	
修改时间	

（6）单击标准工具栏上的 **⏫** 按钮，返回主界面。

实践练习 FI09　冲销会计凭证

按照表 6-26 FI09 的任务要求完成"冲销会计凭证"的上机实践操作。

表 6-26　FI09 任务要求

任务	使用 SAP 轻松访问菜单，冲销会计凭证
说明	由于<FI02 练习>中误将收款金额 1000 元录为 800 元，故需使用 SAP 轻松访问菜单将收到的政府补贴进行冲销。（如果想修改凭证的记账码、账户和金额，只能冲销凭证。）
职位	丁(财务人员)
菜单路径	会计核算→财务会计→总账→凭证→冲销→单一冲销(FB08)
T-Code	FB08

（1）展开菜单路径：

"会计核算"→"财务会计"→"总账"→"凭证"→"冲销"→"单一冲销(FB08)"

（2）在打开的菜单栏双击"单一冲销(FB08)"或按回车键，打开"冲销凭证：抬头数据"界面，输入表 6-27 所示信息。

表 6-27　输 入 信 息

字 段 名 称	字 段 值
凭证编号	<FI02 创建的会计凭证号>
公司代码	1000
会计年度	<当前年度>
冲销原因	03

⌂ "03"代表当前期间的实际回转。当前期间表示该凭证冲销在当前期间，实际回转表示红字冲销(负借负贷)。这样不会虚增与这个科目有关的业务。

（3）单击标准工具栏上的 ▦ 按钮，保存信息。

（4）按照菜单路径显示冲销凭证，思考"负过账/反记账"字段的含义是什么？

（5）单击标准工具栏上的 ⏫ 按钮两次，返回主界面。

6.9　CO 实践练习

在 SAP S/4 HANA 实训平台上完成下列实践练习，本练习详细地展示出管理会计模块中涉及的主数据内容，并通过练习深刻理解管理会计相关主数据的作用和相互之间的关系。

双击桌面上 SAP S/4 HANA GUI 图标 ▮，在 SAP S/4 HANA 登录界面中打开课程相关"连接"，使用教师分配的用户名和密码登录到指定客户端，开始下列实践任务。

实践练习 CO01　浏览成本中心标准层次

按照表 6-28 CO01 的任务要求完成"浏览成本中心标准层次"的上机实践操作。

表 6-28　CO01 任务要求

任务	使用 SAP 轻松访问菜单，浏览成本中心标准层次
说明	成本中心结构是以有意义的方式分摊和获取成本的层次组织数据对象，从而用于管理会计分析，支持决策。成本中心是一个公司里负责发生和影响成本的责任区域
职位	丁(财务人员)
菜单路径	会计核算→控制→成本中心会计→主数据→标准层次→显示(OKENN)
T-Code	OKENN

（1）展开菜单路径：

"会计核算"→"控制"→"成本中心会计"→"主数据"→"标准层次"→"显示

(OKENN)"

(2) 在展开的菜单上双击"显示(OKENN)"或按回车键，打开"设置成本控制范围"界面，输入表6-29所示信息。

表6-29 输入信息

字段名称	字段值
控制范围	1000

(3) 单击标准工具栏上的 按钮或按回车键，打开成本中心显示界面，观察界面显示，请在下方空白处用树形结构展示成本中心标准层次结构。

(4) 双击界面上方的任一元素，窗口状态栏将显示对应的详细信息。

思考：1000F是什么？1000V00010是什么？

(5) 单击标准工具栏上的 按钮，返回主界面。

实践练习 CO02 显示成本中心

按照表6-30 CO02的任务要求完成"显示成本中心"的上机实践操作。

表6-30 CO02任务要求

任务	使用 SAP 轻松访问菜单，显示成本中心主数据
说明	CO 模块的核心任务是将成本和费用准确的归集到它的发生地(成本对象)，并且按照各成本对象间的相互作用关系将成本费用从发生地流转到目的地。其中成本中心就是一个重要的成本对象，它是用户归集组织单位发生费用的组织单元，一般用于用户部门费用的核算，但不限于部门
职位	丁(财务人员)
菜单路径	会计核算→控制→成本中心会计→主数据→成本中心→单个处理→显示(KS03)
T-Code	KS03

(1) 展开菜单路径：

"会计核算"→"控制"→"成本中心会计"→"主数据"→"成本中心"→"单个处理"→"显示(KS03)"

(2) 在展开的菜单中双击"显示(KS03)"或按回车键，打开"显示成本中心：初始屏幕"界面，输入表6-31所示信息。

表6-31 输入信息

字段名称	字段值
控制范围	1000
成本中心	1000V00010

(3) 单击标准工具栏上的 按钮或按回车键，打开"显示成本中心：基本屏幕"，将显示信息填写在表6-32中。

表 6-32 输 出 信 息

字 段 名 称	字 段 值
名称	
描述	
负责人	
成本中心类型	
层次结构范围	
功能范围	

(4) 单击标准工具栏上的 按钮，返回主界面。

实践练习 CO03　显示初级成本要素

按照表 6-33 CO03 的任务要求完成"显示初级成本要素"的上机实践操作。

表 6-33　CO03 任务要求

任务	使用 SAP 轻松访问菜单，显示初级成本要素
说明	成本要素为 CO 模块中的科目，用于识别所有过账到 CO 的成本和收入项目，分初级成本要素和次级成本要素。初级成本要素也是一个财务模块中的会计科目，当该科目过账时，也将数据实时传递到 CO 模块
职位	丁(财务人员)
菜单路径	会计核算→财务会计→总账→主记录→总账科目→单个处理→集中(FS00)
T-Code	FS00

(1) 展开菜单路径：

"会计核算"→"财务会计"→"总账"→"主记录"→"总账科目"→"单个处理"→"集中(FS00)"

(2) 在展开的菜单栏双击"集中(FS00)"或按回车键，打开"编辑 总账科目 集中地"界面，输入表 6-34 所示信息。

表 6-34　输 入 信 息

字 段 名 称	字 段 值
总账科目	6601080000
公司代码	1000

(3) 单击标准工具栏上的 按钮，打开"显示 总账科目 集中地"界面，将显示信息填写在表 6-35 中。

表 6-35 输 出 信 息

页 签	字 段 名 称	字 段 值
类型/描述	总账科目类型	
	科目组	
	短文本	
控制数据	科目货币	
	排序码	
	成本要素类别	
创建/银行/利息	字段状态组	

(4) 单击 返回到 SAP 轻松访问菜单。

实践练习 CO04 显示次级成本要素

按照表 6-36 CO04 的任务要求完成"显示次级成本要素"的上机实践操作。

表 6-36 CO04 任务要求

任务	使用 SAP 轻松访问菜单，显示次级成本要素
说明	次级成本要素仅作为 CO 内部各成本对象之间的成本流转使用，比如报工时成本从成本中心流转到生产订单
职位	丁(财务人员)
菜单路径	会计核算→财务会计→总账→主记录→总账科目→单个处理→集中(FS00)
T-Code	FS00

(1) 展开菜单路径：

"会计核算"→"财务会计"→"总账"→"主记录"→"总账科目"→"单个处理"
→"集中(FS00)"

(2) 在展开的菜单栏双击"集中(FS00)"或按回车键，打开"编辑 总账科目 集中地"界面，输入表 6-37 所示信息。

表 6-37 输 入 信 息

字 段 名 称	字 段 值
总账科目	8043000001
公司代码	1000

(3) 在标准工具栏上单击 按钮，打开"显示 总账科目 集中地"界面，把显示结果填写在表 6-38 中。

表 6-38　输 出 信 息

页　签	字 段 名 称	字 段 值
类型/描述	总账科目类型	
	科目组	
	短文本	
控制数据	科目货币	
	排序码	
	成本要素类别	
	记录数量	
创建/银行/利息	字段状态组	

（4）单击标准工具栏上的　🔼　按钮，返回主界面。

实践练习 CO05　创建成本中心组

本练习由任课老师课前完成，学生不用做。按照表 6-39 CO05 的任务要求完成"创建成本中心组"的上机实践操作。

表 6-39　CO05 任务要求

任务	使用 SAP 轻松访问菜单，创建成本中心组
说明	在 SAP ERP 系统中，成本中心可以通过不同的角度组合在一起，形成成本中心组来模拟作为成本中心的公司结构。根据公司特定需求，用户可以使用这些组来形成总结决策、责任和控制范围的成本中心层次
菜单路径	会计核算→控制→成本中心会计→主数据→成本中心组→创建(KSH1)
T-Code	KSH1

（1）展开菜单路径：

"会计核算"→"控制"→"成本中心会计"→"主数据"→"成本中心组"→"创建(KSH1)"

（2）在展开的菜单栏双击"创建(KSH1)"或按回车键，打开"建立成本中心组：初始屏幕"界面，输入表 6-40 所示信息。

表 6-40　输 入 信 息

字 段 名 称	字 段 值
成本中心组	1000

（3）单击标准工具栏上的　✔　按钮或按回车键，打开新的操作界面。

（4）在界面中选中成本中心组 1000，单击标准工具栏上的　🔳较低级别　按钮，打开"变

更 标准层次(成本中心组): 结构" 界面, 输入表 6-41 所示信息。

表 6-41　输 入 信 息

字 段 名 称	字 段 值
成本中心组	<专业+班级>
描述	China Balance Car FI/CO

　🔔 成本中心组以专业拼音+班级命名, 例如财务会计 0601, 则输入 CAIWU0601。

(5) 选中新建的成本中心组, 在标准工具栏上单击 **较低级别** 按钮, 打开"变更 标准层次(成本中心组): 结构" 界面, 输入 6-42 所示信息。

表 6-42　输 入 信 息

字 段 名 称	字 段 值
成本中心组	AIS001
描述	AIS 成本中心组 001

　🔔 班级组下将出现一个新的空白组。

(6) 选中成本中心组 AIS001, 在标准工具栏上单击 **同一层次** 按钮, 打开"变更 标准层次(成本中心组): 结构" 界面, 输入表 6-43 所示信息。

表 6-43　输 入 信 息

字 段 名 称	字 段 值
成本中心组	AIS002
描述	AIS 成本中心组 002

(7) 重复步骤 5, 根据班级学生数量为每个学生创建一个成本中心组, 输入表 6-44 所示信息。

表 6-44　输 入 信 息

字 段 名 称	字 段 值
成本中心组	AIS###
描述	AIS 成本中心组###

　🔔 可预先在 Excel 中输入好, 复制粘贴即可。

(8) 单击标准工具栏上的 💾 按钮, 保存信息。

(9) 单击标准工具栏上的 🔝 按钮, 返回主界面。

实践练习 CO06　维护标准层次结构

按照表 6-45 CO06 的任务要求完成"维护标准层次结构"的上机实践操作。

表 6-45　CO06 任务要求

任务	使用 SAP 轻松访问菜单，维护标准层次结构
说明	标准层次结构是将控制范围下所有公司代码的所有成本中心集合在一起，并分设到不同节点中，形成一个基本不变的、比较规范的、符合企业内部管理层次的结构。标准层次结构中，各个不同的节点其实就是一个个的成本中心组
菜单路径	会计核算→控制→成本中心会计→主数据→标准层次→更改(OKEON)
T-Code	OKEON

(1) 展开菜单路径：

"会计核算"→"控制"→"成本中心会计"→"主数据"→"标准层次"→"更改(OKEON)"

(2) 在展开的菜单栏双击"更改(OKEON)"或按回车键，打开"设置成本控制范围"界面，输入表 6-46 所示信息。

表 6-46　输　入　信　息

字 段 名 称	字 段 值
控制范围	1000

(3) 在标准工具栏单击 ✔ 按钮或按回车键，进入"成本中心的标准层次：更改"界面，可以看到选定控制范围下的标准层次结构。

🔔 在各自用户名结尾的三位数字编号找到对应的成本中心组，在成本中心组下创建成本中心。

(4) 在界面上选中成本中心组 AIS###。

(5) 单击右键，系统弹出快捷菜单。

(6) 选中"创建成本中心"命令，系统会自动在其下创建一个新的成本中心。

(7) 单击标准工具栏上的 ✔ 按钮或按回车键，打开"创建成本中心：基本屏幕"界面，输入表 6-47 所示信息。

表 6-47　输　入　信　息

字 段 名 称		字 段 值
基本数据	成本中心	1000L04###
	分析时间框架	<当年第一天>至 9999.13.31
	名称	销售部门###
	描述	销售部门###
	负责人	<自己的姓名>
	成本中心类型	V
组织结构	功能范围	YB30
	货币	CNY
	利润中心	100001999

(8) 单击标准工具栏上的 💾 按钮，保存信息。

(9) 重复步骤(5)~(8)，为后勤部门、市场部门、行政部门创建成本中心，输入数据如表 6-48~表 6-50 所示。

表 6-48　输　入　信　息

字 段 名 称		字 段 值
基本数据	成本中心	1000L00###(
	分析时间框架	<当年第一天>至 9999.13.31
	名称	后勤部门###
	描述	后勤部门###
	负责人	<自己的姓名>
	成本中心类型	G
组织结构	功能范围	YB30
	货币	CNY
	利润中心	100001999

表 6-49　输　入　信　息

字 段 名 称		字 段 值
基本数据	成本中心	1000L05###
	分析时间框架	<当年第一天>至 9999.13.31
	名称	市场部门###
	描述	市场部门###
	负责人	<自己的姓名>
	成本中心类型	9
组织结构	功能范围	YB30
	货币	CNY
	利润中心	100001999

表 6-50　输　入　信　息

字 段 名 称		字 段 值
基本数据	成本中心	1000L02###
	分析时间框架	<当年第一天>至 9999.13.31
	名称	行政部门###
	描述	行政部门###
	负责人	<自己的姓名>
	成本中心类型	W
组织结构	功能范围	YB30
	货币	CNY
	利润中心	100001999

(10) 单击标准工具栏上的 ⚙ 按钮，返回主界面。

实践练习 CO07　成本中心归集成本

按照表 6-51 CO07 的任务要求完成"成本中心归集成本"的上机实践操作。

表 6-51　CO07 任务要求

任务	使用 SAP 轻松访问菜单，录入会计凭证，归集成本中心费用
说明	销售部门定期出差举办展销会，其中销售人员将出差过程中花销的车票及住宿费提交财务部进行报销，该笔费用通过财务手工做账的方式计入销售部门费用中
职位	丁(财务人员)
菜单路径	会计核算→财务会计→总账→单据录入→一般过账(F-02)
T-Code	F-02

(1) 展开菜单路径：

"会计核算"→"财务会计"→"总账"→"单据录入"→"一般过账(F-02)"

(2) 在展开的菜单栏双击"一般过账(F-02)"或按回车键，打开"输入总账科目记账：抬头数据"界面，输入表 6-52 信息。

表 6-52　输　入　信　息

字　段　名　称	字　段　值
凭证日期	<今天>
公司代码	1000
货币	CNY
参照	###
凭证抬头文本	销售部门报销差旅费

在"输入总账科目记账：行项目"部分，输入表 6-53 所示信息。

表 6-53　输　入　信　息

过账码	科目
40	6601240000

(3) 单击标准工具栏上的 ✅ 按钮或按回车键，在打开的界面中输入表 6-54 所示信息。

表 6-54 输 入 信 息

字 段 名 称	字 段 值
金额	3000
成本中心	1000V00010
过账码	50
科目	1002010###

(4) 单击标准工具栏上的 ⊘ 按钮或按回车键，在打开界面"金额"字段输入 3000，单击标准工具栏上的 ➡ 其他数据 按钮，在"原因代码"字段输入 A07(支付其他与经营活动有关的现金)。

(5) 在菜单栏中单击"凭证→模拟"，确认凭证无误。

(6) 单击标准工具栏上的 🖫 按钮，保存信息。

(7) 单击标准工具栏上的 ⊗ 按钮，返回主界面。

第 7 章　企业业务流程集成案例实践

7.1　企业业务流程集成案例概览

7.1.1　集成案例背景介绍

随着互联网技术的快速发展，企业的业务模式和个人的消费模式发生了翻天覆地的变化，在"互联网+"信息技术的推动下，企业管理模式的创新成为必然，面对新的竞争形势与挑战，企业对于管理精确性和实时性的要求提高了，对多业务模式下跨地域组织结构优化和考核的要求也越来越高。

本集成案例以西安欧亚机械制造有限公司为对象，该公司是国内一家实力较强的业务流程化制造型企业，所在地区经济算不上发达，但由于其管理层先进的管理理念及对新技术的探索，使得 SAP S/4 HANA 能够在西安欧亚机械制造有限公司成功上线。本次案例实践模块包括 SD、MM、PP、FI、CO 五大模块，通过本案例的练习，用户可以在短时间梳理 5 大模块之间的业务关联关系，领会该系统的"智慧之处"。

SAP S/4 HANA 系统在西安欧亚机械制造有限公司的应用，开拓了员工队伍的思维，提高了员工队伍的工作效率，提升了公司成本核算精确度，便于管理层对生产流程的日常管控，有助于管理层随时获知公司经营的财务数据、业务数据，了解公司整体财务绩效及考核信息，从而制定更相宜的管理决策。

7.1.2　集成业务流程蓝图概述

SAP S/4 HANA 系统涵盖了企业管理的方方面面，包括但不限于销售与分销、物料、生产与计划执行、财务会计、管理会计及质量控制等，其管理思想耐人寻味，本案例结合当今的管理理论与众多国内外客户最佳应用实践，提供了一个较为通用的 SAP S/4 HANA 管理服务平台，集成业务流程如图 7-1 所示。

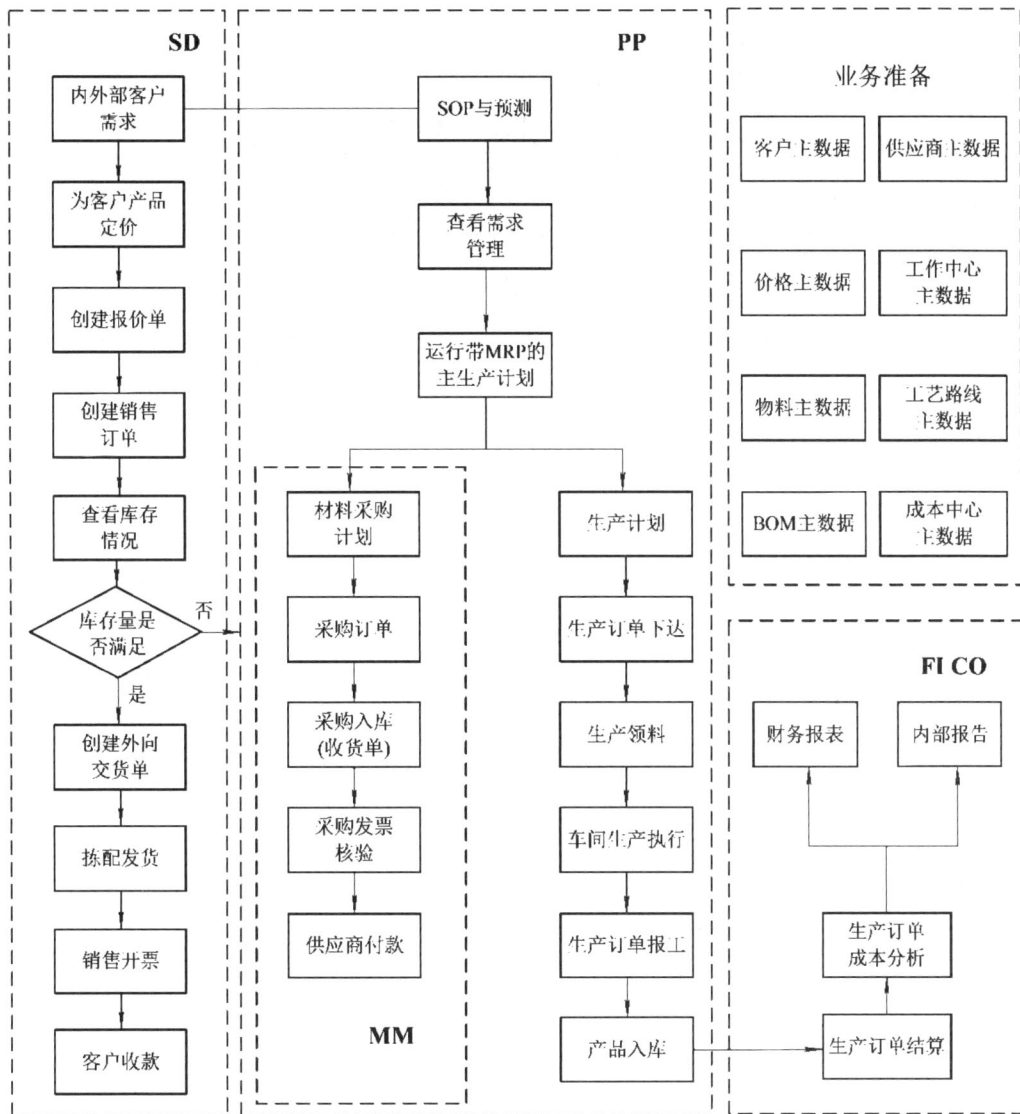

图 7-1 集成业务流程图

7.2 案例集成实践

在 SAP S/4 HANA 实训平台上完成下列实践练习，本练习是一个完整的端到端的业务流程，这个业务模型包含了销售与分销、物料、生产与计划执行、财务会计、管理会计模块，该集成实践 100%地代表了实际案例操作中的流程，并从业务流程集成的视角诠释了数字化企业中的数据、职能和负责人的关系。

双击桌面上 SAP S/4 HANA GUI 图标，在 SAP S/4 HANA 登录界面中打开课程相关"连接"，使用教师分配的用户名和密码登录到指定客户端，开始下列实践任务。

7.2.1 业务准备

实践练习 ZB01 创建产成品物料主数据

按照表 7-1 ZB01 的任务要求完成"创建产成品物料主数据"的上机实践操作。

表 7-1 ZB01 任务要求

任务	使用 SAP 轻松访问菜单，创建产成品物料主数据
说明	为物料 F-MGHCZ###(###代表用户的三位数字编号，后文同)创建主数据。在这里，用户通过参照系统中已有物料 F-MGHC000 来创建
职位	戊(生产人员)
菜单路径	后勤→物料管理→物料主数据→物料→创建(一般)→立即(MM01)
T-CODE	MM01

(1) 展开菜单路径：

"后勤"→"物料管理"→"物料主数据"→"物料"→"创建(一般)"→"立即(MM01)"

(2) 双击菜单栏"立即(MM01)"或按回车键，打开"创建物料(初始屏幕)"界面，输入表 7-2 所示信息。

表 7-2 输 入 信 息

字 段 名 称	字 段 值
物料	F-MGHCZ###
行业领域	M 机械工程
物料类型	Z003 西安欧亚-产成品
物料(复制从)	F-MGHC000

(3) 单击标准工具栏上的 或按回车键，输入表 7-3 所示信息。

表 7-3 输 入 信 息

字 段 名 称	字 段 值
基本数据 1	选中
基本数据 2	选中
销售：销售组织数据 1	选中
销售：销售组织数据 2	选中
销售：一般/工厂数据	选中
物料需求计划 1	选中
物料需求计划 2	选中
物料需求计划 3	选中

字 段 名 称	字 段 值
物料需求计划 4	选中
工作计划	选中
一般工厂数据/存储 1	选中
一般工厂数据/存储 2	选中
会计 1	选中
会计核算 2	选中
成本 1	选中
成本核算 2	选中
创建选择的视图	勾选

(4) 单击 ✅ 或按回车键,打开"组织级别"界面输入表 7-4 所示信息。

表 7-4 输 入 信 息

字 段 名 称	字 段 值
工厂	1000
库存地点	3001
销售组织	1000
分销渠道	10
工厂(复制从)	1000
库存地点(复制从)	3001
销售组织(复制从)	1000
分销渠道(复制从)	10

(5) 单击标准工具栏上的 ✅ 或按回车键,打开"创建物料 F-MGHCZ###(西安欧亚-产成品)"界面输入表 7-5 所示信息(修改物料描述)。

表 7-5 输 入 信 息

页 签	字 段 名 称	字 段 值
基本数据 1	物料描述	M 型 C 款制动钳###

🔔 逐一浏览步骤(3)中选中的视图页签,检查复制过来的数据,确定数据创建成功。如果不浏览步骤(3)中的选中页签,系统默认不创建该页签下的数据。

(6) 单击标准工具栏上的 💾 按钮,记录系统提示信息。

(7) 单击标准工具栏上的 ⊗ 按钮,返回主界面。

实践练习 ZB02　为原材料创建物料主数据

按照表 7-6 ZB02 的任务要求完成"为原材料创建物料主数据"的上机实践操作。

表 7-6　ZB02 任务要求

任务	使用 SAP 轻松访问菜单，为原材料创建物料主数据
说明	使用 SAP 轻松访问菜单为 F-MGHCZ1###创建一个原材料主数据
职位	乙(采购人员)
菜单路径	后勤→物料管理→物料主数据→物料→创建(一般)→立即(MM01)
T-Code	MM01

(1) 展开菜单路径：

"后勤"→"物料管理"→"物料主数据"→"物料"→"创建(一般)"→"立即(MM01)"

(2) 双击菜单栏立即(MM01)或按回车键，打开"创建物料(初始屏幕)"界面，输入表7-7 所示信息。

表 7-7　输 入 信 息

字 段 名 称	字 段 值
物料	F-MGHCZ1###
行业领域	M 机械工程
物料类型	Z001 西安欧亚-原材料
物料(复制从)	F-MGHC101

(3) 单击标准工具栏上的 ✅ 或按回车键，打开"选择视图"界面，输入表 7-8 所示信息。

表 7-8　输 入 信 息

字 段 名 称	字 段 值
基本数据 1	选中
基本数据 2	选中
采购	选中
物料需求计划 1	选中
物料需求计划 2	选中
物料需求计划 3	选中
物料需求计划 4	选中
一般工厂数据/存储 1	选中
一般工厂数据/存储 2	选中
会计 1	选中
会计核算 2	选中
成本 1	选中
成本核算 2	选中
创建选择的视图	勾选

(4) 单击 ✅ 或按回车键，打开"组织级别"界面，输入表 7-9 所示信息。

表 7-9　输 入 信 息

字 段 名 称	字 段 值
工厂	1000
库存地点	1001
工厂(复制从)	1000
库存地点(复制从)	1001

(5) 单击 ✅ 或按回车键，打开"创建物料 F-MGHCZ1###(西安欧亚-原材料)"界面，输入表 7-10 所示信息(修改物料描述)。

表 7-10　输 入 信 息

页　签	字 段 名 称	字　段　值
基本数据 1	物料描述	M 型 C 款制动钳壳体###

🔔 逐一浏览步骤(3)中选中的视图页签，检查复制过来的数据，确定数据创建成功。如果不浏览步骤(3)中的选中页签，系统默认不创建该页签下的数据。

(6) 单击标准工具栏上的 💾 按钮，记录系统提示信息

(7) 单击标准工具栏上的 ⊗ 按钮，返回主界面。

实践练习 ZB03　创建物料清单

按照表 7-11 ZB03 的任务要求完成"创建物料清单"的上机实践操作。

表 7-11　ZB03 任务要求

任务	使用 SAP 轻松访问菜单，创建物料清单
说明	为物料 F-MGHCZ###创建物料清单
职位	戊(生产人员)
菜单路径	后勤→生产→主数据→物料清单→物料清单→物料 BOM→创建(CS01)
T-CODE	CS01

(1) 展开菜单路径：

"后勤"→"生产"→"主数据"→"物料清单"→物料清单→"物料 BOM"→"创建(CS01)"

(2) 双击菜单栏"创建(CS01)"或按回车键，打开"创建物料 BOM：初始屏幕"界面，输入表 7-12 所示信息。

表 7-12　输 入 信 息

字 段 名 称	字 段 值
物料	F-MGHCZ###
工厂	1000
BOM 用途	1
有效起始日	系统默认当天，意味 BOM 从今天开始有效，修改为当月第一天

（3）单击 ✅ 或按回车键，打开"创建物料 BOM：通用项目总览"界面，输入表 7-13 所示信息。

表 7-13　输 入 信 息

项　目	ICt	组　件	数　量
0010	L	F-MGHCZ1###	1
0020	L	F-MGHC102	1
0030	L	F-MGHC103	1
0040	L	F-MGHC104	1
0050	L	F-MGHC105	1
0060	L	F-MGHC106	1
0070	L	F-MGHC107	1

（4）单击标准工具栏上的 💾 按钮，记录系统提示信息。

（5）单击标准工具栏上的 🔼 按钮，返回主界面。

实践练习 ZB04　创建成本中心主数据

按照表 7-14 ZB04 的任务要求完成"创建成本中心主数据"的上机实践操作。

表 7-14　ZB04 任务要求

任务	使用 SAP 轻松访问菜单，创建成本中心主数据
说明	使用 SAP 轻松访问菜单创建成本中心 1000F00###的主数据
职位	丁(财务人员)
菜单路径	会计核算→控制→成本中心会计→主数据→成本中心→单个处理→创建(KS01)
T-Code	KS01

（1）展开菜单路径：

"会计核算"→"控制"→"成本中心会计"→"主数据"→"成本中心"→"单个处理"→"创建(KS01)"

（2）双击菜单栏"创建(KS01)"或按回车键，打开"产生成本中心：初始屏幕"界面，输入 7-15 所示信息。

表 7-15　输 入 信 息

字 段 名 称	字 段 值
成本中心	1000F00###
有效起始日	<当年第一天>至 9999.12.31

⌕ 如果系统弹出输入控制范围的界面，请输入控制范围：1000。

(3) 在工具栏上单击 ✅ 按钮或按回车键，打开"产生成本中心：基本屏幕"界面，输入表 7-16 所示信息。

表 7-16　输 入 信 息

字 段 名 称	字 段 值
名称	生产部-装配车间###
描述	生产部-装配车间###
负责人	<自己的姓名>
成本中心类型	F
层次结构范围	1000F
功能范围	<系统将自动填充>

(4) 单击标准工具栏上的 🖫 按钮，记录系统提示信息。

(5) 单击标准工具栏上的 ⊗ 按钮，返回主界面。

实践练习 ZB05　输入成本中心作业价格

按照表 7-17 ZB05 的任务要求完成"输入成本中心作业价格"的上机实践操作。

表 7-17　ZB05 任务要求

任务	使用 SAP 轻松访问菜单，输入成本中心作业价格
说明	成本中心作业价格影响生产成本、成本分配等要素，本练习训练设置成本中心的操作
职位	丁(财务人员)
菜单路径	会计核算→控制→成本中心会计→计划→作业输出/价格→更改(KP26)
T-Code	KP26

(1) 展开菜单路径：

"会计核算"→"控制"→"成本中心会计"→"计划"→"作业输出/价格"→"更改(KP26)"

(2) 双击菜单栏"更改(KP26)"或按回车键，打开"更改作业类型/作业价格计划：初始屏幕"界面，输入表 7-18 所示信息。

表 7-18　输 入 信 息

字 段 名 称	字 段 值
版本	0
从期间	1
终止期	12
会计年度	<当前年>
成本中心	1000F00###
活动类型	*
基于表格的	勾选

(3) 单击工具栏上的 🖌 按钮，打开"更改作业类型/作业价格计划：概览屏幕"界面，输入表 7-19 所示信息。

表 7-19　输 入 信 息

作 业 类 型	计 划 活 动	可 变 价 格
ACT01	5000	40
ACT02	360	160
ACT03	6000	10

(4) 单击标准工具栏上的 💾 按钮，记录系统提示信息。

(5) 单击标准工具栏上的 ⇧ 按钮，返回主界面。

实践练习 ZB06　创建工作中心主数据

按照表 7-20 ZB06 的任务要求完成"创建工作中心主数据"的上机实践操作。

表 7-20　ZB06 任务要求

任务	使用 SAP 轻松访问菜单，创建工作中心主数据
说明	创建工作中心 Z###主数据
职位	戊(生产人员)
菜单路径	后勤→生产→主数据→工作中心→工作中心→创建(CR01)
T-CODE	CR01

(1) 展开菜单路径：

"后勤"→"生产"→"主数据"→"工作中心"→"工作中心"→"创建(CR01)"

(2) 双击菜单栏"创建(CR01)"或按回车键，打开"创建工作中心：初始屏幕"界面，输入表 7-21 所示信息。

表 7-21　输 入 信 息

字 段 名 称	字 段 值
工厂	1000
工作中心	Z###
工作中心类别	0003

(3) 单击 ✅ 或按回车键，打开"创建工作中心：基本数据"界面，输入表 7-22 所示信息。

表 7-22　输 入 信 息

字 段 名 称	字 段 值
描述	生产部-成品装配中心###
负责人员	001
用途	009
标准值码	SAP1

(4) 进入"默认值"页签，打开"创建工作中心：默认值一览"界面，输入表 7-23 所示信息。

表 7-23　输 入 信 息

参　数	标准值单位
准备	H
机器	H
工时	H

🔔 需填入的信息位于"标准值的计量单位"对话框中。

(5) 进入"能力"页签，打开"创建工作中心：能力一览"界面，输入表 7-24 所示信息。

表 7-24　输 入 信 息

字　段	字 段 值
能力类别	002
处理产能需求的公式	SAP003

(6) 单击 ✅ 或按回车键，如果系统出现警告信息，继续单击"确定"或按回车键两次跳过警告信息，打开"创建工作中心能力：抬头"界面，输入表 7-25 所示信息。

表 7-25　输 入 信 息

字　段	字 段 值
能力类别描述	工时
产能负责计划员	A
产能基本单位	H
开始	08:00:00
结束时间	17:00:00
休息时间	01:00:00
能力利用率	100
单个产能数	1

(7) 单击 或按回车键，回到"能力"页签，单击进入"计划"页签，打开"创建工作中心：计划"界面，输入表 7-26 所示信息。

表 7-26　输　入　信　息

字　　段	字　段　值
能力类别	002
加工持续时间	SAP003

(8) 进入"成本核算"页签，打开"创建工作中心：成本中心分配"界面，输入表 7-27 所示信息。

表 7-27　输　入　信　息

字　　段	字　段　值
开始日期	<当年的第一天>
成本中心	1000F00###

在作业概览中，输入表 7-28 所示信息。

表 7-28　输　入　信　息

可选作业说明	活动类型	活动单位	公式码
准备	ACT02	H	SAP003
机器	ACT03	H	SAP002
工时	ACT01	H	SAP003

(9) 单击标准工具栏上的 按钮，记录系统提示信息。

(10) 单击标准工具栏上的 按钮，返回主界面。

实践练习 ZB07　创建工艺路线

按照表 7-29 ZB07 的任务要求完成"创建工艺路线"的上机实践操作。

表 7-29　ZB07 任务要求

任务	使用 SAP 轻松访问菜单，创建工艺路线
说明	为物料 F-MGHCZ###创建工艺路线
职位	戊(生产人员)
菜单路径	后勤→生产→主数据→工艺路线→工艺路线→标准工艺路线→创建(CA01)
T-CODE	CA01

(1) 展开菜单路径：

"后勤"→"生产"→"主数据"→"工艺路线"→"工艺路线"→"标准工艺路线"→"创建(CA01)"

(2) 双击菜单栏"创建(CA01)"或按回车键，打开"创建路径：初始屏幕"界面，输入表 7-30 所示信息。

表 7-30 输 入 信 息

字 段 名 称	字 段 值
物料	F-MGHCZ###
工厂	1000
组	###
关键日期	系统默认当天，修改为当月第一天

(3) 单击 或按回车键，打开"创建路径：表头详细信息"界面，输入表 7-31 所示信息。

表 7-31 输 入 信 息

字 段 名 称	字 段 值
组计数器	<系统自动生成>
用途	1 生产
状态	4 已审批(常规)

(4) 单击 工序 按钮，打开"生成路径：工序总览"界面，输入表 7-32 所示信息。

表 7-32 输 入 信 息

工序	工厂	工作中心	控制码	描述	准备	单位	机器	单位	工时	单位
0010	1000	Z###	PP01	装配	2	H	2	H	2	H
0020	1000	Z###	PP01	调试	1.3	H	1.2	H	1.5	H
0030	1000	Z###	PP01	喷漆	1.2	H	1.5	H	1.5	H
0040	1000	Z###	PP03	入库	1.1	H	1.2	H	1.3	H

(5) 单击 分配 按钮。

🔔 检查物料构成总览，是否与<ZB03>中创建的一致？

(6) 单击标准工具栏上 按钮，记录系统提示信息。

(7) 单击标准工具栏上的 按钮，返回主界面。

按照表 7-33 ZB08 的任务要求完成"创建产成品物料的生产版本主数据"的上机实践操作。

表 7-33 ZB08 任务要求

任务	使用 SAP 轻松访问菜单，创建产成品物料的生产版本主数据
说明	为物料 F-MGHCZ###创建生产版本主数据。生产版本主数据是执行生产业务过程中的重要基础数据之一，若未创建，则在运行 MRP 时，无法按 BOM 展开下层物料执行 MRP
职位	戊(生产人员)
菜单路径	后勤→生产→主数据→生产版本(C223)
T-CODE	C223

(1) 展开菜单路径：

"后勤"→"生产"→"主数据"→"生产版本(C223)"

(2) 双击菜单栏"生产版本(C223)"或按回车键，打开"生产版本：批量处理"界面，输入表 7-34 所示信息。

表 7-34 输 入 信 息

字 段 名 称	字 段 值
工厂	1000
物料	F-MGHCZ###
MRP 控制员	003
任务清单类型	N 路径
关键日期	系统默认当天，修改为当月第一天
组	###
生产线	Z###

(3) 单击 ✅ 或按回车键，打开"生产版本：批量处理"界面，输入表 7-35 所示信息。

表 7-35 输 入 信 息

字 段 名 称	字 段 值
物料	F-MGHCZ###
生产版本	0001
生产版本文本	通用制造
有效期自	当月第一天
有效至	9999 年 12 月 31 日

(4) 双击物料编码，打开"维护生产版本：详细屏幕"界面，输入表 7-36 所示信息。

表 7-36　输入信息

字 段 名 称	字 段 值
详细的计划	N 路径
组	###
组计数器	1
备选物料清单	1
BOM 用途	1

(5) 单击标准工具栏上 💾 ，单击　一致性检查　查看数据一致性，若一致，则执行(6)，若不一致，检查原因修正数据后重新创建生产版本。

(6) 单击标准工具栏上的 《 退回到输入界面，单击 💾 按钮，记录系统提示信息。

(7) 单击标准工具栏上的 ⊗ 按钮，返回主界面。

实践练习 ZB09　创建业务伙伴(客户主数据)

按照表 7-37 ZB09 的任务要求完成"创建业务伙伴(客户主数据)"的上机实践操作。

表 7-37　ZB09 任务要求

任务	使用 SAP 轻松访问菜单，创建一个新业务伙伴(客户主数据)
说明	业务伙伴(客户主数据)包含两种类型数据，销售数据与财务数据；其维护包含三个视图，常规数据，公司代码数据及销售区域数据 在这个练习中，用户分别维护一个新客户的公司代码数据及销售区域数据，即输入新客户所有必要的数据
职位	甲(销售人员)
菜单路径	会计核算→处理业务合作伙伴(BP)
T-Code	BP

(1) 展开菜单路径：

"会计核算" → "处理业务合作伙伴(BP)"

(2) 双击"处理业务合作伙伴(BP)"或按回车键，进入"创建组织"页面，单击 📄 组织按钮，进入创建客户主数据的页面，输入表 7-38 所示信息。

表 7-38　输入信息

字 段 名 称	字 段 值
在业务伙伴角色中创建	FLCU00 FI 客户

(3) 系统弹出提示对话框，单击 📄 创建 按钮，打开"创建组织：角色 FI 客户"界面，在"业务伙伴"字段输入"XAMW###(###代表用户的三位数字编号，余同)"，在"分组"字段中，选择"ZD02 集团外客户"后，输入表 7-39 所示信息。

表 7-39　输　入　信　息

页　签	字 段 名 称	字 段 值
地址	称谓	3000 公司
	名字	西安曼卫整车厂###
	搜索项 1/2	###
	街道/门牌号	西安市秦汉新城秦汉大道/250
	邮政编码/城市	710000/西安市
	国家	CN
	地区	250
	语言	ZH 中文

(4) 单击"地区"字段后的扩展按钮 ⊞ 展开街道地址栏，输入表 7-40 所示信息。

表 7-40　输　入　信　息

字 段 名 称	字 段 值
运输区	0000000002

(5) 点击 公司代码 按钮，打开"创建客户：公司代码数据"界面，在"公司代码"字段输入"1000"后回车，输入表 7-41 所示信息。

表 7-41　输　入　信　息

页　签	字 段 名 称	字 段 值
客户：科目管理	统驭科目	1122020000
	排序码	001
客户：交易支付	付款条件	0001

(6) 在"在业务伙伴角色中创建"字段中选择"FLCU01 客户"，系统弹出对话框，点击 💾 保存 按钮，点击 销售与分销 按钮，在"销售机构"字段输入"1000"，在"分销渠道"字段输入"10"，在"产品组"字段输入"00"后回车，打开"更改组织：XAMW###，新角色客户"界面，输入表 7-42 所示信息。

表 7-42　输　入　信　息

页　签	字 段 名 称	字 段 值
订单	销售地区	Z00002 西北地区
	客户组	Z1 整车厂
	销售部门	Z001 线下营销部门
	销售组	A03 王五
	订单可能性	100%
	币种	CNY
	价格组	01 大宗买主
	Cust.Pric.过程	1 标准

页 签	字 段 名 称	字 段 值
装运	交货优先权	02 普通的
	订单组合	X
	装运条件	01 标准
	交货工厂	1000
开票	国际贸易条款	FOB
	国际贸易条款位置 1	XA
	付款条件	0001
	客户科目分配组	02
	税分类	1

(7) 单击标准工具栏上的 ■ 按钮，记录系统提示信息。

(8) 单击标准工具栏上的 ⊗ 按钮，返回主界面。

实践练习 ZB10　创建业务伙伴(供应商主数据)

按照表 7-43 ZB10 的任务要求完成"创建业务伙伴(供应商主数据)"的上机实践操作。

表 7-43　ZB10 任务要求

任务	使用 SAP 轻松访问菜单，创建业务伙伴(供应商主数据)
说明	财务部门和采购部门都需要创建供应商，激活供应商主数据需要三个视图，分别为常规数据视图，公司代码数据视图和采购数据视图。用户可以集中创建供应商，这意味着所有的视图都会同时产生，责任可以分摊至财务和采购部门，它们各自创建维护各自的责任视图。在这种方式下，供应商主数据将包含执行业务交易所需的所有信息
职位	乙(采购人员)
菜单路径	会计核算→处理业务合作伙伴(BP)
T-Code	BP

(1) 展开菜单路径：

"会计核算"→"处理业务合作伙伴(BP)"

(2) 双击菜单栏"处理业务合作伙伴(BP)"或按回车键，进入"维护商业伙伴"页面，点击 ▯ 组织　按钮，进入创建供应商主数据界面，输入表 7-44 所示信息。

表 7-44　输入信息

字 段 名 称	字 段 值
在业务伙伴角色中创建	FLVN00 供应商(新)

(3) 系统弹出提示对话框，单击 [□ 创建] 按钮，打开"创建组织：角色 供应商"界面，在"业务伙伴"字段输入"ZJXH###(###代表用户的三位数字编号，余同)"，在"分组"字段中，选择"ZV02 集团外供应商"后，输入表 7-45 所示信息。

表 7-45　输 入 信 息

页　签	字 段 名 称	字 段 值
地址	称谓	3000 公司
	名字	浙江新航机械制造有限公司###
	搜索项 1/2	###
	街道/门牌号	浙江省宁波市江北区新航大道/360
	邮政编码/城市	315000/宁波市
	国家	CN
	地区	130
	语言	ZH 中文

(4) 点击"地区"字段后的扩展按钮 [⊞] 展开街道地址栏，打开"创建组织：角色 供应商"界面，输入表 7-46 所示信息。

表 7-46　输 入 信 息

字 段 名 称	字 段 值
运输区	0000000001

(5) 点击 [公司代码] 按钮，在"公司代码"字段输入"1000"后回车，打开"创建组织：角色 供应商"界面，输入表 7-47 所示信息。

表 7-47　输 入 信 息

页　签	字 段 名 称	字 段 值
供应商：科目管理	统驭科目	2202020000
	排序码	001
供应商：交易支付	付款条件	0001
	检查重复发票	X

(6) 在"在业务伙伴角色中创建"字段中选择"FLVN01 供应商"，系统弹出对话框，单击 [■ 保存] 按钮，单击 [采购] 按钮，在"采购组织"字段输入"1000"后回车，打开"更改组织：ZJXH###，新角色 供应商"界面，输入表 7-48 所示信息。

表 7-48 输 入 信 息

字 段 名 称	字 段 值
订单货币	CNY
付款条件	0001
基于收货的发票验证(复选框)	勾选
自动采购订单(复选框)	勾选

(7) 单击标准工具栏上的 [按钮图标] 按钮，记录系统提示信息。

(8) 单击标准工具栏上的 [按钮图标] 按钮，返回主界面。

7.2.2 开展销售业务并下达销售订单

实践练习 SD01 针对客户为产品定价

按照表 7-49 SD01 的任务要求完成"针对客户为产品定价"的上机实践操作。

表 7-49 SD01 任务要求

任务	使用 SAP 轻松访问菜单，针对客户对产品定价
说明	现在，用户将针对客户为产品进行定价，定价后，该客户后续的销售业务可参考定价
职位	甲(销售人员)
菜单路径	后勤→销售与分销→主数据→条件→按条件类型选择→创建(VK11)
T-Code	VK11

(1) 展开菜单路径:

"后勤"→"销售与分销"→"主数据"→"条件"→"按条件类型选择"→"创建(VK11)"

(2) 双击菜单栏"创建(VK11)"或按回车键，打开"创建条件记录"界面，输入表 7-50 所示信息。

表 7-50 输 入 信 息

字 段 名 称	字 段 值
条件类型	ZR00

(3) 单击 [按钮图标] 或按回车键，选中"具有审批状态的客户/物料"，单击 [按钮图标]，打开"创建 销售价格(含税)条件(ZR00): 快速输入"界面，输入表 7-51 所示信息。

表 7-51　输 入 信 息

字 段 名 称	字 段 值
销售组织	1000
分销渠道	10
客户	XAMW###
物料	F-MGHCZ###
金额	899
有效从	<当月第一天>
有效期至	<三个月之后的最后一天>

(4) 单击标准工具栏上的 按钮，记录系统提示信息。

(5) 单击标准工具栏上的 按钮，返回主界面。

实践练习 SD02　创建客户询价单

按照表 7-52 SD02 的任务要求完成"创建客户询价单"的上机实践操作。

表 7-52　SD02 任务要求

任务	使用 SAP 轻松访问菜单，创建客户询价单
说明	现在，用户将为新客户西安曼卫整车厂###创建询价单。询价单是将在报价单上显示的客户请求或不负法律责任的销售信息。询价单涉及物料，服务，条件等信息，如果有必要，还会涉及交货日期
职位	甲(销售人员)
菜单路径	后勤→销售与分销→销售→询价→创建(VA11)
T-Code	VA11

(1) 展开菜单路径：

"后勤"→"销售与分销"→"销售"→"询价"→"创建(VA11)"

(2) 双击菜单栏"创建(VA11)"或按回车键，打开"创建询价"界面，输入表 7-53 所示信息。

表 7-53　输 入 信 息

字 段 名 称	字 段 值
查询类型	内
销售组织	1000
分销渠道	10
产品组	00

(3) 单击 或按回车键，打开"创建询价：概览"界面，输入表 7-54 所示信息。

表 7-54 输 入 信 息

字 段 名 称	字 段 值
售达方	XAMW###
送达方	XAMW###
客户参考	OYMW-###
客户参考日期	<今天的日期>
请求交货日期	<一个月之后>
报价有效期自	<今天的日期>
报价有效期至	<一个月之后的今天>
物料编号	F-MGHCZ###
订单数量	5

(4) 在工具栏上单击 或按回车键，打开"创建询价：概览"界面，进入"项目概览"页签，将显示的信息记录到表 7-55 输出数据中。

表 7-55 输 出 数 据

字 段 名 称	字 段 值
净值	
预期订单值	
订单可能性	

♤ 如果找不到"订单可能性"列，那么在订单概览页签中，请拖动横向滚动条向右拉。

♤ 西安曼卫整车厂###订购的 5 个制动钳的总价为 3,977.88，由净价值给出。订单期望价值(1,194.36)是一个计算值，是净值和询价单转化为实际订单的可能性相乘得到的。

♤ 系统默认设置询价单转化为实际订单的可能性为 30%，因此，期望订单价值是 0.30 × 3,977.88 = 1,194.36 元。请检查所记录信息是否如此？

♤ 对于一个特定的询价单，用户可以改变订单转化的可能性，意思就是不同的客户询价单转化为实际订单会有不同的可能性。

(5) 将"订单可能性"列的值改为 75%，单击 或按回车键。

♤ 注意：新的期望订单价值变成了 0.75 × 3,977.88 = 2,984.41 元。

(6) 单击标准工具栏 按钮，记录系统提示信息。

(7) 单击标准工具栏上的 按钮，返回到主界面。

实践练习 SD03　创建客户报价单

按照表 7-56 SD03 的任务要求完成"创建客户报价单"的上机实践操作。

表 7-56　SD03 任务要求

任务	使用 SAP 轻松访问菜单，创建客户报价单
说明	询价单显示一个客户考虑采购的条款(价格、发货时间等)。报价单是相似的，不同之处在于它是一个具有法律约束力的、请求提供所要求的产品或服务的文件
职位	甲(销售人员)
菜单路径	后勤→销售与分销→销售→报价→创建(VA21)
T-Code	VA21

(1) 展开菜单路径：

"后勤"→"销售与分销"→"销售"→"报价"→"创建(VA21)"

(2) 双击菜单栏"创建(VA21)"或按回车键，打开"创建报价"界面，输入表 7-57 所示信息。

表 7-57　输 入 信 息

字 段 名 称	字 段 值
报价单类型	QT

(3) 点击 🗅 依照参考创建　按钮，打开"依照参考创建"界面，选择"询价"页签，输入表 7-58 所示信息。

表 7-58　输 入 信 息

字 段 名 称	字 段 值
询价	<SD02 中创建的询价单号>

(4) 点击 ✅复制 按钮，打开"创建报价：概览"界面，输入表 7-59 所示信息。

表 7-59　输 入 信 息

字 段 名 称	字 段 值
客户参考	OYMW-###
客户参考日期	<今天>
报价有效至	<一个月之后的今天>

(5) 单击标准工具栏上的 ✅ 或按回车键。

(6) 单击标准工具栏上的 🖫 按钮，记录系统提示信息。

(7) 单击标准工具栏上的 ⏫ 按钮，返回到主界面。

实践练习 SD04　根据报价单创建销售订单

按照表 7-60 SD04 的任务要求完成"根据报价单创建销售订单"的上机实践操作。

表 7-60　SD04 任务要求

任务	使用 SAP 轻松访问菜单,为客户创建一个销售订单
说明	客户西安曼卫整车厂###已经同意了报价单中的条件,而且想要购买报价单中的制动钳。因此,可以通过复制报价单中的信息到销售订单来简化订单创建流程
职位	甲(销售人员)
菜单路径	后勤→销售与分销→销售→订单→创建(VA01)
T-Code	VA01

(1) 展开菜单路径:

"后勤"→"销售与分销"→"销售"→"订单"→"创建(VA01)"

(2) 双击菜单栏"创建(VA01)"或按回车键,打开"创建销售凭证"界面,输入表 7-61 所示信息。

表 7-61　输 入 信 息

字 段 名 称	字 段 值
订单类型	订单

(3) 单击 □ 依照参考创建 按钮,打开"依照参考创建"界面,选择报价页签,输入表 7-62 所示信息。

表 7-62　输 入 信 息

字 段 名 称	字 段 值
报价	<SD03 中创建的报价单号>

(4) 单击 ✅复制 按钮,因该产品还未生产入库,尚无库存,故系统进行可用性检查时提示"交货建议:不可能",点击 继续 ,打开"创建标准订单:概览"界面,输入表 7-63 所示信息。

表 7-63　输 入 信 息

字 段 名 称	字 段 值
客户参考	OYMW-###
客户参考日期	<今天>

(5) 单击标准工具栏 💾 按钮,记录系统提示信息。

(6) 单击标准工具栏上的 ⏫ 按钮,返回到主界面。

7.2.3　运行 MRP 查看物料需求并下达生产订单

实践练习 PP01　创建销售计划及生产计划

按照表 7-64 PP01 的任务要求完成"创建销售计划及生产计划"的上机实践操作。

表 7-64　PP01 任务要求

任务	使用 SAP 轻松访问菜单，创建销售计划及生产计划
说明	为物料 F-MGHCZ###创建一个 12 个月的销售计划及生产计划。销售和运营计划(SOP)是用来整合数据预测未来的销售和生产水平，以及需要满足这些要求的方法的规划工具。在这个任务中，用户的销售与运营计划将基于历史消费
职位	戊(生产人员)
菜单路径	后勤→生产→销售与运作计划→计划→针对物料→创建(MC87)
T-Code	MC87

(1) 展开菜单路径：

"后勤"→"生产"→"销售与运作计划"→"计划"→"针对物料"→"创建(MC87)"

(2) 双击菜单栏"创建(MC87)"或按回车键，打开"创建计划：初始屏幕"界面，输入表 7-65 所示信息。

表 7-65　输 入 信 息

字 段 名 称	字 段 值
物料	F-MGHCZ###
工厂	1000

(3) 单击工具栏上 ✅ 按钮或按回车键，打开"创建粗能力计划"界面，输入表 7-66 所示信息。

表 7-66　输 入 信 息

计划表	0	+1	+2	+3	+4	+5	+6	+7	+8	+9	+10	+11
销售	96	107	118	109	123	136	125	132	122	106	115	106
目标日供应量	5	5	5	5	5	5	5	5	5	5	5	5

🔔 创建粗能力计划时，系统默认从当前期间/当年开始创建计划，按月进行预测，例如 M.07.2020。在上表中，0 表示当前期间/当年，+1 表示当前期间+1/当年，+2 表示当前期间+2/当年，依次类推。

(4) 在系统菜单中选择"编辑"→"创建生产计划"→"同步销售"，预测生产计划，注意"生产"和"库存水平"的改变，生产计划是为匹配销售预测而创建的。将显示的信息记录到表 7-67 输出信息中。

表 7-67　输 出 信 息

计划表	0	+1	+2	+3	+4	+5	+6	+7	+8	+9	+10	+11
生产												
库存水平												

（5）在系统菜单中选择"编辑"→"创建生产计划"→"目标日供应量"，预测生产计划，注意生产和库存水平的改变，生产计划是为匹配销售预测和满足库存水平而创建的。将显示信息填写到表7-68 输出信息中。

第7章 企业业务流程集成案例实践

表 7-68　输　出　信　息

计划表	0	+1	+2	+3	+4	+5	+6	+7	+8	+9	+10	+11
生产												
库存水平												

请总结算法，并给出生产计划值。

（6）单击标准工具栏上的 按钮，记录系统提示信息。

（7）单击标准工具栏上的 按钮，返回主界面。

🔔 SAP 系统允许根据历史销售数据，使用各种不同的预测模型进行销售数据的预测。由于本案例历史销售数据太少，因此使用手动输入的方式。

🔔 如果有兴趣，可以参照以下步骤进行销售计划与生产计划的创建。

① 在系统菜单选择：编辑→创建销售计划→预测；

② 按照实际情况，填入预测期间与历史数据期间，并选择合适的预测模型，单击 按钮；

③ 查看系统预测数据并根据实际情况进行优化，单击 确认，预测结果被复制到销售与运营计划中。

🔔 SOP 工具的功能十分强大，如果有兴趣，可以自行深入研究。

实践练习 PP02　传送计划值至需求管理

按照表 7-69 PP02 的任务要求完成"传送计划值至需求管理"的上机实践操作。

表 7-69　PP02 任务要求

任务	使用 SAP 轻松访问菜单，将计划值传至需求管理
说明	将物料 F-MGHCZ###的计划值传至需求管理。需求管理是用来分解从高层次的计划到详细计划层面的计划数据的工具
职位	戊(生产人员)
菜单路径	后勤→生产→销售与运作计划→分解→将物料传输到需求管理(MC74)
T-Code	MC74

（1）展开菜单路径：

"后勤"→"生产"→"销售与运作计划"→"分解"→"将物料传输到需求管理(MC74)"

（2）双击菜单栏"将物料传输到需求管理(MC74)"或按回车键，打开"将计划数据传输到需求管理"界面，输入表7-70 所示信息。

表 7-70　输　入　信　息

字 段 名 称	字 段 值
物料	F-MGHCZ###
工厂	1000
物料或产品组成员的生产计划	选择
不可见传送	取消勾选

(3) 单击标准工具栏上的　现在转移　按钮。

(4) 单击标准工具栏上的 按钮，记录系统提示信息。

(5) 单击标准工具栏上的 按钮，返回主界面。

实践练习 PP03　运行带 MRP 的 MPS

按照表 7-71 PP03 的任务要求完成"运行带 MRP 的 MPS"的上机实践操作。

表 7-71　PP03 任务要求

任务	使用 SAP 轻松访问菜单，运行带 MRP 的 MPS
说明	运行主生产计划来产生一系列计划订单，用来满足销售和分销计划及需求管理的需求。运行主生产计划的同时，物料需求计划中的物料也将会被处理产生计划订单，这些订单是为物料清单展开流程中创建的独立需求而生成的
职位	戊(生产人员)
菜单路径	后勤→生产→生产计划编制→主生产计划→MPS→单项，多层(MD41)
T-Code	MD41

(1) 展开菜单路径：

"后勤"→"生产"→"生产计划编制"→"主生产计划"→"MPS"→"单项，多层(MD41)"

(2) 双击菜单栏"单项，多层(MD41)"或按回车键，打开"单项，多层"界面，输入表 7-72 所示信息。

表 7-72　输　入　信　息

字 段 名 称	字 段 值
物料	F-MGHCZ###
工厂	1000
处理代码	NETCH
创建采购申请	3
SA 交货计划行	3
创建 MRP 清单	1
计划模式	3
调度	1
还计划未更改组件" "	勾选

(3) 单击标准工具栏上的 ✅ 或按回车键，系统弹出警告信息，点击"确定"或按回车键跳过。

(4) 单击标准工具栏上的 ⬆ 按钮，返回主界面。

实践练习 PP04　将计划订单转换为生产订单

按照表7-73 PP04的任务要求完成"将计划订单转换为生产订单"的上机实践操作。

表7-73　PP04任务要求

任务	使用SAP轻松访问菜单，将计划订单转换为生产订单
说明	将计划订单转换为生产订单，库存需求列表显示了运行MPS建议的计划订单
职位	戊(生产人员)
菜单路径	后勤→生产→物料需求计划→计划订单→转换成生产订单→单独转换(CO40)
T-CODE	CO40

(1) 展开菜单路径：

"后勤"→"生产"→"物料需求计划"→"计划订单"→"转换成生产订单"→"单独转换(CO40)"

(2) 双击菜单栏"单独转换(CO40)"或按回车键，打开"生产订单创建：初始屏幕"界面，输入表7-74所示信息。

表7-74　输 入 信 息

字 段 名 称	字 段 值
计划订单	上一练习中F-MGHCZ###第一个"PldOrd"行的计划订单号
订单类型	ZP02

(3) 单击标准工具栏上的 ✅ 或按回车键。

(4) 查看生产订单数据后，点击 💾 按钮，记录系统提示信息。

(5) 若系统提示"警告计算成本"，单击 是 按钮保存。

(6) 单击标准工具栏上的 ⬆ 按钮，返回主界面。

实践练习 PP05　生产订单下达

按照表7-75 PP05的任务要求完成"生产订单下达"的上机实践操作。

表7-75　PP05任务要求

任务	使用SAP轻松访问菜单，创建生产订单下达
说明	为物料F-MGHCZ###下达生产订单
职位	戊(生产人员)
菜单路径	后勤→生产→车间现场控制→订单→更改(CO02)
T-CODE	CO02

(1) 展开菜单路径：

"后勤"→"生产"→"车间现场控制"→"订单"→"更改(CO02)"

(2) 双击菜单栏"更改(CO02)"或按回车键，打开"生产订单更改：初始屏幕"界面，输入表 7-76 所示信息。

表 7-76　输 入 信 息

字 段 名 称	字 段 值
订单	上一练习中创建的订单号

(3) 单击 ✅ 或按回车键。

(4) 单击 ⯐ 工序　检查工艺路线。

(5) 单击 ⯐ 组件　检查 BOM。

(6) 单击 ⯐ 物料　检查物料可用性，记录系统显示信息。

(7) 单击 ⯐ 下达生产订单，记录系统提示信息。

(8) 单击 ⯐ 按钮，记录系统提示信息。

(9) 单击 ⎡　否　⎤ 按钮，在菜单中单击"转到"→"日志"→"成本计算" 查看日志信息，记录系统提示信息。

(10) 单击标准工具栏上的 ⯐ 后，再次单击 ⯐ 按钮并单击 ⎡　是　⎤，保存订单。

(11) 单击标准工具栏上的 ⯐ 按钮，返回主界面。

7.2.4　根据物料需求执行采购业务

实践练习 MM01　将计划订单转换为采购申请

按照表 7-77 MM01 的任务要求完成"将计划订单转换为采购申请"的上机实践操作。

表 7-77　MM01 任务要求

任务	使用 SAP 轻松访问菜单，将计划订单转换为采购申请
说明	将计划订单转换为采购申请，库存需求列表显示了运行 MPS 建议的计划订单
职位	乙(采购人员)
菜单路径	后勤→生产→物料需求计划→计划订单→转换成采购申请→单独转换(MD14)
T-CODE	MD14

(1) 展开菜单路径：

"后勤"→"生产"→"物料需求计划"→"计划订单"→"转换成采购申请"→"单独转换(MD14)"

(2) 双击菜单栏"单独转换(MD14)"或按回车键，打开"生产订单创建：初始屏幕"界面，输入表 7-78 所示信息。

表 7-78 输 入 信 息

字 段 名 称	字 段 值
计划订单	在库存/需求清单(MD04)中 F-MGHCZ1###第一个"PldOrd"行的计划订单号

(3) 单击标准工具栏上的 　🔘　 或按回车键。

(4) 查看采购申请数据后，单击 　💾　 按钮，记录系统提示信息。

(5) 单击标准工具栏上的 　⬆　 按钮，返回到主界面。

实践练习 MM02　创建询价单

按照表 7-79 MM02 的任务要求完成"创建询价单"的上机实践操作。

表 7-79　MM02 任务要求

任务	使用 SAP 轻松访问菜单，为采购请求创建询价单
说明	为多个供应商创建单独的询价单(RFQ)，这个过程将用来收集一些必要的价格，交货等信息，这对用户选择满足需求的供应商来说是必要的
职位	乙(采购人员)
菜单路径	后勤→物料管理→采购→询价/报价→报价邀请→创建(ME41)
T-Code	ME41

(1) 展开菜单路径：

"后勤"→"物料管理"→"采购"→"询价/报价"→"报价邀请"→"创建(ME41)"

(2) 双击菜单栏"创建(ME41)"或按回车键，打开"创建报价求：初始屏幕"界面，输入表 7-80 所示信息。

表 7-80　输 入 信 息

字 段 名 称	字 段 值
RFQ 类型	AN
语言代码	ZH
询价日期	<今天>
报价截止日期	<一周之后的今天>
采购组织	1000
采购组	Z01
工厂	1000

(3) 单击 　📄 参考采购申请　 按钮，打开"采购请求的选择"界面，输入 7-81 所示信息。

表 7-81　输 入 信 息

字 段 名 称	字 段 值
采购申请	<MM02 中生成的采购请求号>

（4）单击 ✅ 或按回车键，打开"创建报价请求：选择清单：采购申请"界面，输入表 7-82 所示信息。

表 7-82　输 入 信 息

字 段 名 称	字 段 值
存储地点	1001

（5）单击 ▤ 选择所有的行项目，然后单击 ⬚ 采用所有的项目信息到 RFQ，当系统弹出对话框提示"可以满足交货期限吗？"警告信息时，单击 ✅ 确定 跳过。

🔔 若系统继续提示：请输入一个晚于报价价值日期的交货日期。则请修改交货日期在报价限期一周后。

（6）单击 ☁ 显示 RFQ 抬头数据，打开"创建报价请求：抬头数据"界面，输入表 7-83 所示信息。

表 7-83　输 入 信 息

字 段 名 称	字 段 值
汇总号	RFQ10###

（7）单击 ⛰ 显示行项目，查看行项目并确认信息是正确的。

（8）选择 ▤ 显示供应商的地址，打开"创建报价请求：供应商地址"界面，输入表 7-84 所示信息。

表 7-84　输 入 信 息

字 段 名 称	字 段 值
供应商	ZJXH###

（9）单击 ✅ 或按回车键，供应商数据将插入到相应字段中。

（10）单击 💾 按钮，系统将出现一个警告信息，单击 是 保存报价，记录系统提示信息。

（11）停留在相同的屏幕上，并重复上述步骤为供应商 SXXC###创建相同的报价单，记录系统提示信息。

（12）单击标准工具栏上的 ⏫ 按钮，返回主界面。

实践练习 MM03　维护供应商报价

按照表 7-85 MM03 的任务要求完成"维护供应商报价"的上机实践操作。

表 7-85　MM03 任务要求

任务	使用 SAP 轻松访问菜单，维护供应商报价
说明	用户收到了提交给供应商 RFQ 的回应，因此在采购系统中维护他们的数据是非常必要的，这样用户就可以做个对比来支持供应商选择流程
职位	乙(采购人员)
菜单路径	后勤→物料管理→采购→询价/报价→报价→维护(ME47)
T-Code	ME47

(1) 展开菜单路径：

"后勤"→"物料管理"→"采购"→"询价/报价"→"报价"→"维护(ME47)"

(2) 双击菜单栏"维护(ME47)"或按回车键，打开"维护报价：初始屏幕"界面，输入表 7-86 所示信息。

表 7-86　输 入 信 息

字 段 名 称	字 段 值
报价请求	<MM02 创建的第一个报价请求号>

(3) 单击　✅　或按回车键，输入表 7-87 所示信息。

表 7-87　输 入 信 息

字 段 名 称	字 段 值
净价	145

(4) 单击　📄　选择所有项目，然后点击　💲　显示条件，打开"创建 总价格 条件 (PB00)：快速输入"界面，修改表 7-88 所示信息。

表 7-88　输 入 信 息

字 段 名 称	字 段 值
有效到	<三个月后的今天>

🔔 在这里，用户可以指定报价单上的其他折扣和附加费。

(5) 单击标准工具栏上　《《　返回至行项目概览。

(6) 单击标准工具栏上　💾　按钮，记录系统提示信息。

(7) 为创建的第二张报价单重复上述步骤，输入表 7-89 所示信息。

表 7-89　输 入 信 息

字 段 名 称	字 段 值
报价请求	<MM02 创建的第二个报价请求号>
净价	168
有效到	<三个月后的今天>

(8) 单击标准工具栏上的　⌃　按钮，返回主界面。

实践练习 MM04 根据 RFQ 创建采购订单

按照表 7-90 MM04 的任务要求完成"根据 RFQ 创建采购订单"的上机实践操作。

表 7-90 MM04 任务要求

任务	使用 SAP 轻松访问菜单，根据 RFQ 创建采购订单
说明	根据成功中标供应商提供的报价单创建一个采购订单
职位	乙(采购人员)
菜单路径	后勤→物料管理→采购→采购订单→创建→已知供应商/供应工厂(ME21N)
T-Code	ME21N

(1) 展开菜单路径：

"后勤"→"物料管理"→"采购"→"采购订单"→"创建"→"已知供应商/供应工厂(ME21N)"

(2) 双击菜单栏"已知供应商/供应工厂(ME21N)"或按回车键，打开"创建采购订单"界面。

☐ 如果左侧看不到导航屏幕，单击 凭证概览打开 按钮。

(3) 单击 ⬦◣ 按钮，打开"采购凭证"界面选择"报价邀请"，输入表 7-91 所示信息。

表 7-91 输 入 信 息

字 段 名 称	字 段 值
物料编号	F-MGHCZ1###

☐ 注意：只需输入物料编号即可，其他字段保留为空。

(4) 单击 ⬦ 按钮，系统将出现两张相关的报价单。

☐ 单击 ⬗，在接下来的屏幕中，选择右边表(列集)中的"供应商名字""订单净值"并单击◀ 将其添加到排序准则。单击 ✓ 确认更改后，用户将会看到按字母排序的供应商名字和报价。

(5) 单击中标的供应商浙江新航机械制造有限公司###的请求/报价并选择 ▣ 采用信息。

☐ 注意：如果用户试图采用其他报价单，将会收到一个信息提示报价单项目已经被拒绝了。

☐ 此时，系统已经复制物料编码 F-MGHCZ1###，数量 225(数量根据 MD04 而来)，交货日期可以是默认日期，也可以根据实际的交货计划进行修改，如可以将交货日期修改为从今天开始后一周。

(6) 如果标题数据没有显示，单击 ▦标题 打开会话。在"条件"页签，记录采购订单的总价值。

(7) 如果行项目数据没有显示，单击 ▤项目 项目明细 打开会话。选择"发票"页签，输入税码为 J2(13%进项税，中国)。

(8) 单击标准工具栏上的 按钮，记录系统提示信息。

🔔 如果系统跳出警告信息，请点击"保存"按钮跳过系统提示信息。

(9) 单击标准工具栏上的 按钮，返回主界面。

实践练习 MM05　为采购订单创建收货单

按照表 7-92 MM05 的任务要求完成"为采购订单创建收货单"的上机实践操作。

表 7-92　MM05 任务要求

任务	使用 SAP 轻松访问菜单，为采购订单创建收货单
说明	将前一个练习的来自供应商的货物接收到仓库中。创建一张以采购订单为参考的收货单，从而保证用户能在要求的计划和质量条件下有序地收到产品，可用库存将增加，且会生成确认这些货物相关价值的会计凭证
职位	丙(仓储人员)
菜单路径	后勤→物料管理→库存管理→货物移动→收货→对采购订单→采购订单的收货 (MIGO_GR)
T-Code	MIGO_GR

(1) 展开菜单路径：

"后勤"→"物料管理"→"库存管理"→"货物移动"→"收货"→"对采购订单"→"采购订单的收货(MIGO_GR)"

(2) 双击菜单栏"采购订单的收货(MIGO_GR)"或按回车键，打开"创建采购订单-<用户名>"界面，输入表 7-93 所示信息。

表 7-93　输 入 信 息

字 段 名 称	字 段 值
采购订单	<MM04 中创建的采购订单号>
移动类型	101

🔔 系统默认下拉框显示为(A01 收货 R01 采购订单)，请在它们旁边的空白字段中填入采购订单编号。

(3) 单击标准工具栏上 或按回车键，打开"收货采购订单<MM07 创建的采购订单号>-<用户名>"界面。

🔔 采购订单收货屏幕包含四个部分，分别是概述(可隐藏)、抬头数据、项目数据、详细数据。

(4) 进入"详细数据"，在"物料"页签下，将"项目确定"字段打钩。并在"何处"页签下输入表 7-94 所示信息。

表 7-94　输 入 信 息

物　料	库 存 地 点
F-MGHCZ1###	1001

🔔 打钩意味着用户想将它接收进货物收据凭证中。

(5) 单击标准工具栏上的 按钮，记录系统提示信息。

(6) 单击标准工具栏上的 按钮，返回主界面。

7.2.5 执行生产过程

实践练习 PP06 生产订单发料

按照表 7-95 PP06 的任务要求完成"生产订单发料"的上机实践操作。

表 7-95 PP06 任务要求

任务	使用 SAP 轻松访问菜单，为生产订单发料
说明	为<PP05 练习>下达的生产订单发料
职位	丙(仓储人员)
菜单路径	后勤→物料管理→库存管理→货物移动→货物移动(MIGO)
T-CODE	MIGO

(1) 展开菜单路径：

"后勤"→"物料管理"→"库存管理"→"货物移动"→"货物移动(MIGO)"

(2) 双击菜单栏"货物移动(MIGO)"或按回车键，打开"发货订单"界面，输入表 7-96 所示信息。

表 7-96 输入信息

字 段 名 称	字 段 值
事务类型	A07 发货
单据类型	R08 订单
单据号码	<PP04 练习创建的生产订单号>
有关成本中心的发货(移动类型)	261

(3) 单击工具栏 按钮，打开"发货订单 订单号 - 用户名"界面，输入表 7-97 所示信息。

表 7-97 输入信息

物 料 文 本	是	数 量	库 存 地 点
M 型 C 款制动钳壳体###	勾选	117	原材料库
标准通用 M 型 C 款制动钳支架	勾选	117	原材料库
通用标准 M 型 C 款制动块总成	勾选	117	半成品库
标准通用 M 型 C 款制动器活塞	勾选	117	原材料库
标准通用 M 型 C 款油封	勾选	117	原材料库
标准通用 M 型 C 款制动防尘罩	勾选	117	原材料库
标准通用 M 型 C 款制动放气螺钉	勾选	117	原材料库

◔ 如果项目细节框中物料所在行记录的"是"字段显示为灰色,单击按钮 📄 详细数据 ,在"详细数据"选项部分的下方"项目确定"字段处打钩。

(4) 单击标准工具栏 💾 (过账)记录系统提示信息。

(5) 单击标准工具栏上的 📶 按钮,返回主界面。

实践练习 PP07　检查生产订单状态和凭证

按照表 7-98 PP07 的任务要求完成"检查生产订单状态和凭证"的上机实践操作。

表 7-98　PP07 任务要求

任务	使用 SAP 轻松访问菜单,检查生产订单状态和凭证
说明	检查所创建的生产订单状态和凭证
职位	戊(生产人员)
菜单路径	后勤→生产→车间现场控制→订单→显示(CO03)
T-CODE	CO03

(1) 展开菜单路径:

"后勤"→"生产"→"车间现场控制"→"订单"→"显示(CO03)"

(2) 双击菜单栏"显示(CO03)"或按回车键,打开"生产订单显示:初始屏幕"界面,输入表 7-99 所示信息。

表 7-99　输 入 信 息

字 段 名 称	字 段 值
订单	<PP04 练习创建的生产订单号>

(3) 单击 ✅ 或按回车键,打开"生产订单显示:抬头"界面。

◔ 注意生产订单状态已经改变了。

(4) 单击 ｉ 按钮,把输出信息填至表 7-100 中。

表 7-100　输 出 信 息

状　　态	文　　本

△ 在上一个练习中，用户对生产订单进行了发货过账。请按照下列步骤查看订单的成本分配，物料凭证和相关的会计凭证。

(5) 单击工具栏上的 《 按钮，返回上一级界面，选择下列菜单路径："转到"→"成本"→"分析"。

△ 在这里，用户可以看到发货过账过程中分配给生产订单的成本。

(6) 双击行项目。

△ 生产订单的全部投料信息会显示出来。

(7) 选择项目并选择 凭证 按钮，查看物料凭证。

(8) 进入"文件信息"页签，选择 FI凭证 按钮，双击会计凭证，记录会计凭证信息。

(9) 单击标准工具栏上 ⊗ ，直至返回主界面。

实践练习 PP08　生产订单完工确认

按照表 7-101 PP08 的任务要求进行"生产订单完工确认"的上机实践操作。

表 7-101　PP08 任务要求

任务	使用 SAP 轻松访问菜单，进行生产订单完工确认
说明	为所创建的生产订单进行完工确认，当前生产订单的组装已经完成，用户需要确认一些程序和作业是否已经完成，并且记录已经生产完成的产品数量
职位	戊(生产人员)
菜单路径	后勤→生产→车间现场控制→确认→回车→对于订单(CO15)
T-CODE	CO15

(1) 展开菜单路径：

"后勤"→"生产"→"车间现场控制"→"确认"→"回车"→"对于订单(CO15)"

(2) 双击菜单栏"对于订单(CO15)"或按回车键，打开"输入 产品订单确认：初始屏幕"界面，输入表 7-102 所示信息。

表 7-102　输 入 信 息

字 段 名 称	字 段 值
订单	<PP04 练习创建的生产订单号>

(3) 单击 ✅ 或按回车键，检查默认数据后，将信息填至表 7-103 中。

表 7-103　输 出 信 息

字 段 名 称	字 段 值
确认产量	

(4) 单击 货物移动 按钮，打开"输入生产订单输入：货物移动"界面，确认表 7-104 所示信息。

表 7-104　输 入 信 息

字 段 名 称	字 段 值
物料	F-MGHCZ###
数量	生产订单的数量
工厂	1000
库存地点	3001

(5) 单击标准工具栏上的 ⊞ 记录系统提示信息。

(6) 单击标准工具栏上的 ⊗ 返回主界面。

实践练习 PP09　检查生产订单状态和凭证

按照表 7-105 PP09 的任务要求完成"检查生产订单状态和凭证"的上机实践操作。

表 7-105　PP09 任务要求

任务	使用 SAP 轻松访问菜单,检查生产订单状态和凭证
说明	检查所创建的生产订单状态和凭证
职位	戊(生产人员)
菜单路径	后勤→生产→车间现场控制→订单→显示(CO03)
T-CODE	CO03

(1) 展开菜单路径:

"后勤"→"生产"→"车间现场控制"→"订单"→"显示(CO03)"

(2) 在菜单栏双击"显示(CO03)"或按回车键,打开"生产订单显示:初始屏幕"界面,输入表 7-106 所示信息。

表 7-106　输 入 信 息

字 段 名 称	字 段 值
订单	<PP04 练习创建的生产订单号>

(3) 单击 ✅ 或按回车键,打开"生产订单显示:抬头"界面。

🔔 注意生产订单状态已经改变了。

(4) 单击 🔢 按钮,填充屏幕显示信息到表 7-107 输出信息中。

🔔 在上一个练习中,用户对生产订单进行了报工收货。请按照下列步骤查看订单的成本分配,物料凭证和相关的会计凭证。

(5) 单击 ⊗ 按钮,选择菜单路径:"转到"→"成本"→"分析"。

🔔 在这里,用户可以看到发货过账及报工过程中分配给生产订单的成本。

(6) 逐个双击行项目,选择项目并选择 📄凭证 按钮,查看每一笔成本的来源,并注意区分物料移动凭证和报工凭证,思考各行项目对应的业务含义及其是否产生会计凭证,若会产生会计凭证,请对会计凭证的具体分录进行罗列。

(7) 单击标准工具栏上的 按钮，返回主界面。

表 7-107　输　出　信　息

状　　态	文　　本

7.2.6　为客户发货

实践练习 SD05　创建外向交货单

按照表 7-108 SD05 的任务要求完成"创建外向交货单"的上机实践操作。

表 7-108　SD05 任务要求

任务	使用 SAP 轻松访问菜单，创建外向交货单
说明	在上面的练习中，用户已经生产了足够的制动钳可以满足销售，为了完成制动钳的销售，用户需要为<SD04 练习创建的销售订单>创建外向交货单
职位	甲(销售人员)
菜单路径	后勤→销售与分销→装运和运输→外向交货→创建→单个凭证→含销售订单参考(VL01N)
T-Code	VL01N

(1) 展开菜单路径：

"后勤"→"销售与分销"→"装运和运输"→"外向交货"→"创建"→"单个凭证"→"含销售订单参考(VL01N)"

(2) 在菜单栏双击"含销售订单参考(VL01N)"或按回车键，打开"创建具有订单参考的出库交货"界面，输入表 7-109 所示信息。

表 7-109　输 入 信 息

字 段 名 称	字 段 值
装运地点	1000
选择日期	<SD04 中订单的请求交货日期+1>
订单号	<SD04 中创建的订单号>

 　如果出现交货日期没有计划行日期的错误警告，请查看销售订单的请求交货日期，确定选择日期大于 SD04 中的销售订单中的请求交货日期。

（3）单击　✅　或按回车键，打开"出库交货 创建：概览"界面，系统自动填充订单凭证上的信息到新的发货单上，并记录屏幕信息到表 7-110 中。

表 7-110　输 出 信 息

物料编号	交货数量	库位	拣配数量

 　存储(库位)和拣配数量位于"拣配"页签下，如果为空(代表还未进行拣货)，请在列表中填写"无"。

（4）单击标准工具栏上 💾 按钮，保存系统提示信息。

（5）单击标准工具栏上的 ⏫ 按钮，返回主界面。

实践练习 SD06　按照发运单拣货

按照表 7-111 SD06 的任务要求完成"按照发运单拣货"的上机实践操作。

表 7-111　SD06 任务要求

任务	使用 SAP 轻松访问菜单，完成按照发运单拣货
说明	交货流程的下一步是记录交货单上物料的拣货情况。发运单拣货就是将物料从库存地点移动到拣货区域的过程
职位	丙(仓储人员)
菜单路径	后勤→销售与分销→装运和运输→外向交货→更改→单个凭证(VL02N)
T-Code	VL02N

（1）展开菜单路径：

"后勤"→"销售与分销"→"装运和运输"→"外向交货"→"更改"→"单个凭证(VL02N)"

（2）双击菜单栏"单个凭证(VL02N)"或按回车键，打开"更改出库交货"界面，输入表 7-112 所示信息。

表 7-112　输 入 信 息

字 段 名 称	字 段 值
外向交货	<SD05 中创建的外向交货单号>

(3) 单击 或按回车键，打开"外向交货< SD07 中创建的外向交货单号>更改：概览"界面，进入"拣配"选项卡，输入表 7-113 所示信息：

表 7-113　输 入 信 息

字 段 名 称	字 段 值
库位	3001
拣配数量	5

(4) 单击标准工具栏上 按钮，记录系统提示信息。

(5) 单击标准工具栏上的 按钮，返回主界面。

实践练习SD07　发 货 过 账

按照表 7-114 SD07 的任务要求完成"发货过账"的上机实践操作。

表 7-114　SD07 任务要求

任务	使用 SAP 轻松访问菜单，进行发货过账
说明	发货过账通过减少非限制库存(出售给客户)来反映库存发货、库存控制功能。此外，当货物离开工厂(离岸发运点)或货物被客户接收(目的地交货)后，货物的法定所有权将从用户转移到客户。从财务角度来看，这个交易同时影响了货物的库存。不管发运条件如何，系统反映出物料不再可用
职位	丙(仓储人员)
菜单路径	后勤→销售与分销→装运和运输→外向交货→更改→单个凭证(VL02N)
T-Code	VL02N

(1) 展开菜单路径：

"后勤"→"销售与分销"→"装运和运输"→"外向交货"→"更改"→"单个凭证(VL02N)"

(2) 双击菜单栏"单个凭证(VL02N)"或按回车键，打开"更改出库交货"界面，输入表 7-115 所示信息。

表 7-115　输 入 信 息

字 段 名 称	字 段 值
外向交货	<SD05 中创建的外向交货单号>

(3) 单击标准工具栏上　过账发货　，记录系统提示信息。

(4) 单击标准工具栏上的 按钮，返回主界面。

实践练习 SD08 查看凭证流

按照表 7-116 SD08 的任务要求完成"查看凭证流"的上机实践操作。

表 7-116 SD08 任务要求

任务	使用 SAP 轻松访问菜单来查看凭证流
说明	访问凭证流工具有很多方法，其中之一是通过显示销售订单凭证开始的
职位	丁(财务人员)
菜单路径	后勤→销售与分销→销售→订单→显示(VA03)
T-Code	VA03

(1) 展开菜单路径：

"后勤"→"销售与分销"→"销售"→"订单"→"显示(VA03)"

(2) 双击"显示(VA03)"或按回车键，打开"显示销售订单"界面，输入表 7-117 所示信息。

表 7-117 输 入 信 息

字 段 名 称	字 段 值
SD 凭证	<第三部分 SD04 中创建的销售订单号>

(3) 按照以下路径显示凭证流或单击 按钮，将凭证流信息填写到表 7-118 输出信息中。

表 7-118 输 出 信 息

凭 证 流	单 据 号	状 态
询价		
报价		
标准订单		
出库交货		
拣配请求		
GD 发货：交货		
发票		
日记账分录		

(4) 选中"GD 发货：交货"，单击 显示文档 按钮，打开"显示物料凭证<物料凭证号>-<用户名>"界面，查看此次发货生成的物料凭证，将物料凭证信息填写到表 7-119 输出信息中。

表 7-119　输 出 信 息

字 段 名 称	字 段 值
物料凭证编号	
凭证日期	
过账日期	
物料凭证年度	
交货单	
移动类型及描述	

⌂ 思考：交货单字段的值是否与凭证流中的外向交货单号一致？为什么？

（5）单击 <kbd>FI凭证</kbd> 按钮，打开"显示凭证：数据条目视图"界面，查看发货产生的会计凭证，在表 7-120 输出信息中记录会计凭证信息。

表 7-120　输 出 信 息

字 段 名 称	字 段 值
凭证编号	
凭证类型	
参照	
会计年度	
过账期间	
凭证日期	
过账日期	
输入者	
事务代码	

⌂ 如果屏幕中未显示相关字段，请单击 ⬜ 按钮查看。

⌂ 思考：参照字段的值是否与凭证流中的外向交货单号一致？为什么？

（6）执行 T_Code：FB03 或展开菜单路径，输入下列信息：

"会计核算"→"财务会计"→"应收账款"→"凭证"→"显示(FB03)"，显示凭证：初始屏幕

单击 <kbd>总账视图</kbd> 按钮，打开"显示凭证：总账视图"界面，切换至总账视图，在表 7-121 输出信息中记录总账视图信息。

表 7-121　输 出 信 息

PK	PK 含义	科 目	说 明	金 额

查看这两个视图之间的区别，并解释它们之间的关系，理解统驭科目的作用

(7) 单击标准工具栏上的 ⊗ 按钮，返回主界面。

7.2.7 财务控制

实践练习 CO01　差异计算

按照表 7-122 CO01 的任务要求完成"差异计算"的上机实践操作。

表 7-122　CO01 任务要求

任务	使用 SAP 轻松访问菜单，进行生产订单结算-差异计算
说明	生产订单结算，计算按照订单划分的产品成本，结算到相关的成本中心，并进行差异计算
职位	丁(财务人员)
菜单路径	会计核算→控制→产品成本控制→成本对象控制→按订单划分的产品成本→期末结算→单一功能→差异→单个处理(KKS2)
T-Code	KKS2

(1) 展开菜单路径：

"会计核算"→"控制"→"产品成本控制"→"成本对象控制"→"按订单划分的产品成本"→"期末结算"→"单一功能"→"差异"→"单个处理(KKS2)"。

(2) 在菜单栏双击"单个处理(KKS2)"或按回车键，打开"初始屏幕　差异"界面，输入表 7-123 所示信息。

表 7-123　输 入 信 息

字 段 名 称	字 段 值
订单	<PP04 创建的生产订单号>
期间	<当前期间>
会计年度	<当年>
所有目标成本版本	勾选
测试运行	勾选
细分清单	勾选

🔔 如果系统弹出"设置成本控制范围"窗口，请输入成本控制范围：1000。

(3) 单击 ⚙ 按钮，打开"变量计算：清单 测试运行 "界面，在表 7-124 中填充屏幕显示信息。

表 7-124　输 出 信 息

字 段 名 称	字 段 值
工厂	
成本对象	
目标成本	
实际成本	
分配实际成本	
差异	

🔔 请思考差异计算的原理。

(4) 单击 ⬅ 按钮，回到上一级。

(5) 取消"测试运行"字段。

(6) 单击 ⬇ 按钮。

(7) 单击 ⬆ 返回主界面。

实践练习 CO02　结算生产订单成本

按照表 7-125 CO02 的任务要求完成"结算生产订单成本"的上机实践操作。

表 7-125　CO02 任务要求

任务	使用 SAP 轻松访问菜单，结算生产订单成本
说明	结算所创建的生产订单成本，成本是临时在生产订单中获取的，它们需要被分配给合适的成本对象。对比实际成本和计划成本来确认在这方面存在的偏差和潜在的问题
职位	丁(财务人员)
菜单路径	后勤→生产→车间现场控制→期末结账→结算→单个处理(KO88)
T-CODE	KO88

(1) 展开菜单路径：

"后勤"→"生产"→"车间现场控制"→"期末结账"→"结算"→"单个处理(KO88)"

(2) 双击菜单栏"单个处理(KO88)"或按回车键，打开"设置成本控制范围"界面，输入表 7-126 所示信息。

表 7-126　输 入 信 息

字 段 名 称	字 段 值
控制范围	1000
订单	＜PP04 创建的生产订单号＞

(3) 单击 ✅ 或按回车键，打开"实际结算：订单"界面，输入表 7-127 所示信息。

表 7-127　输　入　信　息

字　段　名　称	字　段　值
结算期间	<当月>
过账期间	<当月>
会计年度	<当年>
测试运行	勾选

(4) 单击 按钮。

(5) 单击 按钮。

(6) 单击"环境→报表"。

(7) 双击"实际/计划/差异"来选择报表，单击 按钮，选择 按钮。

(8) 单击 按钮两次。

(9) 取消勾选"测试运行"字段，重复上述步骤进行订单结算。

(10) 单击 按钮，选择 按钮。

(11) 单击 返回主界面。

实践练习 CO03　检查生产订单状态和凭证

按照表 7-128 CO03 的任务要求完成"检查生产订单状态和凭证"的上机实践操作。

表 7-128　CO03 任务要求

任务	使用 SAP 轻松访问菜单，检查生产订单状态和凭证
说明	检查所创建的生产订单状态和凭证
职位	戊(生产人员)
菜单路径	后勤→生产→车间现场控制→订单→显示(CO03)
T-CODE	CO03

(1) 展开菜单路径：

"后勤"→"生产"→"车间现场控制"→"订单"→"显示(CO03)"

(2) 双击菜单栏"显示(CO03)"或按回车键，打开"生产订单显示：初始屏幕"界面，输入表 7-129 所示信息。

表 7-129　输　入　信　息

字　段　名　称	字　段　值
订单	< PP04 创建的生产订单号>

(3) 单击 或按回车键。

(4) 单击 按钮，在表 7-130 中输出信息中记录显示信息。

表 7-130　输　出　信　息

状　　态	文　　本

🔔 观察生产订单状态，有什么变化？

(5) 单击 ⬅ 按钮。

(6) 单击"转到→记入文档的货物移动"。

🔔 在这里可以看到发货过账产生的物料凭证。

(7) 双击"物料凭证号"。

(8) 单击"文件信息"页签。

(9) 选择 ▓▓ FI凭证 按钮。

(10) 双击会计凭证，记录会计凭证信息。

(11) 单击 🏠 返回主界面。

实践练习 RT01　显示总账科目余额(整体)

按照表 7-131 RT01 的任务要求完成"显示总账科目余额(整体)"的上机实践操作。

表 7-131　RT01 任务要求

任务	使用 SAP 轻松访问菜单，显示总账科目余额(整体)
说明	在总账科目余额报表中，用户可以看到该科目的所有业务发生情况
职位	丁(财务人员)
菜单路径	会计核算→财务会计→总账→报表→科目余额输出(中国)(IDCNACCTBLN)
T-Code	IDCNACCTBLN

(1) 展开菜单路径：

"会计核算"→"财务会计"→"总账"→"报表"→"科目余额输出(中国)(IDCNACCTBLN)"

(2) 双击菜单栏"科目余额输出(中国)(IDCNACCTBLN)"或按回车键，打开"科目余额输出"界面，输入表 7-132 所示信息。

表 7-132 输 入 信 息

字 段 名 称	字 段 值
公司代码	1000
或科目级别层次结构	1000
会计年度	当年
开始期间/结束期间	发生业务的月份

(3) 单击 ⬇ 按钮, 在表 7-133 输出信息中记录显示信息。

表 7-133 输 出 信 息

科目级别/科目	科目级别/科目描述	期初余额	借方发生额	贷方发生额	期末余额
1002					
1122					
1604					
6601070###					

(4) 双击 6601070###科目行, 查看期间汇总值。

(5) 选择有发生额的行, 通过双击获取发生额明细。

(6) 观察上表中 6601070###科目的借贷方发生额与上一练习中 6601070###科目的借贷方发生额是否一致, 若不一致, 请思考原因。

(7) 单击标准工具栏上的 ⬆ 按钮, 返回主界面。

实践练习 RT02 显示资产负债表

按照表 7-134 RT02 的任务要求完成"显示资产负债表"的上机实践操作。

表 7-134 RT02 任务要求

任务	使用 SAP 轻松访问菜单, 显示资产负债表
说明	在资产负债中, 用户可以看到法人实体的经营情况
职位	丁(财务人员)
菜单路径	会计核算→财务会计→总账→报表→资产负债表(ZFI001)
T-Code	ZFI001

(1) 展开菜单路径:

"会计核算" → "财务会计" → "总账" → "报表" → "资产负债表(ZFI001)"

(2) 双击菜单栏"资产负债表(ZFI001)"或按回车键，打开"资产负债表"界面，输入表 7-135 所示信息。

表 7-135　输　入　信　息

字 段 名 称	字 段 值
公司代码	1000
会计年度	本年
会计期间	本月

(3) 单击 🕒 按钮，打开"会计报表"界面，在表 7-136 输出信息中记录显示信息。

表 7-136　输　出　信　息

字 段 名 称	字 段 值
货币资金(期末余额)	
其他应收款(期末余额)	
应付账款(期末余额)	
未分配利润(期末余额)	

思考未分配利润(期末余额)的取数逻辑。

(4) 单击标准工具栏上的 ⊗ 按钮，返回主界面。

实践练习 RT03　显示利润表

按照表 7-137 RT03 的任务要求完成"显示利润表"的上机实践操作。

表 7-137　RT03 任务要求

任务	使用 SAP 轻松访问菜单，显示利润表
说明	在资产负债中，用户可以看到法人实体的经营情况
职位	丁(财务人员)
菜单路径	会计核算→财务会计→总账→报表→财务报表(中国)(IDCNBSAIS)
T-Code	IDCNBSAIS

(1) 展开菜单路径：

"会计核算"→"财务会计"→"总账"→"报表"→"财务报表(中国)(IDCNBSAIS)"

(2) 双击菜单栏"财务报表(中国)(IDCNBSAIS)"或按回车键，打开"财务报表(中国)"界面，输入表 7-138 所示信息。

表 7-138 输 入 信 息

字 段 名 称	字 段 值
公司代码	1000
表格结构键	2000
财务报表版本	1000
语言	ZH
报表年度	本年
报告期间	发生起止期间
比较年度	本年
比较期间	发生起止期间

(3) 单击 ⊕ 按钮,打开"会计报表"界面,继续单击 📄下一个屏幕 按钮,在表 7-139 输出信息中记录显示信息。

表 7-139 输 出 信 息

字 段 名 称	字 段 值
一、营业收入	
管理费用	
营业利润	
营业外收入	

思考营业收入的取数逻辑。

(4) 单击标准工具栏上的 ⊗ 按钮,返回主界面。

实践练习 RT04 显示现金流量表

按照表 7-140 RT04 的任务要求完成"显示现金流量表"的上机实践操作。

表 7-140 RT04 任务要求

任务	使用 SAP 轻松访问菜单,显示现金流量表
说明	在资产负债中,用户可以看到法人实体的现金流
职位	丁(财务人员)
菜单路径	会计核算→财务会计→总账→报表→现金流量(中国)(IDCNCASH)
T-Code	IDCNCASH

(1) 展开菜单路径:

"会计核算"→"财务会计"→"总账"→"报表"→"现金流量(中国)(IDCNCASH)"

(2) 双击菜单栏"现金流量(中国)(IDCNCASH)"或按回车键,打开"财务报表(中国)"界面,输入表 7-141 所示信息。

表 7-141 输 入 信 息

字 段 名 称	字 段 值
公司代码	1000
财务报表版本	1000
语言	ZH
会计年度	本年
报表期间	发生起止期间
比较年度	本年
比较期间	发生起止期间

(3) 单击 ⊕ 按钮,打开"现金流量表"界面,在表 7-142 输出信息中记录显示信息。

表 7-142 输 出 信 息

字 段 名 称	总 金 额
一、经营活动产生的现金流量	
销售产成品、商品、提供劳务收到的现金	
收到的税费返还	
收到其他与经营活动有关的现金	
购买商品、接受劳务支付的现金	
支付给职工以及为职工支付的现金	
支付的各项税费	
支付其他与经营活动有关的现金	
二、投资活动产生的现金流量	
收回投资收到的现金	
取得投资收益收到的现金	
处置固定资产、无形资产和其他长期资产收回的现金	
处置子公司及其他营业单位收到的现金净额	
收到其他与投资活动有关的现金	
购建固定资产、无形资产和其他长期资产支付的现金	
投资支付的现金	
支付其他与投资活动有关的现金	
三、筹资活动产生的现金流量	
吸收投资收到的现金	
取得借款收到的现金	
收到其他与筹资活动有关的现金	

字　段　名　称	总　金　额
偿还债务支付的现金	
分配股利、利润或偿付利息支付的现金	
支付其他与筹资活动有关的现金	
四、现金净增加额	
加：期初现金余额	
五、期末现金余额	

思考现金净增加额的取数逻辑。

(4) 单击标准工具栏上的 按钮，返回主界面。

参 考 文 献

[1] SAP ERP 公有云编委会. SAP ERP 公有云实务教程[M]. 北京：清华大学出版社，2023.

[2] 李沁芳. SAP ERP 原理与实训教程[M]. 北京：机械工业出版社，2015.

[3] 安筱鹏. 重构数字化转型的逻辑[M]. 北京：电子工业出版社，2019.

[4] 杨学华，伍赛君，彭雁. 电网物资需求计划管理相关问题探讨[J]. 商业会计，2014(2)：45-45.

[5] 马强. 双向协同背景下物资需求计划管理在电网工程中的实践分析[J]. 企业技术开发（下旬刊），2013，32(6)：60-61.

[6] 张劲松，吴绍玉. 轨道交通行业物资需求计划的编制机制分析[J]. 黑龙江交通科技，2015，38(3)：190-192.

[7] 常文玉. 物资需求计划在铁路车辆企业敏捷制造上的应用[J]. 铁道物资科学管理，2001，19(3)：36-36.

[8] 何京蓉，黄元和，李波，等. 含硫气田物资需求计划管理优化研究[J]. 石油石化物资采购，2021，3(5)：17-18.

[9] 周越. 油气田工程物资需求计划合理性评价研究[J]. 中国市场，2019(8)：163-164.